经管文库 · 管理类
前沿 · 学术 · 经典

河南省教学改革与实践项目 135—高校英语专业文论课程改革研究

INNOVATION AND DEVELOPMENT OF ENGLISH TEACHING IN CONTEMPORARY UNIVERSITIES

# 当代高校英语教学创新发展

爱娟 著



MANAGEMENT

经济管理出版社
ECONOMY & MANAGEMENT PUBLISHING HOUSE

**图书在版编目（CIP）数据**

当代高校英语教学创新发展 / 焦爱娟著 . -- 北京：经济管理出版社，2024.5
ISBN 978-7-5096-9708-5

Ⅰ. ①当…　Ⅱ. ①焦…　Ⅲ. ①英语 – 教学研究 – 高等学校　Ⅳ. ①H319.3

中国国家版本馆 CIP 数据核字（2024）第 100245 号

组稿编辑：杨国强
责任编辑：赵天宇
责任印制：黄章平
责任校对：张晓燕

出版发行：经济管理出版社
（北京市海淀区北蜂窝 8 号中雅大厦 A 座 11 层　100038）
网　　址：www.E-mp.com.cn
电　　话：（010）51915602
印　　刷：唐山玺诚印务有限公司
经　　销：新华书店
开　　本：710 mm × 1000 mm/16
印　　张：13.5
字　　数：238 千字
版　　次：2024 年 6 月第 1 版　　2024 年 6 月第 1 次印刷
书　　号：ISBN 978-7-5096-9708-5
定　　价：98.00 元


联系地址：北京市海淀区北蜂窝 8 号中雅大厦 11 层
电话：（010）68022974　邮编：100038

# 前　言

随着我国改革开放的深入和国际交流的频繁增加，英语作为一种重要的国际交流语言，在我国的教育体系中扮演着至关重要的角色。尤其在高校阶段，英语教育的质量直接关系到国家培养具有全球竞争力和国际视野的优秀人才的能力。在全球化的大背景下，英语教育不仅是语言知识的传授，更是一种文化、思维和视野的交流与拓展。因此，高校英语教育的创新发展不仅是教育领域的要求，也是国家战略层面的需要。

在这种背景下，本书应运而生，致力于探索和研究高校英语教学的创新路径及方法。通过深入分析当前高校英语教学的发展历程、现状及改革背景，书中提出了一系列创新的教学理念和实践策略。本书不仅关注教学内容和方法的创新，更强调教学目标的国际化和教学评价的多元化。本书旨在为我国高校英语教学的改革和发展提供全面的理论指导和实践参考，是推动我国高校英语教育适应国际化趋势、培养复合型人才的重要工具。

本书共包括九个章节的内容。

第一章着重梳理了我国高校英语教学的发展脉络，深入解析了其改革背景及迫切要求，为读者描绘了一幅全面而细致的高校英语教学现状图景。

第二章探讨了高校英语教学的理论基础，并对图式理论、多模态理论及生态化理论在高校英语教学中的应用进行了深入分析，旨在为教学实践提供更加坚实的理论支持。

第三章则聚焦于教学目标的创新设计，讨论了如何将政治素养、文化素养和思维能力融入传统的教学目标之中，从而培养出更全面、更具国际视野的英语学习者。

第四章提出了多种创新教学模式，包括多模态教学、生态化教学以及混合式教学等，旨在探索更加适应当代学生需求的教学方式。

第五章着重介绍了项目式教学、任务型教学等多种创新教学法，强调了教学方法在提高学生英语能力中的关键作用。

第六章和第七章分别对“高校英语知识类教学内容”和“高校英语技能类教学内容”的创新实践进行了深入探讨。这两章旨在提出如何在知识传授和技能培养中实现创新，以适应现代社会对英语人才的多元需求。

第八章从多维度分析了教学评价的重要性，探讨了教学评价改革创新的必要性及其实施方式，强调了评价在教育过程中的关键地位。

第九章对高校英语教学的未来发展趋势进行了预测，并提出了对未来高校英语教学的期望和展望。

教育是一个持续演变和更新的领域，充满了不断的变化和挑战。本书提出的观点和建议，虽然经过深入研究和考量，但仍可能存在一定的局限性。因此，笔者非常期待广大读者能够提出自己的看法和建议。通过这样的交流和讨论，我们可以更好地推动我国高校英语教学的持续发展和提升。笔者也衷心希望本书能对从事英语教学的教师和其他教育工作者有所帮助，激发他们在教学实践中的创新思维，进而为促进我国高校英语教学的繁荣、为培养出更多具备国际视野的英语人才贡献力量。

# 目 录

# 第一章　高校英语教学概况分析

## 第一节　高校英语教学的发展现状

在当前社会发展背景下，中国的高等教育正面临新的挑战和机遇。高校英语教学作为高等教育体系中的重要组成部分，承担着为社会培养具备国际视野和竞争力的人才的重任。随着社会的快速发展和人民生活水平的提高，相应提升高等教育人才培养的标准，使得高校英语教学的角色和作用日益凸显。

如今，社会对人才的需求不再局限于单一领域的专业知识，而是越来越倾向于寻求具有国际化视野和多元化技能的复合型人才。在这种背景下，英语作为国际通用语言，对其的掌握成为衡量一个人综合素质和能力的重要标准之一。因此，高校英语教学的目标不仅仅是让学生掌握语言知识，更重要的是培养学生的跨文化交际能力，以适应全球化的工作和生活环境。然而，现有的高校英语教学模式面临着诸多挑战。传统的教学方法和内容已经难以满足社会对高素质人才的需求。英语教学中的问题，如教学内容的陈旧、教学方法的单一以及教学资源的不足，都成为学生英语能力提升的瓶颈。

### 一、高校英语教学的客观现状

#### （一）教学目标设置不明确

我国传统的高校英语教学往往侧重于基础英语教育。20 世纪 80 年代，我国教育部门颁布的《大学英语教学大纲》指出，高校基础英语教育应该侧重于语言教育；20 世纪 90 年代，《大学英语教学大纲（修订本）》重申了语言教育在高校英语基础教学中的重要性；21 世纪初期，《大学英语课程教学要求（试行）》明确指出，高校英语教学不仅要提升学生的语言能力，还应该关注学生实际应用英语的能力的提升，特别是听英语、说英语的能力。尽管历次教育改革强调了语言能力的全面提升，但实际上，教学目标仍然倾向于传统的基础语言教学，缺乏针对实际应用能力特别是听说能力的具体指导和培养。这种教学目标的泛化，使得学生在英语学习过程中缺乏明确的学习方向和目标，难以在实际生活和工作中有效运用所学英语。

当前，我国高等教育体系中的英语教学还面临着应试教育倾向的挑战。高校英语四级、六级考试成为了衡量高校学生英语水平的主要标准，在一定程度上促使英语教学趋向于应试教育。学生们在学习过程中往往以考试成绩为主要目标，而非语言实际应用能力的提升，导致学习动机和效率的下降。这种以考试为导向的教学模式，虽然在一定程度上能够提高学生的语言知识水平，但却忽略了英语作为交际工具的实际应用价值，因而不能有效培养学生的综合语言运用能力。

### （二）教学模式过于单一

在现阶段的高校英语教学中，教学模式的单一性和过于教师中心化是一个显著的问题。这种教学模式将教师置于教学活动的中心位置，使得学生处于被动接受知识的状态。这种模式下，教师的主导地位无疑保证了知识传授的系统性和完整性，有助于在一定程度上提升学生的英语技能。然而，这种以教师为中心的教学方式也存在明显的局限性。

（1）过分依赖教师导向的教学模式往往导致学生在学习过程中的被动性。在这种模式下，教师主导课堂，决定教学内容、方法和进度，而学生则扮演接受者的角色，缺乏主动探索和实践的机会。这不仅限制了学生对英语的深入理解和应用能力的培养，而且使学习过程变得单调和机械，缺乏针对个体差异的灵活性。例如，一些学生可能需要更多的实践和交流机会来加深对语言的理解，而传统的教学模式却无法提供足够的支持。

（2）以教师为中心的教学模式可能导致学生对英语学习的兴趣和动机下降。在这种模式下，由于缺乏充分的参与和互动，学生可能感到学习过程枯燥乏味。例如，如果课堂活动主要是教师的单向讲授，而缺乏有互动性的讨论或实践活动，学生可能很难保持对学习的兴趣和热情。此外，当学习内容与学生的实际需求和兴趣点不相符时，学生的内在动机也可能受到影响，从而影响他们的学习成果。

### （三）教学内容缺乏创新

当前高校英语教学在教学内容的设置上呈现出明显的单调性。这种情况主要体现在两个方面：一是教学内容的重复性和基础性；二是对语言背后文化内容的忽视。

（1）教学内容的重复性和基础性导致学生在长期的学习过程中感到枯燥乏味。高校英语教学往往延续了中学阶段的基础教学模式，侧重于语法、词汇等语言基础知识的传授，忽略了学生在语言应用能力上的提升。这种单一的教学内容使得学生在进入高校后仍然停留在重复学习基础英语的层面，缺乏创新和挑战性，导致学习动力的下降。相关研究表明，大量高校学生反映高校英语教学内容有很多与高中英语教学内容重复，因而无法激发他们的学习兴趣。

（2）对英语本身所承载的文化内容的忽视是当前高校英语教学内容设置的另一个重要问题。语言学习不仅仅是技能的掌握，更是文化的了解和交流。然而，传统的教学内容过于关注语言形式的教学，忽略了英语作为文化载体的重要性。这种教学内容设置无法帮助学生深入理解语言背后的文化背景，进而限制了他们在语言实际应用中跨文化交际能力的提升。这种缺乏文化深度的教学内容不仅减少了学习的趣味性，也影响了学生全面发展的需求。

### （四）教学效果不容乐观

我国高校英语教学面临的主要问题之一是教学效果不容乐观。尽管学生在英语学习上投入了大量的时间和精力，但从整体效果看，这种投入并没有带来相应的成果提升。相关调查数据显示，大多数高校生将相当一部分时间花费在英语学习上，但普遍存在着学习效率低下的问题。这一现象反映出当前的高校英语教学存在着严重的效率问题。

在开展学习的过程中，对英语学习的过度重视可能导致高校学生在其他专业学习上的时间和精力被不合理占用。据国家语言文字工作委员会的调查，大约有 65% 的高校生需要抽出大量时间学习英语或其他外语，这无疑减少了专业学科学习的时间。这种学习时间分配的不均衡，不仅影响了学生专业知识的掌握，也减少了他们参与其他有益活动的机会。但事实是，大量的时间投入并没有使高校学生的英语水平得到相应提高。这一现象反映了目前高校英语教学模式的不足，学生可能在完成大量的语法练习和词汇记忆后，仍然难以在实际交流中灵活运用所学的英语。这种与实际应用脱节的教学方式导致了学习成果的不显著，凸显出了高校英语教学在实用性和效率上的缺陷。

（五）师资力量不足

在师资力量方面，高校英语教学普遍面临师资力量不足的问题。既具备专业理论知识，又具备实践教学经验的教师被称为“双师型”教师，目前高校英语教师队伍中缺乏的正是这种“双师型”教师。许多高校英语教师虽然具备一定的专业知识，但在教学经验、教育理念以及实践技能方面存在不足。这种师资队伍结构的缺陷使得英语教学往往只停留在理论层面，难以满足学生实际应用英语的需求。由于缺乏足够的实践经验，教师在教授专业英语时可能只进行基础的翻译和解释，而无法提供更为深入和实用的指导，在一定程度上影响了学生英语应用能力的培养。

## 二、高校英语教学中的教师和学生

### （一）高校英语教师面临的挑战

当前高校英语教学中，教师面临的挑战主要集中在超负荷的工作状态和教学能力的限制上。

1. 超负荷的工作状态

高校英语教师面临的挑战在于他们超负荷的工作状态，这主要体现在以下几个方面。

（1）教学任务繁重。随着高等教育的普及和学生数量的增加，高校英语教师的教学任务变得日益繁重。他们不仅要负责大量的教学工作，包括课堂讲授、课后辅导、作业批改等，而且还需参与课程设计、教材编写等工作。这种繁重的教学任务使得教师很难有足够的时间和精力投入到每位学生的学习进程中，也难以进行深入的教学研究和创新。

（2）学术研究压力。在学术研究日益成为高校教师评价标准的背景下，英语教师不仅要承担教学任务，还要面临完成学术论文、参与科研项目等要求。这种双重压力使得许多教师难以在教学和研究间找到平衡，导致教学质量和研究水平都难以得到充分提升。

（3）教学资源紧张。伴随高校扩招，教学资源（如教室、图书馆资源、实验设备等）相对紧张，这直接影响了英语教学的质量。教师在有限的资源条件下，难以实施有效的教学方法，如小班教学、互动式教学等，进一步加剧了教学效果的下降。

2. 教学能力的限制

在当代高校英语教学中，教师的能力问题成为一个不容忽视的挑战。

（1）部分英语教师的口语能力不足，在很大程度上影响了他们教学的效果。虽然这些教师在英语学习上投入了大量的时间和精力，但由于长期的应试教育模式和传统教学方法的影响，他们在口语表达方面的能力并没有得到充分的锻炼和提升。这种情况不仅影响了教师的教学质量，也限制了学生在听力和口语方面的学习效果。

（2）部分英语教师在灵活运用教学方法方面的能力较弱，在一定程度上导致了教学过程的僵化和缺乏趣味性。由于缺乏足够的科研意识和能力，这部分教师往往无法创新教学方法，使得课堂教学过于传统和单调。教师的这种传统教学思路，不仅影响了学生的学习兴趣，也无法有效提升学生的英语应用能力。

（3）在高校英语教学中，部分教师在利用教材方面存在一定的局限性。一些教师在教学中可能过分依赖教材，缺乏对教材内容的深入理解和灵活运用。他们可能机械地遵循教材的结构和顺序，而不是根据学生的具体需求和兴趣来调整课程内容。还有一些教师可能不善于将教材中的理论知识与实际情景相结合，难以将抽象的语言知识转化为实际可应用的技能。这种情况下，学生可能只是被动地接受知识，无法真正理解和运用所学内容。此外，这种对教材的依赖可能导致教师忽视了教学内容的更新和丰富。随着时代的发展和技术的进步，英语语言和文化也在不断变化，教材可能无法完全覆盖最新的语言使用情况和文化背景。

### （二）高校英语教学中学生存在的问题

1. 学生英语基础差别较大

由于高校招生来源多元，学生的英语水平差异较大。一部分学生虽然通过普通高考进入高校，拥有一定的英语基础，但仍然难以满足高校英语教学的要求。此外，从中专、技校或职业中学升入高校的学生，以及直接从初中进入中专的学生，他们的英语基础普遍较差，往往感到学习英语困难重重，缺乏学习兴趣。不同生源背景的学生在英语素质上的差异直接影响了英语教学工作的开展。对于英语基础薄弱的学生，老师在教学中需要投入更多的时间和精力去适应他们的学习需求，在一定程度上影响了教学的整体进度和效果。同时，由于学生的个体差异较大，教师在设计教学内容和方法时往往面临巨大挑战，难以满足所有学生的学习需求。

2. 学习目标不明确，缺乏主动性

在当前的高校英语教学中，学生影响教学工作开展的原因之一是英语学习目标不明确，英语学习缺乏主动性。很多学生，尤其是工科等非语言专业的学生，常常认为英语只是一门辅助性的选修课程，他们的主要精力应集中在专业课程的学习上。这种观念使他们对英语学习缺乏必要的重视，认为只要掌握专业知识就已足够，从而忽视了英语作为一项基础技能的重要性。

此外，部分学生从高中阶段开始就对英语学习缺乏兴趣，表现出消极的学习态度。他们可能更倾向于游戏和娱乐，而不是认真对待英语学习。这种态度导致他们在高校阶段英语学习上的不认真和不积极，缺乏清晰的学习目标和正确的学习动机。调查研究显示，许多学生将英语学习的重点放在考试和证书上，而忽略了对英语实际应用能力的培养。这种“重考证、轻应用”的趋势使学生们在英语学习上往往采取被动的态度，学习英语仅仅为了应付考试，而不是为了提高自身的英语综合素质。这种以应试为导向的学习方式，不仅限制了学生的英语能力提升，也阻碍了他们形成良好的学习习惯和积极的学习动机。

3. 缺乏英语语言学习与应用的环境

英语作为一门实用性极强的语言，其学习效果在很大程度上依赖于沉浸式的语言环境。然而，许多学生在校园生活中并未体验到这种环境，这直接影响了他们英语学习的积极性和效果。很多高校英语课堂教学与学生的实际生活脱节，没有将日常生活中的内容有效融入课堂教学中，从而未能创造一个真实自然的英语学习环境。这种缺乏实践的环境使得英语学习变得枯燥乏味，学生往往只将英语视为一门学术科目，而忽视了它的实用性和生活化应用。缺乏良好的校园语言环境，意味着学生无法在日常生活中自然而然地运用英语，从而使他们错失了通过语言交流提升英语能力的宝贵机会。

## 第二节　高校英语教学的改革背景

### 一、全球化时代背景

全球化是一个多维发展的过程，起源于经济领域，逐渐渗透至政治、文化和社会等各个方面，现已成为一个全球性的趋势。在这个过程中，信息网络和媒体通信技术的发展起到了关键作用，使得人们能够迅速获取世界各地的新闻和信息，进而实现跨国界的文化和政治交流。这种跨文化交流不仅促进了经济的全球一体化，还深刻影响了教育领域，特别是英语教育。在全球化的背景下，对高校学生而言，学习英语变得更加重要。对于高校学生而言，学习英语不仅意味着要学习词汇和语法，还要理解和适应不同的文化背景。因此，现代高校英语教学面临的主要挑战是如何帮助学生掌握英语语言，同时了解和尊重不同文化的差异和特点。由于语言文化背景不同，英语教师在开展教学的过程中可能会遇到各种与文化相关的教学问题，如文化内涵和文化定式等问题。

### （一）文化价值观差异的存在

在全球化的背景下，高校英语教学正面临着文化价值观差异所带来的挑战。初等教育和中等教育阶段的英语学习多集中于语言表层文化的学习，如日常用语、基本语法和词汇等。然而，这种表层文化的学习在高校阶段已经不能满足学生的学习需求。高校英语教学应更深入地探讨和理解不同文化背景下的深层文化差异，以培养学生的跨文化交际能力。例如，讨论英国的"茶文化"时，如果只停留在英国人喜欢喝茶的表层认识上，学生们可能无法深入理解茶在英国文化中的深层意义和社会价值。深入学习则会发现，茶文化反映了英国人的生活方式、社交习惯和历史传统。此外，教学中还需要关注如何通过英语学习来理解和尊重不同文化的价值观和观念，比如探讨东方与西方在礼节、个人隐私、家庭关系等方面的文化差异。

### （二）文化与历史的关联影响

在高等教育的背景下，高校英语教学的改革需求显得尤为迫切，特别是在文化与历史的关联方面。当前的高校英语教学常常局限于语言本身的教学，而未能充分融入文化和历史的深层次学习。这种教学方式往往无法为学生提供全面的文化视野，导致学生对跨文化交际的理解和应用能力有限。例如，在介绍英国历史时，许多教师可能只关注于某些著名历史事件，如工业革命或某些历史人物，而忽略了这些事件和人物背后的深层历史文化意义和社会影响。这种教学方式虽然能够传授一些基础知识，但却无法使学生深入理解英国历史发展的过程及其对现代社会和文化的影响。同样，在介绍美国文化时，若只是简单讲述美国的节日和习俗，而不涉及这些节日和习俗背后的历史根源和文化内涵，则很难帮助学生形成对美国文化的全面认识。

因此，高校英语教学需要从单纯的语言教学转向更加深入的文化和历史教育。这不仅包括对英语国家的传统文化、历史事件的深入探讨，还包括对不同文化背景下的价值观、生活方式和社会规范的分析。这样的教学能够使学生在学习语言的同时，更全面地了解和理解不同国家及地区的文化背景，为其未来的国际交往和跨文化沟通打下坚实的基础。

（三）文化定式现象的存在

文化定式是人们对某一文化或思维方式的简化和泛化认识，它反映了个体对特定群体或身份的潜意识信念和刻板印象。这是一种对文化或思维的过于简单化的态度，并未深入探究个体在群体中的差异性。它是一种中性概念，不针对特定个人或群体，但其影响广泛且深远。

文化定式的形成通常受到以下方面的影响：第一，社会化过程。个人在成长过程中，通过家庭、学校和社会等环境逐渐习得对特定文化或群体的固定观念。例如，一个人可能从家庭成员那里继承了对某个国家或民族的特定看法，这种看法未必准确，却深植于个体心中，成为一种文化定式。第二，有限的亲身经验。由于个人的接触范围有限，人们往往会根据自己的有限经历去概括和理解某一文化或群体。例如，一个仅在旅游中短暂接触某国文化的人可能会基于这些片段的体验，对该国文化形成简化的理解。第三，媒体的作用。媒体作为信息传播的主要渠道，其报道的内容和方式对观众的观念形成有重要影响。媒体报道往往带有特定的视角和价值取向，这些可能导致观众形成对某一文化或群体的特定定式。例如，媒体对某一国家的负面报道可能导致公众对该国产生负面的刻板印象。

文化定式的存在可能会影响个体对文化多样性的理解和尊重，限制个体对文化深层次、多元化理解的能力。因此，认识和解构文化定式，对于促进跨文化理解和尊重多元文化至关重要。

（四）母语文化失语现象的存在

母语文化失语现象指在英语教学过程中对母语文化的忽视和缺乏有效融入的现象，在当今全球化背景下，这一问题逐渐受到教育界的关注。文化失语现象不仅影响了学生的跨文化交际能力，也限制了他们对本土文化的理解和传播能力。

（1）母语文化失语现象导致了英语教学中的文化单向性。传统的英语教育往往过分强调西方文化的学习和传播，而忽略了本土文化的重要性。这种教学方法使得学生在学习过程中形成了对西方文化的一知半解和对本土文化的陌生。这种文化教学的不平衡，不仅限制了学生对自身文化的认识和尊重，也影响了他们在国际交流中展示本土文化的能力。

（2）母语文化失语现象在国际交流中造成了交流障碍。由于缺乏对母语文化的了解和表达能力，学生在跨文化交流时往往只能单方面接受和理解对方的文化，从而无法有效地展示和传播本土文化。这种不平等的文化交流方式，不仅阻碍了学生的全面发展，也限制了他们在全球化背景下的竞争力。

（3）母语文化失语现象反映出高校英语教学中的一大缺陷，即缺乏对中国文化的英语表达的教学。这种缺陷不仅是跨文化交流的障碍，也是全球化趋势下中西文化互补发展的障碍。这种情况下，高校英语教学需要重视母语文化的教学和传播，将母语文化教学融入英语教学中，以培养学生的跨文化理解能力和文化传播能力。

## 二、信息化时代背景

### （一）信息化的定义

信息化是一个涵盖广泛领域的概念，其核心在于利用现代信息技术改造和提升各个领域的工作流程及生活方式。它不仅仅局限于技术的应用层面，更是一种思维和实践方式的变革。信息化的目的在于通过智能技术的引入和利用，提高效率、优化流程，从而推动社会的现代化进程。

#### 1. 信息化对工作与生活方式的影响

信息化代表了一种全新的工作和生活方式。随着信息技术的快速发展，各个领域开始广泛应用高科技手段，从而实现了工作效率的显著提高和运作模式的根本变革。例如，在工业生产中，信息技术的应用使得生产流程更加精确和高效；在日常生活中，智能化设备和服务让人们的生活更加便利和智能化。

#### 2. 信息化作为思维和实践的转变

信息化的实质是一种思维和实践的转变。这不仅仅是对技术的应用，更是对工作和生活方式的重新思考及设计。在信息化的推动下，传统的工作模式和生活习惯正在发生深刻的变化，人们开始追求更加高效、便捷和个性化的体验。例如，远程办公和在线教育的兴起，就是信息化思维在新形势下的体现。

3. 信息化创造的个性化和互动式体验

信息化的核心在于创造更加便捷、个性化和互动式的体验。随着技术的发展，人们对于服务和产品的要求越来越高，不仅要求效率和质量，更加注重体验和个性化。信息化通过智能技术的应用，为人们提供了更加丰富多样的选择和更加舒适便捷的体验，从而满足了人们日益增长的需求。

### （二）信息化教学的内涵

1. 信息化教学的核心定义

信息化教学是一种教育模式，主要是通过运用现代信息技术来促进教育过程的优化和现代化。它不仅仅局限于将先进技术引入教学，更关键的是，它推动了教育思想和教学方式的创新。这种教育方式通过技术手段使教学过程更加高效，充满互动性和有趣性，同时强调在教学中实现技术和教育内容的有机融合。

2. 信息化教学的双重整合

目前，在信息化教学中存在两种整合思路：一是将信息技术融入教学，即“教学信息化”，强调利用技术手段改善教学效果和质量；二是将教学内容与信息技术相结合，即“信息技术教学化”，关注于如何在教育的核心内容和目标中有效利用信息技术。这两种思路共同促进了教育与技术的深度融合，不仅提高了教学效率，也拓展了教学的内容和形式。

3. 信息化教学的目标与挑战

信息化教学追求的不仅是技术与教育内容的表面结合，还追求它们之间真正的融合和一体化。这要求教育者在引入技术时，既要考虑技术的功能性，也要关注技术在教育中广泛应用的可能性。同时，必须始终关注教育的根本目标和价值，确保技术的使用不是为了追求技术本身的新颖，而是为了更好地满足教育的本质需求和目标。

### （三）信息化教学对英语教学的影响

信息化教学对英语教学的影响可以从以下几个方面进行阐述。如图 1–1 所示。

1. 增强学习感官体验

信息化教学通过整合视觉和听觉元素，极大地提升了英语学习的体验。例如，利用互动式白板展示生动的英语动画或视频，可以更加直观地呈现语言情景和文化背景，给学生在视觉上留下更强烈的印象；通过在线

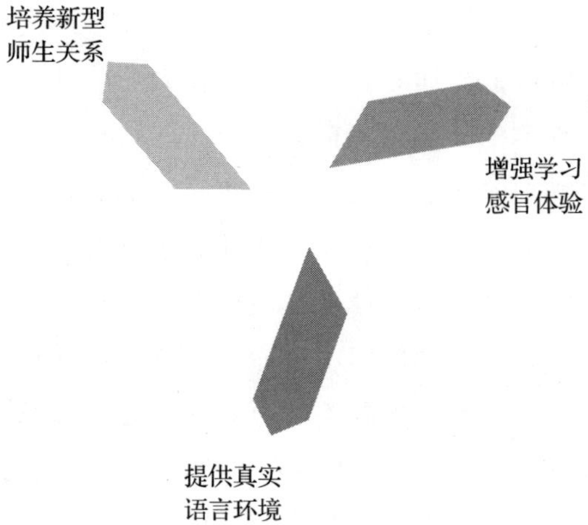


图 1–1　信息化教学对英语教学的影响

平台，如英语学习应用程序，学生可以听到各种口音的英语，从标准的英式、美式到其他国家的口音，这种多元化的听觉体验能帮助学生更全面地理解语言的多样性。这种结合视听元素的教学方法，不仅增加了课堂的趣味性，还能够有效提高学生的注意力和参与度，进而激发他们对英语学习的热情。

2. 提供真实语言环境

信息技术在英语教学中的运用为学生提供了接触地道英语的机会。例如，通过观看原声英文电影和电视剧，学生不仅能学习到日常对话中的自然表达，还能对不同文化背景下的语言使用有更深入的理解。同样，通过参与在线国际学生交流项目，如通过视频会议工具与其他国家的学生进行实时对话，学生可以亲身体验不同文化背景下的英语使用方式，这种直接的跨文化交流经验极大地丰富了他们的语言学习。利用网络平台，如 YouTube 或 Podcast，学生可以收听来自世界各地的英语广播，了解全球视角下的当前事件和话题，这不仅提高了他们的听力，还扩展了他们对英语应用的范围。

3. 培养新型师生关系

信息化教学在英语教学中的应用，极大地改变了传统的师生关系，促进了更加互动和平等的教学模式的形成。在这种模式下，教师不再是知识的唯一传递者，而成为了学习指导者和协助者。学生通过信息技术获取丰富多样的英语学习资源，从而在学习过程中更加主动和独立。例如，利用在线教育平台，学生可以自主选择感兴趣的英语课程，参与互动式学习活动，这不仅提高了他们的学习动力，还增强了他们的自主学习能力。

（1）信息技术增强了教师的监控和指导能力。信息技术的应用，极大地增强了教师在英语教学中的监控和指导能力。利用各类在线教育工具，教师可以实时跟踪学生的学习进度，及时发现他们在学习过程中遇到的困难和挑战。例如，通过在线平台的测试功能，教师能够获得学生在语法、词汇、阅读理解等方面的具体表现，从而针对性地提供指导。智能教学系统更能够根据学生的表现，自动推荐适合他们水平和兴趣的学习材料，如定制化的练习题和互动式模拟对话，这不仅提高了学习效率，还增加了课程的个性化和趣味性。这种技术还使得教师能够在课外对学生的学习进行持续的关注和支持。通过线上平台，教师可以布置并批改作业，提供及时反馈，甚至可以通过视频会议等方式进行一对一辅导。这种随时随地的教学方式，大大增强了教学的灵活性和实效性。

（2）信息技术促进了师生沟通的便利性。信息技术为师生间的沟通提供了更为便利和多元的渠道。学生可以通过电子邮件、在线论坛、社交媒体平台等多种方式与教师进行沟通。这种沟通方式的多样性和即时性，使得学生可以在遇到问题时迅速得到解答，加强了师生间的互动。例如，学生可以在学习中遇到难题时，通过社交媒体向教师求助，教师也可以利用这些平台发布课程更新、学习资源和有趣的语言学习挑战，从而激发学生的学习兴趣。线上交流还破除了课堂限制，使得学习更加灵活。学生不再受限于课堂时间，可以在任何时间向教师提问或讨论，这样的即时反馈和交流使得学习过程更加高效和生动。同时，这也为教师提供了更多了解学生学习状况的机会，帮助他们更好地调整教学策略，以适应学生的个性化需求。

## 第三节　高校英语教学的改革要求

### 一、改革教学理念

#### （一）强调学生主体性的教学思想

中国高校英语教学的改革需从根本上改变传统的教师主导教学思想，转向更加注重学生主体性的教育模式。这种改革意味着要从学生的需求和兴趣出发，设计和实施教学活动，使学生能够在课堂上积极参与，主动探索。教师的角色应从知识的单向传授者转变为学生学习的引导者和协助者。这样的教学模式鼓励学生发表自己的观点，参与互动讨论，通过项目合作、案例分析等形式，激发学生的思考和创造力。通过这种方式，学生能够在英语学习中培养批判性思维、解决问题的能力，以及独立自主学习的能力，从而更好地适应未来社会的需求。

#### （二）重视英语应用能力的培养

传统的以基础知识传授为核心的教学方式需要转变为更加注重应用能力培养的模式。在这种模式下，教学不仅仅关注学生对单词、语法等基础知识的掌握，更重视他们将这些知识应用于实际情景中的能力。这意味着课堂活动和教学内容应设计得更贴近实际生活和学生未来职业需求，如通过角色扮演、情景模拟、项目实践等方式，提高学生的英语听说读写能力。同时，应该鼓励学生在课外积极参与英语相关的实践活动，如英语角、国际交流等，以提高他们的实际运用能力。

#### （三）重视学生自主学习能力的培养

高校英语教学的改革还应注重培养学生的自主学习能力。这不仅意味着教授学生英语知识，更重要的是教会他们如何学习英语。这包括引导学生掌握有效的学习方法、策略，鼓励他们在课堂之外自行探索和学习。例如，可以通过教授学生如何利用互联网资源、开展小组合作学习等方式，帮助学生建立终身学习的意识和习惯。在这个过程中，教师应充当引导者和支持者的角色，提供必要的资源和建议，帮助学生逐步建立起自主学习的能力和信心。通过这种方式，学生不仅能在高校期间学好英语，还能为未来的自我发展打下坚实的基础。

### 二、重设教学目标

对于高校英语教学来说，改革的第一步是对培养目标进行深度的思考和及时的更新。各大高校需要将英语教学从单一的应试导向转变为注重学生全面能力培养的素质教育，教学目标是培养出能够在不同文化背景下自如交流、具备创新思维和团队协作能力的综合型人才。因此，高校要重视学生个性化发展，提倡以学生为中心的教育方式，关注他们的需求，激发他们学习的热情，帮助他们培养独立思考和问题解决的能力。

## 三、革新教学内容

在新文科的背景下，高校英语教学改革的核心之一是将英语课程与专业学科紧密融合。为了适应社会发展和学生实际需求，高校应当开设与不同专业领域紧密相关的英语课程。例如，对于商科学生，可以设置“国际商务英语”课程，这不仅能提升他们的英语沟通能力，还能帮助他们了解国际商业环境和专业术语。对于医学和法律等专业，同样可以开设“医学英语”或“法律英语”等课程，使学生在掌握专业知识的同时，能有效地使用英语进行专业交流和研究。高校还应注重课程的实用性和针对性，根据社会发展和就业市场的需求，设计和优化英语课程内容。比如，增设实用英语写作、口语交流、跨文化交际等课程，以提高学生的综合语言应用能力。这种课程设置不仅可以提升学生的专业技能，还能开阔他们的国际视野和提高跨文化交际能力。

同时，高校英语教学应强化课程的开放性和选择性，为学生提供更加多样化的学习选择。允许学生根据自己的兴趣和职业规划，选择适合自己的英语课程，从而提高学习的主动性和针对性。例如，为学生提供一系列选修课程，如电影英语、旅游英语等，这不仅能激发学生的学习兴趣，还能增强他们的语言实际应用能力。通过这些创新的课程设置，高校英语教学能够更好地适应时代发展的需要，为学生的全面发展和未来职业生涯打下坚实基础。

## 四、改进评价方式

终结性评价，也称为总结性评估，是教育评价中的一个重要概念，主要用于在学习结束时评估学生的学习成果。这种评价方式的核心特点在于其“总结”性质，即它侧重于评估学生在一定学习阶段结束时的知识掌握和技能发展水平。

在终结性评价中，教师通常会通过考试、论文、项目报告等形式，对学生在特定课程或学习周期内的学习成果进行评估。这类评价往往以量化的成绩表现形式出现，如分数或等级，用以衡量学生是否达到了既定的学习目标和标准。例如，在传统的教育体系中，期末考试是典型的终结性评价方式，它反映了学生在整个学期内对知识的掌握程度。总结性评价的一大特征是其结果导向性，强调最终的成绩或评级。它通常用于决定学生能否晋级、毕业或获得学位，因此在教育体系中占有重要地位。然而，这种评价方式也存在一定的局限性。它可能导致学生过分关注考试成绩，忽视了学习过程中的探索和深入理解。此外，由于总结性评价往往发生在学习周期的末尾，它提供的反馈对于学生及时调整学习方法和策略的帮助有限。

高校英语教学改革的一个关键方面是改进评价方式，从传统的总结性评价转向综合性评价。这种转变的核心在于从单一的考试成绩评价，扩展到对学生英语能力的全面评估，特别是在听说能力和综合应用能力方面的评价。这不仅有助于真实反映学生的英语水平，而且可促进学生对英语学习的全面参与和持续兴趣。在综合性评价体系中，教师应该注重学生在学习过程中的表现，包括课堂参与度、平时作业、小组讨论和项目研究等。这样的评价方式可以促进学生在学习过程中的主动参与，帮助他们建立起自主学习的意识，而不仅仅是为了应付考试。例如，可以通过定期的口语测试、写作任务和团队项目来评估学生的实际应用能力，而不仅仅依赖于期末考试成绩。

教师的评价应包括学生对英语学习态度和学习策略的自我评估。同时，教师应该定期向学生提供反馈，帮助他们了解自己的进步和需要改进的地方。对于学生而言，自我评估是一个关键的自我反思过程，它允许学生对自己在英语学习过程中的表现进行批判性思考。这种评估不仅涵盖了对语言技能的自我评价，如阅读、写作、听力和口语能力，还包括对学习态度和策略的反思。通过自我评估，学生可以更清晰地认识到自己在学习中的优势和不足，识别出自己的学习习惯和偏好，并据此调整学习策略。例如，一名学生可能在自我评估中发现，虽然他在语法和词汇方面比较强，但在口语表达和听力理解方面较弱，这将促使他在后续学习中更加重视在这些领域的提升。

而对于教师而言，定期向学生提供反馈是帮助学生学习和成长的重要环节。这些反馈应该是具体的、建设性的，主要针对学生在英语学习过程中的具体表现。教师的反馈可以帮助学生确认自己的自我评估是否准确，了解自己在教师眼中的表现，以及了解如何更有效地改进自己的英语技能。例如，教师可以通过作业批改、课堂表现评价和一对一的交流等方式，提供针对性的建议和指导。这样的反馈不仅能够激励学生，也为他们提供了明确的学习目标和改进方向。

## 五、加强师资建设

在高校英语教学改革的进程中，强化师资队伍的建设是至关重要的一环。

这不仅意味着提高教师的专业技能和教学水平，更包括拓宽他们的国际视野和提高学术交流能力。教师作为教学的直接执行者，他们的专业素养和教学能力直接影响到教学质量和学生的学习效果。

（一）定期开展教师培训

定期的教师培训是提升教学水平的基础。通过组织各类培训活动，教师可以不断更新自己的教学方法和专业知识，跟上时代的发展步伐。这些培训不应仅限于传统的教学技巧，还应包括如何利用新兴的教育技术、如何实现教学内容的创新等方面。此外，教师的个人发展应得到学校的重视。学校应建立完善的职业发展路径，提供足够的机会和资源支持教师进行学术研究和创新，从而提高教师的职业成就感和教学热情。

（二）鼓励参与国际交流和合作

鼓励教师参与国际交流和合作，对于提升师资团队的整体素质至关重要。通过国际交流，教师可以直接接触到国际先进的教学理念和方法，增强自身的跨文化交际能力，这些都是提升教学质量的重要因素。同时，国际交流也为教师提供了展现自身学术能力的平台，有助于提升学校的国际影响力。

（三）建立有效的激励机制

建立有效的激励机制对于激发教师的教学热情和创新能力至关重要。学校应为教师提供足够的研究经费支持、合理的工作评价体系和职业晋升通道。这样，教师在追求个人职业发展的同时，能够为学校和学生贡献更多的力量。

# 第二章　高校英语教学理论与创新思考

## 第一节　高校英语教学的理论基础

### 一、语言学理论

#### （一）比较语言学

比较语言学，作为历史比较语言学的一个分支，为高校英语教学提供了独特的理论支持和研究视角。其核心在于对不同语言之间，特别是印欧语系诸语言的结构进行比较，从而揭示语言之间的亲缘关系和发展轨迹。这一理论观点在高校英语教学中的应用，主要表现在以下方面：

（1）比较语言学通过分析不同语言之间的系统对应关系，帮助学生理解英语与其他印欧语系语言之间的共同性和差异性。通过这种比较，学生可以更深入地了解英语语音、词汇、语法等方面的特点，以及它们与其他语言的联系和区别。这种深入的认识不仅有助于提升学生的语言学习能力，还能增强其对语言的敏感性和理解力。

（2）比较语言学的理论为高校英语教学提供了语言发展和变化的历史视角。通过学习不同语言间的发展轨迹和变化原因，学生不仅能够理解英语的历史发展，还能洞察语言变化的普遍规律。这有助于学生建立起对不断变化和发展的语言的理解，增强适应新语言环境的能力。

（3）比较语言学还强调了对原始母语形态和使用地区的研究。这一点在教学中体现为对英语语言起源和演变的探索。通过对原始印欧语的研究，学生可以更全面地认识到英语在历史上的位置和演变过程，从而对英语语言有更深层次的认知和理解。

## （二）结构主义语言学

### 1. 美国结构主义语言学

美国结构主义语言学为高校英语教学提供了一套系统化的理论框架和分析方法。这一理论基于对语言结构的深入研究，强调语言是由各种结构相关的成分构成的系统，这些成分包括音位、词素、单词、结构和句型等。这种理论观点在高校英语教学中的应用，主要体现在以下方面：

（1）美国结构主义语言学通过对音位系统的研究，为英语教学提供了音位学的基础。音位学作为语言学的一个分支，专注于分析和描述语言的音位结构。在高校英语教学中，这意味着教师需要帮助学生理解英语语音的基本单位及其组合规则，从而提高学生的发音准确度和听力。

（2）结构主义语言学对词素系统的分析则加深了对英语词汇和语法的理解。通过研究词素及其组合方式，学生可以更好地掌握英语单词的构成和意义变化，同时理解词汇间的结构关系。这不仅有助于扩大词汇量，也促进了学生对英语语法结构的理解。

（3）句法系统的分析使得学生能够理解英语句子的构造和类型。通过对词的分类、短语结构和句型的分析，学生能够更加深入地理解英语句子的构成原理，从而提高他们构造和理解复杂句型的能力。这种系统化的句法分析有助于学生提升写作和阅读理解的水平。

美国结构主义语言学的理论强调了口语的重要性，并认为语言学习应从“当地人”所使用的实际语言入手。这种观点在高校英语教学中具有重要的指导意义。具体分析如下：

其一，这一理论观点强调口语作为活生生的语言，是学习的起点。在高校英语教学中，这意味着教学应着重于实际口语的运用，而非单纯依赖书面语。教师应引导学生学习并模仿英语母语者的发音、语调和表达方式，以此提高学生的口语交际能力。这种以口语为中心的教学方法更接近语言的自然使用状态，有助于学生更加直观、真实地理解和使用英语。

其二，该理论指出，不同语言之间在音位系统、词素系统和句法系统上存在差异，这意味着在英语教学中，教师需要帮助学生理解和适应这些差异。例如，通过对比分析英语与学生的母语，在音位和句法结构上的不同，教师可以帮助学生克服学习中的困难，避免由于语言结构差异引起的错误。

其三，该理论还提出，外语学习受到母语的影响和干扰，这意味着在高校英语教学中，教师需要识别和解决由于母语和英语结构差异所带来的学习障碍。教师可以通过对比分析、错误纠正和专门练习来帮助学生克服这些困难，从而更有效地学习英语。

2. 英国结构主义语言学

英国结构主义语言学为高校英语教学的理论基础提供了显著的贡献，特别是在句型结构的研究方面。帕尔默、霍恩比等英国语言学家的研究成果，特别是对英语语法结构的归纳，为英语教学提供了重要的参考。

（1）英国结构主义语言学家通过分析和总结英语语法结构，将其归纳为一定的句型，为英语教学提供了清晰的结构框架。这种句型归纳法不仅帮助学生更好地理解英语句子的构成，还为教师提供了一种有效的教学方法。例如，在讲授动词句型时，教师可以根据这些归纳的句型来设计教学内容，使学生能够系统地学习并掌握各种动词的使用方式。

（2）霍恩比等（1940）的研究强调了句型与句型之间的转换性，这对提高学生的语言运用能力具有重要意义。通过学习不同句型之间的转换规则，学生不仅能够理解各种句型的结构和功能，还能灵活运用这些句型表达复杂的思想和情感。例如，通过学习如何将动词句型转换为名词句型，学生可以更有效地进行英语写作和口语表达。

英国结构主义语言学的理论观点，特别是伦敦学派的研究，对高校英语教学工作的开展有着深刻影响。这一学派更加强调语言结构与其使用情境间的紧密联系，强调语境对语言理解的重要性。

（1）该学派的研究证实了语言与文化的密切关系，认为语言只有在其文化背景下才能被充分理解。这一观点对高校英语教学有着重要的指导意义。在教学过程中，教师需要将语言学习与文化学习相结合，帮助学生理解英语语言中的文化元素，如习俗、价值观等，从而提高他们的语言运用能力和跨文化交际能力。

（2）该学派还强调必须在不同的语境下研究语言的应用。弗斯提出描述“语境”的三个特点：参与者的特征、相关目的、语言行为的效果。这意味着在英语教学中，教师需要考虑语言使用的实际环境和目的，设计更贴近真实应用场景的教学内容，从而提高学生的语言实际应用能力。

（3）该学派明确了语言描述应该包括的三个层面：实体、结构和语境。这表明在高校英语教学中，教师需要关注语音和音系学、语法和词汇以及语义学的研究，全面提升学生的语言知识和使用技能。通过这种全面的教学方法，可以帮助学生更好地理解和运用英语，提高他们的综合语言能力。

### （三）社会语言学

社会语言学的理论观点对高校英语教学有着重要的意义。这一学科强调语言不仅是交流信息的工具，而且是社会交际的重要手段。社会语言学家如海姆斯对语言的社会本质和社会交际功能进行了深入探讨，他们的研究为高校英语教学提供了新的视角。

海姆斯的“交际能力”理论是社会语言学的一个核心概念。这一理论认为，交际能力不仅包括语言的语法正确性，也包括言语行为的社会得体性。这意味着在高校英语教学中，教师不仅要教授语法、词汇等语言知识，更要引导学生理解和掌握在不同社会文化背景和情景中恰当使用语言的能力。例如，教学中可以包括不同国家和文化的礼仪、习俗等内容，使学生在学习语言的同时，也能了解和适应不同的文化环境。

社会语言学还强调语言的多样性和变化性。语言是社会和文化的产物，不同的社会和文化背景会产生不同的语言形式和使用习惯。因此，在高校英语教学中，应鼓励学生了解和接受英语的多样性，培养他们的跨文化交际能力。这意味着教师需要提供更广泛的教学材料和情景，让学生在不同的语言环境中进行实际的交际练习。

## 二、语言学习理论

### （一）行为主义学习理论

行为主义学习理论为高校英语教学提供了重要的理论支持，特别是在理解语言学习过程和指导教学实践方面。这一理论主要由华生和斯金纳等心理学家发展而成，其核心观点是将学习看作刺激与反应的联结。

在行为主义学习理论中，环境刺激和学习者反应之间的关系被强调。学习被视为一系列刺激—反应模式的建立过程。例如，当英语教师在课堂上提问，学生给出回答，这个过程可以被看作对环境刺激（教师的提问）的反应（学生的回答）。根据这一理论，学习者对语言的掌握是通过不断地与语言环境互动，通过反复地练习和强化而逐步形成的。

行为主义学习理论还强调了强化在学习过程中的作用。在英语教学中，正确的反应（如正确使用英语语法结构或词汇）应得到强化（如教师的表扬或其他形式的奖励），以鼓励学生继续使用正确的语言形式。反之，不正确的反应（如错误的语法或词汇使用）则应得到适当的纠正，以避免学生重复犯错。

### （二）人本主义学习理论

人本主义学习理论提出了一种全新的教育观念，强调学习过程中的个体中心性和学习者的内心世界的重要性。这种理论的核心在于认识和尊重每个学习者作为一个独特个体的价值和潜能，并强调在教育过程中应该充分考虑和满足个体的需求和愿望。以下是人本主义学习理论的主要观点。

#### 1. 重视个体的价值和主体性

人本主义学习理论的核心是对学习者个体价值和主体性的重视。这一理论认为，每个学生都具有独特的个性和价值，教育应尊重并促进这些独特性的发展。它强调，教育过程应是个性化和以学生为中心的，而不是一种统一的、以教师为中心的过程。在这种观点下，学生被视为具有自主性和主动性的学习者，他们的思想、感受和选择都被赋予了重要性。学生不再被看作被动的知识接受者，而是积极的、有自我指导能力的学习者。

#### 2. 学习是自我实现的过程

人本主义学习理论进一步强调，学习是个体自我实现和自我发展的过程。它提倡通过学习过程帮助学生探索和实现个人潜能，以及发现和实现自己的目标和愿望。这一理论不仅关注知识和技能的获取，更关注个人成长、自我认识和自我肯定的过程。教育的目标不仅是提供知识，而且是支持学生的全面发展，包括情感、社交、道德和认知等各个方面。学习过程被视为个人成长的机会，帮助学生成为更完整、更成熟的个体。

#### 3. 人际关系在学习中的重要性

人本主义学习理论强调，人际关系在学习过程中的重要性。它认为，学习不仅是一个认知过程，也是一个社会互动过程。良好的人际关系，特别是积极的师生关系和同学间的协作关系，对学习者的成长至关重要。这种关系基于相互尊重、理解和信任，它有助于创造一个安全和有支持性的学习环境，使学生感到被接纳和被尊重。在这样的环境中，学生能够自由表达自己的观点，愿意探索新知识，并且更加愿意与他人合作和分享。这种互动和合作的氛围不仅提升了学习的效果，也有助于提升学生的社交技能和情感发展。

#### 4. 情感因素对学习的影响

人本主义学习理论还重视情感因素对学习的影响。这一理论认识到，学习者的情感体验对他们的学习动力、持续性和效果有重要影响。情感因素，如兴趣、态度、自尊、自信和动机，是学习过程中不可或缺的组成部分。一个积极的、情感支持性的学习环境能够激发学生的好奇心和探索欲，同时能减轻学习过程中的焦虑和恐惧。教师在这种环境下应关注学生的情感需求，鼓励他们表达自己的感受，并在教学中融入相关的情感教育。这样的教学不仅关注知识和技能的传授，更重视学生情感的培养和健康的心理发展。通过这种方式，学生不仅学到了知识，还获得了情感上的满足和心理上的成长，从而实现了更全面的发展。

### （三）建构主义学习理论

#### 1. 建构主义学习理论的核心观点

建构主义学习理论认为，知识不是被动接收的，而是通过个体主动参与和建构的。这种观点强调，学习是一个积极的过程，学习者不是简单地吸收知识，而是通过自己的经验和现有认知结构来解释和理解新信息。这意味着知识的获得不仅是记忆和重复，更多是通过探索、提问和实践来构建个人的理解和意义。建构主义理论还强调学习者已有认知结构的重要性。学习者的现有知识、信念和经验对新知识的理解和吸收起着决定性作用。在学习过程中，学习者不断地调整和重构他们的认知结构，以适应新的信息和经验。这意味着教学不应该仅仅传递知识，而应该鼓励学生积极参与、探索和思考，帮助他们建立自己的知识框架。

#### 2. 皮亚杰和维果茨基对建构主义的贡献

皮亚杰和维果茨基是建构主义学习理论的重要代表人物，尽管他们的研究重点和侧重点有所不同，但他们共同认为学习是一个主动的建构过程。皮亚杰认为，儿童通过与环境的互动逐步建立和发展其认知结构[①]。他强调了学习者在知识建构中的主动性，认为学习是个体内部的认知过程。维果茨基更加强调社会文化对学习的影响。他认为，学习首先发生在社会层面，然后被内化到个体层面[②]。维果茨基的理论强调了社会互动和文化工具（如语言）在学习过程中的作用。他提出了“最近发展区”（Zone of Proximal Development）的概念，指出学习者在适当的指导和支持下能够达到更高的认知水平。

① 认知发展理论［EB/OL］. http：//baike.baidu.com/item/认知发展理论/7876079.

② 维果茨基的社会文化理论［EB/OL］. http：//www.psychspace.com/psych/viewnews-12706.

3. 建构主义学习理论与学习的层次

建构主义学习理论认为学习涉及两个层次：初级学习和高级学习。在初级学习阶段，学习者主要关注于理解和记忆基本概念和事实，通常发生在结构良好的知识领域。这种学习以重复和再现所学知识为主，强调知识的直接传递和接收。当然，建构主义学习理论也特别强调高级学习的重要性。高级学习发生在结构不良的领域，要求学习者不仅理解概念的基础，还能够灵活地将这些概念应用于各种复杂和多变的实际情景中。这种学习过程超越了简单的记忆和重复，强调对概念的深入理解和跨情景应用。

在高级学习中，学习者必须处理大量的信息和概念，这些信息往往是复杂且难以预测的。学习者需要通过探索、实验和反思来构建自己对知识的理解，这一过程不仅涉及认知，还涉及情感和价值观的整合。建构主义认为，在这种学习中，学生通过不断地探索和实践，能够建立更加丰富和灵活的知识结构。

## 三、二语习得理论

二语习得理论形成于20世纪六七十年代，主要对二语习得的过程与本质进行研究，描述学生如何对第二语言进行获取与解释。有关这一理论的研究，由五大假说组成。

### （一）习得—学习假说

克拉申的习得—学习假说是语言学习领域的一个重要理论，它区分了语言习得和语言学习这两种不同的认知过程。这一理论认为，语言习得是一种无意识的过程，通过自然地接触和使用语言实现。例如，小孩子学习母语，他们并不是通过显性的教学和学习，而是通过无意识地模仿和实践，在自然的语言环境中逐渐掌握语言。这一过程更多依赖于直觉和天然的语言处理能力，而不是有意识的规则学习。另外，语言学习是有意识的、显性的学习过程，通常发生在教室里，涉及对语法规则的学习和应用。在这个过程中，学习者通过记忆和练习，有意识地掌握语言结构和规则。这种学习方式更多关注于正确性和形式性，强调通过分析和逻辑推理来掌握语言。虽然两种方式都对语言学习有贡献，但语言习得是更为自然和有效的学习途径。这一理论对教学方法提出了挑战，指出传统的重视语法规则和直接教学的方法可能不是最有效的语言教学方式。

（二）自然顺序假说

克拉申提出的自然顺序假说是语言习得领域的一个重要理论，它强调在语言习得过程中，无论是母语还是第二语言，学习者都会遵循一定的自然顺序来习得语法规则和结构[①]。这个顺序在不同个体间显示出惊人的一致性，表明语言习得过程具有一种内在的、普遍的模式。这种自然顺序与语法规则的难易程度并无直接关联，即一些看似简单的语法规则并不总是最先被习得。这个理论的重要性在于它挑战了传统的基于规则教学的语言教学方法。它表明，即使在教学中重点教授某些语法规则，学生的习得顺序仍然遵循内在的自然规律。这意味着语言教学应更多地关注创造自然的语言学习环境，而不是强迫学生按照预定的顺序学习特定的语法结构。

自然顺序假说还强调了在语言教学中，错误是学习过程的自然组成部分，而不应被看作失败。学习者在习得第二语言时，不可避免地会犯一些与其习得阶段相对应的错误，这些错误实际上是他们语言习得进程的自然表现。因此，教师在评估学生的语言水平时，应更多地关注他们的整体语言发展，而不是单纯地纠正每一个错误。

（三）监控假说

1. 监控假说的核心观点

克拉申的监控假说核心在于区分了语言习得（Acquisition）和语言学习（Learning）的作用，并探讨了二者在实际语言使用中的不同角色。这一理论认为，语言习得是一种更加自然和无意识的过程，主要在交流和实际使用中发生，是语言能力的主要来源。相对地，语言学习是一种有意识的学习过程，涉及对语言规则的记忆和理解。在实际语言使用中，学得的知识起到一种“监控”或“编辑”的作用，可帮助纠正输出中的错误。

2. 监控的局限性和影响因素

克拉申指出，尽管学习可以帮助监控和改进语言输出，但这种监控是有限的，受多种因素的影响。首先，有效的监控需要充足的时间，因为实时监控和修正语言输出需要时间思考和处理。其次，监控主要关注语言形式，而非语言意义，这意味着在交际过程中，当注意力集中在传达语义上时，监控的效果会减弱。最后，有效的监控需要对语言规则有充分的了解和掌握。

① 自然顺序假说［EB/OL］. http：//baike.baidu.com/item/自然顺序假说/11034112.

3. 不同类型的监控者

根据监控假说，学习者在监控使用方面存在差异。一些学习者可能过度依赖监控，导致语言输出过于迟缓和不自然；另一些则可能监控不足，导致语言中出现较多的错误。理想的状态是达到监控适中，既能有效利用学得的规则进行自我修正，又能保持语言输出的流畅和自然。这一理论对于语言教学提出了重要的启示，即教学应鼓励学习者在习得和学得之间找到平衡，同时培养其自然和无意识的语言使用能力。

（四）输入—输出假说

1. 输入假说的核心观点

克拉申的输入假说强调了“可理解性输入”（i+1）在语言习得中的关键作用。这个理论认为，语言习得发生在学习者接触到略高于其当前语言水平的输入时。克拉申强调，重要的不是语言的形式，而是其意义和信息的理解。他认为学习者在理解输入内容时，语言知识的习得自然而然地发生。这个理论突出了语言输入的重要性，强调学习者需要被暴露在既富有挑战性又在能力范围内的语言环境中。

2. 输出假说的主要观点

与输入假说相对的是 Swain（1985）提出的输出假说，它强调语言输出在二语习得中的重要性[①]。斯温认为，仅有输入是不足以实现有效的语言习得的，学习者还需要在真实语境中使用语言，即所谓的“可理解的输出”。这一理论认为，通过输出，学习者不仅能提高语言使用的流利性，还能对自己的语言使用进行自我检查，从而发现并改正错误。输出为学习者提供了实际应用语言的机会，这对于巩固学习内容、提高语言技能非常重要。

3. 结合输入与输出的教学策略

输入—输出假说认为，在实际教学过程中，教师既要提供充足的可理解输入，也给予学生充分的表达和实践的机会。这意味着教师选择的教学内容应略超出学生的当前水平，同时教师应鼓励他们在课堂上主动使用语言，进行交流和表达。通过这种方式，学生既能获得足够的语言输入，又有机会进

---

① Swain M. Communicative Competence：Some Roles of Comprehensible Input and Comprehensible Output in It's development［C］// Gass SM，Madden CG. Input in Second Language Acquistion. Rowley，Mass：Newbury House Publishers INC.，1985：235-253.

行有效的语言输出。

（五）互动假说

互动假说由语言学家迈克尔·朗提出，“互动”是理解语言学习过程的重要视角。互动假说主张学习不仅依赖于可理解的输入和调整后的输出，更重要的是参与实际的交际互动。互动过程中的意义协商和形式反馈是学习者语言表达调整的关键。这个过程促使学习者在实际交流中，不仅理解和吸收语言信息，还对语言形式进行深思和调整。

互动假说的核心在于它强调了输入、学习者内在能力、注意力选择和输出间的综合作用。在互动的过程中，学习者不只是被动接受信息，而是通过互动来深化自己对知识技能的理解。互动不仅涉及意义的交流，还包括对于语言的结构、语法、发音和词汇等方面的反思与调整。学习者通过这些互动来测试、修正和内化所学的语言，从而使之成为自己的知识体系的一部分。互动假说还突出了语言学习的社会性和情景性。在交际过程中，学习者与他人的互动不仅帮助他们学习语言，还有助于他们理解和适应不同的社会及文化背景。因此，这种互动方式不只是一种语言学习策略，更是一种文化和社交技能的培养方式。通过互动，学习者能够更全面地掌握语言的使用，提高他们的交际能力和跨文化交流能力。

## 第二节　图式理论与高校英语教学

### 一、图式及图式理论概述

图式作为认知心理学中的核心概念，指人们心中对过去经验和知识的一种结构化及系统化的表示。这个概念最早由康德（1978）提出，并被后续的心理学家如巴特利特等进一步发展[①]。图式是一种心理结构，用来组织和解释外部信息，同时影响个体如何对信息进行编码、存储和提取。

图式可以被视为心理框架或模板，它帮助人们组织和解释复杂的信息。这些框架包含了个体对世界的认识、经验和期望，使得个体能够有效地处理和理解新的信息。例如，当人们阅读故事或遇到新情景时，人们会自动地使

① 图式理论［EB/OL］. http：//baike.baidu.com/item/ 图式理论 /9942609.

用现有的图式来解释和理解这些信息。图式的使用简化了认知过程，使人们能够快速理解新信息并做出反应。图式也影响着人们对信息的记忆和回忆。人们更容易记住那些符合人们现有图式的信息，而与现有图式不符的信息则可能被忽略或改变。这就是为什么不同的人可能对同一事件有不同的记忆和理解，因为他们的图式不同。图式理论强调，人们的知识和经验是动态的，随着新信息的吸收，个体的图式会不断地调整和重构。

图式理论在教育、心理治疗和人工智能等领域均有广泛应用。在教育领域，了解学生的先验图式可以帮助教师更有效地设计教学活动，使学生能够更好地连接新旧知识。在心理治疗中，理解和修改个体的负面图式被认为是改善心理健康的重要途径。在人工智能领域，图式理论被用来构建更有效的机器学习模型，使机器能够更好地模仿人类的认知过程。总的来说，图式作为一种认知工具，对于理解人类如何处理信息和知识有重要的意义。

（一）图式的特征

通过对图式理论的分析，可以得出图式的六个基本特征。如图 2–1 所示。

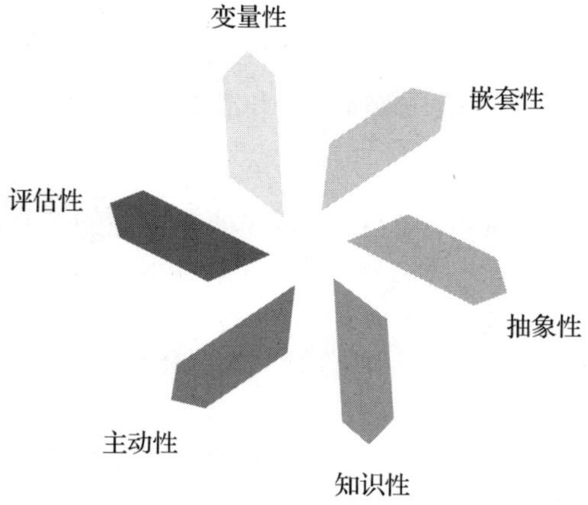


**图 2–1　图式的特征**

1. 图式的变量性

图式的变量性体现在它们随着个体经验的增长和变化而逐渐演进。这种演进使得个体能够更好地适应新的环境和情景。例如，一个人在童年时期形成的图式可能是基于有限的经验和知识，但随着年龄的增长，他们接触到更多的信息和不同的生活经历，这些新的经验会不断地融入并更新原有图式。因此，图式是动态的，反映了个体认知和理解世界的不断成熟与深化。

2. 图式的嵌套性

图式嵌套性指一个更广泛的图式可以包含若干个更具体、更细分的子图式。这些子图式相互关联，共同构成一个复杂的知识结构。例如，在“学校”这个更广泛的图式中，可能包含“教室”“图书馆”“运动场”等更具体的子图式。每个子图式又有自己的特点和属性，它们共同构成了个体对“学校”这一概念的全面理解。这种嵌套关系使得图式既能够涵盖广泛的知识领域，又能够在特定领域提供详细的信息。

3. 图式的抽象性

图式的抽象性意味着它们并不是具体事物或事件的直接反映，而是对这些事物或事件的一种抽象和概括。这种抽象性使得图式能够适用于各种不同但相关的情景。例如，一个关于“社交活动”的图式可能包括一些基本的社交规则和预期行为，这些规则和行为可以应用于各种不同类型的社交场合，如派对、正式晚宴或非正式聚会。由于其抽象性，图式能够帮助个体在遇到新的、未知的情景时，快速地理解和适应。

4. 图式的知识性

图式作为知识的表征，代表了个体对世界的综合理解。它不仅涉及事实和数据，还包括个体的观点、解释和文化背景。例如，一个人对“健康”概念的图式可能包含其个人对健康饮食、运动习惯的理解，也可能受到他们的文化背景中对健康的普遍看法的影响。这种知识性使图式成为个体理解复杂概念和现象的重要工具，它们不仅仅是静态的信息存储，更是动态的、能够适应新情景的认知结构。

5. 图式的主动性

图式的主动性体现在个体在处理信息和构建知识时的积极参与。这种主动参与过程使得个体不只是被动接收信息，而是通过自己的图式对信息进行整合、解释和重新构建。例如，当学习一个新概念时，个体不仅仅接收教材中的信息，还通过将新信息与自己现有的图式结合来理解和吸收这一概念。这种过程不断促进个体的认知发展，使他们能够更加深刻和全面地理解周围的世界。

6. 图式的评估性

图式的评估性使得个体能够评价新信息与现有知识结构的一致性和相关性。这种评估是个体理解和处理新信息的关键。例如，在阅读一篇文章时，个体会利用他们的图式来判断文章中的信息是否与他们已有的知识相符合，或者是否提供了新的视角和信息。这种评估不仅有助于信息的筛选和理解，还有助于个体对新知识的吸收和内化。通过评估性的图式，个体能够更有效地处理大量信息，同时提高自己的学习和理解能力。

（二）图式的分类

在当前的语言学研究领域，人们普遍认同的图式分为三种主要类型：语言图式、内容图式和形式图式（见图2–2）。这些分类对于理解和提升第二语言学习者的语言能力具有核心作用。

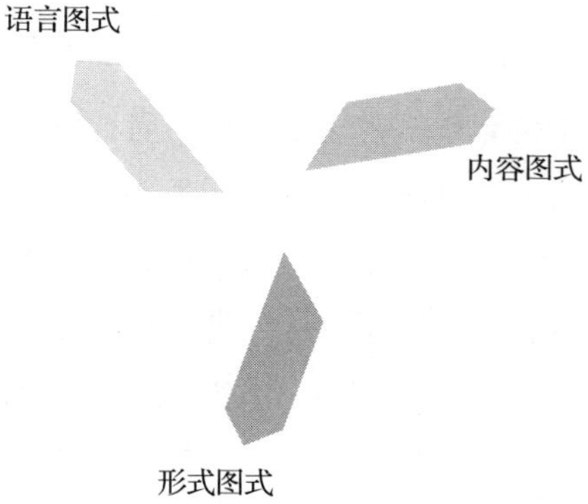


图 2–2　图式的分类

1. 语言图式

语言图式涉及学习者对特定语言的基本构造和规则的全面理解。这不仅包括音位、语法、句法和词汇的基础知识，还包括对这些元素如何在实际语言使用中结合和运作的深入理解。例如，学习英语的人需要形成对英语的时态系统、动词的不规则变化、名词的复数形式、句型结构等方面的坚实理解。这种图式的发展是通过持续接触和练习而不断构建和完善的，学习者通过听、说、读、写等多种方式来实践和加固这些图式，从而提升其语言的准确性和流畅性。有效的语言图式建构能够帮助学习者在不同的语言使用情景中灵活运用规则，从而更自然地沟通和表达。

2. 内容图式

内容图式涉及学习者对特定话题或文本背后的广泛背景知识，包括文化、历史、社会习俗和具体情景的综合理解。例如，当阅读一篇讨论美国独立日的文章时，学习者需要了解与该节日相关的历史事件、文化传统和社会意义。这种图式使学习者能够穿透语言的表面，深入到文本的深层意义和文化语境中。内容图式的发展需要学习者对目标语言文化有深刻的了解和体验，这通常是通过阅读、观看文化内容、参与文化活动或与母语者的交流中逐渐积累的。具备丰富的内容图式，学习者能够更好地理解和吸收第二语言材料中的隐含意义，增强对实际语言使用情景的适应性和敏感性，从而在交流中更自信和得体。

3. 形式图式

形式图式指学习者对不同类型文本的组织结构和表达方式的理解。这种图式不仅涵盖了基本的文本结构如段落划分、标题使用、引言和结论的编排，还包括对不同文体特征的认识，例如叙述文的时间顺序安排、说明文的事实陈述方式、论述文的论点和论据展开等。学习者通过掌握这些形式图式，能够更有效地理解、解析和创作各类文本。形式图式的应用不限于理解文本的外在形式，它还帮助学习者探究文本的深层结构和作者的意图。例如，在分析一篇论述文时，学习者不仅识别出引论、论点、支持论据和结论，还能通过这种结构理解作者的逻辑推理和论证方法。这种理解能力是学习者进行批判性阅读和有效写作的基础。

除基础的文本结构外，形式图式还包括对文本风格、语气和修辞手法的认识。这使得学习者能够从更微观的角度分析和评价文本，比如识别和应用比喻、拟人等修辞手法，理解不同语气在文中的作用和效果，以及掌握不同文体特有的表达方式和风格。对形式图式的深入理解和应用，可以显著提升学习者的语言运用能力，使其能够更准确、更有表现力地使用第二语言。

## 二、图式理论在高校英语教学中的应用

自 20 世纪 60 年代以来，各国学者将图式理论应用到英语阅读教学中，分别从各个视角分析并探索了图式理论在英语阅读教学中的作用，对改善学生阅读效果、提高学生阅读能力起到了积极作用。图式理论在英语教学中的应用主要涉及几个关键领域，包括语言图式的构建、词汇学习策略的优化以及语篇理解的加强等。

### （一）语言图式的构建

在英语阅读教学中，构建语言图式是提高学生阅读理解能力的基础。语言图式涉及学生对语言基础知识，如语法、词汇、句型结构等的掌握和运用。这一过程需要学生不仅记忆这些基础知识，而且能够将它们应用于理解更复杂的文本结构和含义中。例如，掌握不同时态的使用规则，能帮助学生更准确地理解文本中时间线的变化，从而更好地把握故事或事件的发展脉络。

教师在构建学生的语言图式时，可以采用多种教学方法，如通过阅读实际的英语文章、故事或新闻，让学生在真实语境中学习和应用这些语言知识。同时，利用课堂讨论、角色扮演等互动活动，能够进一步加深学生对语言知

识的理解和内化。通过这种方式，学生不仅学习到了语言知识，还能学会如何在实际的语境中运用这些知识，从而构建起坚实的语言图式。

（二）词汇学习策略的优化

词汇是语言学习的重要组成部分，有效的词汇学习策略对于提高学生的语言理解和运用能力至关重要。图式理论在词汇学习中的应用强调在具体语境中理解和记忆词汇，而不仅仅是孤立地死记硬背。例如，通过阅读一个包含特定词汇的故事或段落，学生可以在特定语境中学习新词汇，这样不仅有助于记忆，还能提高理解和运用能力。

教师在设计词汇教学策略时，应考虑学生的个别差异和具体水平。对于初学者来说，可以使用图像、故事或现实生活中的例子来帮助他们理解和记忆新词汇。对于更高水平的学生，可以通过更复杂的文本和实际情景来挑战他们的词汇理解和应用能力。此外，鼓励学生在课外阅读和实际生活中主动寻找和使用新词汇，也是提高词汇学习效果的重要方式。通过这些方法，学生不仅能够扩大词汇量，还能提高在不同语境中正确运用词汇的能力。

（三）语篇理解的加强

语篇理解是英语阅读教学的另一重要组成部分。图式理论认为，语篇理解不仅取决于对单个词汇的理解，还包括对整个语篇结构和内容的深入理解。在这个过程中，部分词汇被吸收到学生的认知体系中，提高了猜词的准确率和词义记忆水平。因此，英语教学应注重将词汇学习和阅读理解相结合，使学生能够在更广泛的语境中应用和理解所学的词汇及语法知识。

同时，由于图式理论强调背景知识在阅读理解中的重要作用，因此学生如果具备与阅读材料相关的形式和内容图式，那么即使他们遇到语言上的难点，如难懂的词汇或语法结构，也能通过已有的内容图式来弥补语言图式的不足。这意味着，学生能够更有效地理解文本信息，即便文本的语言难度较高。教师可以通过提供与文本相关的文化背景知识来激活学生的内容图式，从而提高他们的阅读理解能力。

（四）促进长时记忆的形成

图式理论在英语阅读教学中的应用具有显著的优势，特别是在促进学生形成长时记忆方面。研究发现，当学生在阅读过程中遇到他们已熟悉的故事结构或情节时，他们能够更加迅速和深刻地理解这些信息，并有效地将它们转化为长时记忆。这是因为学生对于熟悉图式的识别和理解过程更加自然和无压力，从而有助于加强记忆的稳固和持久性。

在英语阅读教学中，教师可以有意识地利用这一特点，通过引入学生熟悉的故事类型、常见的情节布局或文化背景等设计教学内容。例如，可以选取学生熟悉的民间故事、流行文化中的与情节或学生日常生活经验相关的主题作为阅读材料的基础。这种方法不仅能够激发学生的兴趣，还能有效地促进他们对英语文本的理解，使学习内容更加牢固地印刻在学生的记忆中。这种教学方法也强调了将阅读材料与学生的现实生活相联系的重要性。通过将学习内容与学生的实际经验和已有知识联系起来，教师能够更有效地引导学生构建新的知识体系，使学习过程更加高效和有意义。

（五）学生差异化的体现

图式理论在英语教学中的应用需要根据学生的不同水平和需求进行调整。教师应根据学生的具体情况，灵活运用图式理论，设计出适合不同水平学生的教学方法和策略，以促进他们的语言学习和理解能力的提升。

图式理论在英语教学中的应用体现在其对不同水平学生阅读理解能力的提升上。针对中高水平的学习者，由于他们已经拥有较为丰富的语言图式，教师可以通过图式词汇策略来帮助他们巩固和拓展新的图式。这种方法不仅增加了学生对语言的理解能力，也促进了他们在语言使用中的灵活性和准确性。然而，对于低水平的学生来说，由于他们的语言图式基础相对薄弱，教师需要采取更加基础和全面的教学策略。这包括对基础语法、词汇和句型结构的教学，以及通过各种实际应用场景加强学生对这些基础知识的理解和应用。在这一过程中，教师需要耐心地引导学生，帮助他们逐步建构起坚实的语言图式基础。

## 第三节　多模态理论与高校英语教学

### 一、多模态理论概述

多模态理论探讨了人们在交际中使用的多种符号资源，包括但不限于语言、图像、声音、手势等。多模态理论认识到，人们在表达和理解信息时，不是依赖于单一的语言模式，而是结合了多种感官和符号系统。因此，多模态理论强调不同符号资源的综合运用。例如，韩礼德（2010）基于系统功能语言学认为，多模态不仅仅局限于语言，还包括手势、声音、图像等不同的符号资源。这些资源在交际中相互作用，共同完成意义的表达和交流。这意味着，理解一个复杂信息的过程，不仅涉及语言的理解，还涉及对其他符号系统的解读[①]。

多模态理论在国内的发展突出了交流途径和手段的多样性。比如，朱永生（2007）将模态定义为包含语言等多种符号系统的交流途径和手段，强调了在交流过程中符号系统的多样性和复杂性[②]。顾曰国和黄立鹤（2020）则更加具体，他们通过感官的使用来定义单模态、双模态和多模态交际，揭示了多模态交际是一种涉及多种感官的综合交流过程[③]。

### （一）多模态理论媒介系统

媒介是人类感知外界事物所使用的工具和物质，是用于符号产品和事件生产的物质资源。根据不同的分类标准，可以将媒介系统地分成多种类别项目。此处，本节根据有无声音和言语，将多模态理论的媒介系统分为语言媒介和非语言媒介。

#### 1. 语言媒介

多模态理论在语言媒介方面提出了对传统语言学观点的补充和扩展。在这一理论框架下，语言传播不仅局限于传统的声音符号和书写符号，还包括与语言伴随的多种非语言符号和技术手段。

（1）声音符号。多模态理论认识到声音符号在传播语言信息时的多样性和复杂性。不仅仅是语言文字本身，声音的大小、频率、音调、口音和语气等都成为信息传递的重要组成部分。例如，同一句话在不同的语气下可以传达截然不同的情感和意图。这种声音符号的变化丰富了语言的表达能力，使得信息的传递更为细腻和多维。

（2）书写符号。书写符号的传播不再仅限于文字的直接表达。字体的形状、大小以及空间布局等都能影响信息的理解和接受。在书面文本中，这些非文字的视觉元素起着辅助、补充和强化的作用，有助于读者更好地理解和吸收信息。例如，不同的字体和布局可以传达不同的情感和强调的内容，从

---

① M. A. K Halliday. 功能语法导论（第二版）[M]. 彭宣维，赵秀凤，张征，等译，北京：外语教学与研究出版社，2010.

② 朱永生 . 多模态话语分析的理论基础与研究方法 [J]. 外语学刊，2007（5）：82-86.

③ 顾曰国，黄立鹤 . 老年语言学与多模态研究 [M]. 上海：同济大学出版社，2020.

而影响读者的理解和反应。

（3）技术手段。多模态理论还强调了信息技术在语言传播中的作用，如计算机文字输入和语音识别技术的应用。这些技术虽然最终转化为声音或字符，但在信息的编码和传递过程中起着关键作用。这表明，多模态理论将语言媒介的理解扩展到了包括多种符号和媒介的交互作用。例如，当语言与视觉图像、音乐、手势等其他符号资源结合时，可以产生比单一语言更为丰富和深入的意义。这种多模态交互不仅增强了信息的表达，也有利于信息的传输和接收。

2. 非语言媒介

多模态理论中的非语言媒介观点着重探讨了除语言外的其他符号系统在交际中的作用和意义。这些非语言媒介包括身体动作、工具使用以及环境因素，它们在传达信息和表达意义方面起着至关重要的作用。

（1）身体动作。身体动作是一种重要的非语言媒介，涵盖了头部、手臂、腿部和躯干的各种动作。例如，头部动作如点头或摇头可以表示赞同或反对，眼神交流可以表达情感和态度，手势和身体姿势能传达更为复杂的信息和意图。这些肢体语言的细微差别在交际中扮演了重要角色，有时甚至比语言本身表达得更为直接和强烈。

（2）工具和环境。非肢体媒介如工具和环境在交际中扮演着关键角色。随着科技的进步，多种工具如网络平台、同声传译设备等为交际提供了新的可能性和形式。例如，网络平台允许人们跨越空间进行即时交流，同声传译设备则使得不同语言之间的沟通变得更为便捷。此外，环境因素，包括场所布局、象征性符号等，也在传递信息和创造交际氛围方面发挥作用。在特定环境下，人们的交际行为和理解方式会受到影响，例如，正式场合和非正式场合的交际风格会有所不同。

### （二）多模态理论形式及其关系

1. 多模态话语形式

多模态理论中的形式理论部分关注媒介如何通过其结构和组织形式表达意义。这个理论认为，媒介本身不具备固有的意义，而是通过特定的组织和模式化赋予了意义。形式理论认为，媒介可以直接赋予符号某种意义，例如语言中的象声词，但这种符号系统往往缺乏能产性和任意性，因此它的应用范围相对有限。这类符号通常具有直观性，它们的意义通常与其形式直接相关，且不容易被替换或改变。

更复杂的媒介组织手段是通过不同媒介符号的组合赋予新的意义，类似于语言学中的语法。这种符号系统具有任意性、能产性和双分性，使得它们的应用范围更广泛。例如，在语言中，词汇单元通过语法规则组合起来，形成复杂的句子和语篇，从而传达更复杂的意义。类似地，其他媒介也展现出类似的词汇—语法结构，如图像中的形体和图像语法，声音中的声响形体和声响语法等。这些不同的媒介元素可以组合成为更复杂的结构，从而传达更为丰富的意义。

张德禄（2018）分析指出，语言和非语言媒介在形式上具有相似的词汇—语法系统。在这个系统中，既有实现特定意义的单个项目（如词汇、图像形体、声响形体），也有将这些项目组合成为更复杂结构的规则系统（如语法、图像语法、声响语法）。这种结构化的媒介使用为多模态交际提供了丰富和复杂的表达方式[①]。

2. 话语形式之间的关系

多模态理论中模态间的关系可以分为互补关系和非互补关系，这些关系定义了不同模态如何相互作用以表达意义。

（1）互补关系。互补关系指一种模态作为主要的交际形式，而其他模态起到强化作用。在这种关系中，次要的模态可以强调、补充或扩展主要模态的意义。例如，在一个演讲中，主要的交际形式可能是语言，而面部表情、手势和身势起到辅助和强化的作用。互补关系的关键特征在于，主要模态和次要模态间存在明确的主次关系，其中主要模态承载了核心信息，次要模态提供背景或额外信息。此外，互补关系进一步细分为强化关系与非强化关系，强化关系又分为突出关系、主次关系和扩充关系，这些子关系描述了次要模态如何具体补充和增强主要模态的信息。

非强化关系描述了两种或多种模态的相互依赖和补充，其中没有明显的主次关系。在这种关系中，每种模态都是必不可少的，共同构成了整体的意义。例如，电视新闻中，声音和图像的结合为观众提供了完整的信息。非强化关系可以分为交叉关系、联合关系和协调关系。交叉关系指不同模态交叉

---

① 张德禄 . 系统功能理论视阈下的多模态话语分析综合框架［J］. 现代外语，2018，41（6）：731–743.

以表达整体意义，如在做事的同时讲述行为的过程和原理；联合关系指同一种模态中不同类型的媒体结合来表达意义；协调关系强调不同模态共同协作以构成完整的意义，比如视频中的声音和图像不可分割，共同表达信息。

（2）非互补关系。非互补关系在多模态理论中描述了那些在表达意义时不起主要补充或强化作用的模态间的关系。这种关系可以体现为交叠、内包以及模态间的特定互动形式。

交叠关系指两种或多种模态同时出现，但彼此间没有明显的补充或强化作用。这种关系常见于各模态提供的信息是重复的或冗余的，不为主要模态提供新的或额外的意义。例如，在多模态 PPT 展示中，如果演讲者只是重复 PPT 上的内容，那么语言和视觉模态间就形成了交叠关系。这种情况下，第二种模态（如视觉）只是为第一种模态（如口头语言）提供了方便，而没有带来新的理解或强化。交叠关系可能导致信息的冗余，甚至在某些情况下，不同模态间可能出现排斥或抵消的现象。

内包关系指第二种模态对整体意义的表达没有新增贡献，只是提供更具体的信息。这种关系进一步细分为“整体与部分”和“抽象与具体”。在“整体与部分”的关系中，第二种模态提供的是部分信息，例如在讨论动物时出现的具体图像；而在“抽象与具体”的关系中，比如讨论“水果”时出现的具体水果图像，这里第二种模态虽然没有提供新信息，但使第一种模态的信息更具体和形象。内包关系在多模态理论中是一种常见现象，它有助于使信息更加明确和易于理解。

### （三）多模态理论综合框架分析

要想将一种理论灵活地运用于教学实践中，就应对这种理论的由来、内容、表现形式和研究方法等方面有相应程度的掌握，对于多模态话语分析这一新兴理论来说更是如此。如上所述，多模态理论的媒介系统、多模态理论的形式及其关系已经介绍完毕。因此，根据以上内容，更高层次的多模态理论综合框架并不难理解。对于这一问题，国内外多位学者先后进行了研究探讨并得出了结论。在此，本书将详细介绍国内语言学家张德禄的相关研究成果。

张德禄（2018）提出的多模态话语分析综合理论框架为我们提供了一个全面理解多模态交际的角度。这个理论框架涵盖了文化、语境、内容和表达四个重要层面，各层面相互交织，共同构成了多模态交际的完整图景①。

1. 文化层面

在文化层面上，多模态交际深受其所处文化的影响。文化层面包括意识形态和体裁两个方面。意识形态反映了个体和集体的思维模式、价值观和社会习俗等，是多模态交际的深层基础。体裁是这些思维模式和价值观在具体交际过程中的实现方式，它规定了交际的结构和程序。例如，不同文化背景下的广告可能会采用不同的视觉和语言策略来吸引观众。

2. 语境层面

语境层面是多模态交际发生的具体环境，它包括话语范围、基调和方式。语境因素制约着交际的形式和内容，决定了交际者如何选择和组织多模态资源。比如，正式场合的演讲和非正式聚会的对话，虽然可能涉及相同的主题，但由于语境不同，所使用的语言风格、身体语言和视觉辅助材料等会有所区别。

3. 内容层面

在内容层面上，多模态交际的核心是传达具体的信息和意图。这一层面的意义构建不仅受限于语境因素，如交际的场合、参与者的角色和关系，还依赖于交际者所使用的多种模态资源，例如语言文字、图像、声音等。每一种模态都可以携带特定的信息，且相互间可以协作，增强信息的表达力和感染力。例如，在一个广告中，文本可能传达产品的基本信息，而图像可能展示产品的外观和使用场景，声音可以激发情感和创造氛围。这些不同的模态共同构成了广告的完整内容，使得信息更加生动和吸引人。

4. 表达层面

在表达层面上，多模态交际的媒介系统成为传递信息的关键工具。这一层面涉及各种媒介形式，如文本、声音、图像、动作等，它们是构成多模态话语的物质基础。媒介的选择和使用方式直接影响交际的效果和接收者的理解。例如，数字时代的广告通常会综合利用文字、图片、视频和音效等多种媒介以吸引观众的注意力和传达信息。

这个综合理论框架指出，有效的多模态交际不仅仅依赖于单一的语言或视觉信息，还需要综合考虑文化背景、语境限制、内容的深度和广度以及多

① 张德禄 . 系统功能理论视阈下的多模态话语分析综合框架［J］. 现代外语，2018，41（6）：731–743.

样化的表达形式。它强调了多模态资源在交际中的综合运用，以及如何通过这些资源在不同层面上实现有效的意义构建和传递。在实际应用中，这个框架可以帮助人们更好地理解和分析各种交际活动，如教学、广告、政治演讲等。通过考察不同层面的元素，人们可以更深入地分析交际者如何利用多模态资源来实现特定的交际目的，以及这些资源如何在不同文化和语境下发挥作用。这种全面的分析方法为理解复杂的交际现象提供了有力的理论工具。

## 二、多模态理论在高校英语教学中的应用

### （一）高校英语多模态教学要素分析

高校英语多模态教学的有效性依赖于教师、学生、教学内容和教学媒体这四个关键要素的协调运作。在这个体系中，教师作为课堂的引领者，承担着指导和激励学生学习的重任，而学生是学习过程的中心，他们的主动参与是实现教学目标的关键。教学内容的设计需要创新和灵活，以适应多模态教学的需求，而教学媒体的选择和应用则进一步增强了教学内容的呈现效果。这些要素虽然各自独立，但它们间的相互作用和平衡直接影响着课堂教学的成效。因此，如何在多模态教学环境中最大化这些要素的潜能，是当前英语教育教学工作者需要深入考虑的问题。

#### 1. 教师要素

在高校英语多模态教学中，教师扮演着关键角色，其职责远超过传统教学中的语言传递者。在多模态教学框架下，教师的作用变得更为多元化和复杂。教师需要充分利用各种模态资源，包括语音、表情、身势、着装等，以提高教学效果和学生的学习体验。

（1）语音的重要性与策略。在多模态教学中，教师的语音不仅是信息传递的主要媒介，还是调动学生情感和维持课堂氛围的重要工具。合理控制语音的音量、音调、语速和清晰度对于提升教学质量至关重要。

通常情况下，教师使用平稳而清晰的语音可以帮助学生更好地理解教学内容；在讨论激烈或重要的话题时，适当提高音量和语速可以增加课堂的动感和紧迫感；在需要学生反思或沉思时，缓慢而低沉的语音能营造出更加沉稳的氛围。此外，教师应注意语音的变化和语调，以吸引学生的注意力，并帮助他们区分重点和次要信息。例如，在强调关键概念时，适当提高音量和减慢语速，可以使学生更容易捕捉和记住这些信息。

（2）非语言表达的策略与实践。教师的面部表情和身势语言是传达非言语信息和情感的重要手段，对于创造一个积极、互动的学习环境尤为关键。面部表情如微笑、鼓励的点头和目光接触不仅可以传达教师的友善和开放态度，还能够增强学生的参与感和信心。尤其当学生回答问题时，教师通过点头和微笑来肯定他们的努力，可以增强学生的自信心和成就感。

身势语言，如开放的手势、向学生倾斜的身体姿势，可以传达教师的关注和愿意接纳学生观点的态度，从而鼓励学生更积极地参与课堂讨论。教师可以通过动态的手势来强化对教学内容的解释，如使用手势来示范某个动作或过程，这不仅能够增加信息的可视化，还能够帮助学生更好地理解和记忆教学内容。

（3）教师着装的影响与策略。教师的着装在多模态教学中也扮演着重要角色，它不仅反映了教师的专业形象，也影响着学生的感知和教学效果。专业而得体的着装可以增强教师的权威性，有利于赢得学生的尊重和专注。一般情况下，穿着正装的教师往往会被学生视为更专业和可信赖，从而更容易获得学生的注意力和配合。相反，过于随意或不适当的着装可能会使学生分心，甚至影响他们对教师的尊重。因此，教师在选择着装时应考虑到课堂的性质和学生的期望，以确保其着装既反映了专业性，又适合教学环境和内容，即在进行正式的演讲或开会时穿着正式，而在更互动和轻松的课堂环境下选择更自然、舒适、有亲和力的着装。

2. 学生要素

在多模态英语教学环境中，学生的角色是积极的学习者和信息处理者。学生应积极参与到课堂活动中，不仅通过听觉接收教师的讲解，还应通过视觉、触觉等多感官方式接收和处理信息。例如，在听力练习中，学生不仅要聆听音频内容，还应观察讲话者的肢体语言和表情，以更全面地理解语境和情感。在阅读和写作练习中，学生应关注文字之外的图表、图片等视觉信息，以丰富他们的理解和表达。

学生在多模态教学中的参与和反馈对教学过程至关重要。他们的反馈，无论是口头上的回答、提问，还是非言语上的眼神交流和身势语言，都为教师提供了宝贵的信息，帮助教师调整教学策略，以满足学生的学习需求。比如，学生的积极参与和投入可以激发教师的教学热情，促使教师采用更有效的教学方法。相反，学生的被动或无兴趣的反应可能促使教师改变教学内容或方法，以更好地提高学生的注意力和兴趣。

3. 内容要素

在高校英语多模态教学中，教学内容的呈现和传播至关重要。教学内容通常涵盖知识、技能和行为规范，而多模态教学利用多种符号模态进行有效传递，主要包括视觉和听觉模态。

视觉模态在教学内容的呈现中起着至关重要的作用。这包括书面语言的展示、实物、图片和视频等。例如，书面语言通过板书或多媒体如 PPT 呈现，教师需要考虑书写的清晰度、布局、字体大小和颜色等因素，以确保学生能够轻松阅读和理解。同时，PPT 课件的设计需要注意图文结合、色彩搭配和适当的动画效果，以吸引学生的注意力并帮助他们更好地理解教学内容。实物展示、图片和视频的使用可以提供直观、形象的学习材料，有助于学生加深对课堂内容的理解和记忆。然而，过度使用或不当使用这些视觉材料可能会分散学生的注意力，从而降低教学效果。

听觉模态在多模态教学中同样不可或缺。教师的口头表达应流畅、发音清晰，以便学生能够轻松理解教学内容并模仿地道的发音。此外，同学间的发言和讨论也是教学内容传播的重要部分，这不仅能够提高学生的英语听说能力，还能够激发学生的思考和交流。音频材料在听力教学中尤为重要，其选择应该考虑到难易程度和学生的实际水平。通过反复听和模仿，学生可以提高自己的听力和口语水平。然而，音频材料的过度或不恰当使用也可能导致学生的疲劳或困惑，因此需要精心选择和适度使用。

4. 媒体要素

在高校英语多模态教学中，媒体要素扮演着至关重要的角色。这些媒体作为信息的传递工具，增强了教学的互动性和趣味性，对学生的学习效率和兴趣产生显著影响。多模态教学环境中，多媒体技术的运用可以极大地丰富教学内容和形式。例如，使用多媒体教学平台，教师可以结合文字、图像、声音和视频等多种模态资源，创造一个更加生动和真实的学习环境。这种环境不仅可以提供更加直观和多样化的学习材料，还可以激发学生的学习兴趣，增加教学的趣味性和互动性。

网络互动平台的使用则为学生提供了一个更加广阔的学习空间和更多的学习资源。学生通过这些平台可以获取最新的英语学习资料，与其他学习者进行交流和讨论，甚至可以进行在线的模拟实践，如模拟对话和角色扮演。这种具有互动性和实践性的学习方式，能够有效提高学生的语言实际应用能力。语音教学平台的应用也是多模态教学的一个重要组成部分。这些平台可以提供标准的语音输入和输出，帮助学生纠正发音、提高听力理解能力。通过这种方式，学生可以在模拟的语言环境中不断练习和提升，从而达到更好的学习效果。

### （二）多模态在高校英语教学中的协同建构

在高校英语教学中，单一的教学模式已经无法满足教学的需要，多模态教学元素的协同建构已成为新的趋势。这意味着，高校英语教学需涵盖多种交际元素，如空间布局、各种手势、目光交流、身体动作、环境音乐、三维展示物、口头及书面语言、图表和动画等。这些元素各自构成一个独特的符号系统，它们在特定的教学语境中发挥作用，共同实现教学目标和沟通意图。从模态的角度讲，课堂教学涉及多种模态的配合：口头模态，表现为教师和学生的口头对话和交流；以 PPT 为载体的模态组合，包括图像、文字、录像和声音等；教师和学生在教室内的活动；教师和学生的手势和身势；教师的面部表情；教室的空间布局以及周围的相关事物。

高校英语教学中模态的协同建构操作分析如下：

1. 视觉模态

课堂布局作为视觉模态的一个重要方面，对教学过程产生了深远影响。教室的空间布置，如讲台、黑板和多媒体展示设备的位置，不仅决定了教师与学生之间的物理距离和视觉焦点，而且在一定程度上建立了教师的权威和职责。例如，讲台的位置和高度能够体现教师的主导地位，而黑板和多媒体设备则作为传达信息的主要渠道，强化了教师在课堂上的控制力。

教师的视觉模态表达是教学过程中不可或缺的一部分。通过有效运用身体语言，如手势和面部表情，教师能够更加生动和清晰地传达教学内容。例如，手势可以用来强调语言节奏，模拟讲述中的物体或概念；面部表情的变化能够体现教学内容的重要程度。这些非语言元素不仅补充和强化了口头语言的表达，也增强了教师与学生之间的互动和情感联系。在人际层面上，教师的亲切表情、专业着装、端正的姿态和适度的移动等能够提高教学效率，并为学生创造一个积极、舒适的学习环境。

2. 听觉模态

听觉模态是教学过程中的核心模态。尽管视觉模态（如课堂布局）提供了必要的背景和条件，但教学的主要进程是通过语言交流实现的，这主要依赖于听觉模态。听觉模态的优化和强化对于教学质量至关重要。教师的话语不仅占据了大部分的课堂时间，而且通过话语传授的知识是学生学习的主要来源。因此，教师的语言质量必须达到高标准。准确、深刻的意义表达，正确的语法结构，精确的词汇使用，标准的发音，以及适宜的语速都是确保信息有效传递的关键，这些因素直接影响着学生的学习效果和参与程度。

在高校英语教学中，各种模态的协同建构不仅关乎信息的有效传递，还关乎学生能力的培养和学生的语言实践。教学过程中的多模态强化手段如黑板和 PPT 的使用，对于提升对教学内容的理解和记忆具有重要作用。例如，黑板可以用于突出教学的关键知识点，PPT 可以提供关于知识的概述、背景信息或具体细节。这些视觉工具的合理运用能够使学生更加直观和清晰地把握学习内容，同时有助于知识的内化和长期记忆。

与此同时，教学过程中的双向交流至关重要。在英语学习中，学生的主动参与和实践对于提高他们的英语口语能力尤为关键。教师应鼓励学生积极开口，通过实际对话练习来提升他们的语言表达能力。这种互动不仅限于教师与学生之间，同学间的交流同样重要。通过小组讨论、角色扮演等活动，学生可以在更加轻松和自然的环境中练习英语，这有助于增强他们的口语流利度和自信心。

## 第四节　生态化理论与高校英语教学

### 一、生态化理论概述

#### （一）生态语言学理论

1. 定义与概念

生态语言学是一门研究语言与其社会、文化、生物和地理环境相互作用的学科，它强调语言的多样性和其在现实世界中的作用。生态语言学的基本概念包括“语言生态”“语言环境”“生态语言”等。

在生态语言学中，“语言生态”被视为语言与其相关的种族、社会、文化和地理环境之间的动态关系。这种关系不仅包括语言自身的变化，还涉及语言如何影响和被其所在的环境所影响。例如，一种语言可能因为社会或文化因素而演变，或者可能因为地理隔离而产生方言。这些互动反映了语言生态学的核心，即语言与环境间的共生关系。

“语言环境”更多地关注语言多样性的重要性，以及语言与现实世界问题之间的联系。语言不仅是沟通的工具，也是文化和社会身份的载体。它的多样性对维持文化多样性和社会的健康发展至关重要。语言环境的概念强调保护和培养语言的多样性，以应对全球化和现代化带来的语言同质化挑战。

“生态语言”是一种旨在促进人类与自然之间健康和谐共生的语言系统。这种语言系统不仅反映了人类与自然环境的互动，还倡导通过语言提升对自然环境的尊重和保护。生态语言学的这一分支，强调语言在推动环境保护和可持续发展中的作用，呼吁人类在语言的使用和发展过程中考虑生态平衡与环境保护。

2. 基本理论

（1）语言物种属性。生态语言学的第一个理论观点是，认为语言是人类的一种独特属性，这一点体现在语言的复杂性和专业化上。与动物的交流相比，人类语言的复杂性表明了其深刻的生物学和社会学基础。从洪堡特和乔姆斯基的研究看，语言的存在不仅是人类作为一种生物的特性，也是其作为社会成员的标志。语言不仅是用于交流的工具，还是人类理性和社会交往的自然产物。这种观点强调，语言是人类的固有特质，不仅在生物学层面得以体现，更在社会学层面上发挥着重要作用。语言作为一种物种特质，使得人类能够在社会和文化层面上与他人交流和互动。

（2）语言生态系统。生态语言学的第二个基本观点是，关注语言生态系统的多样性和健康。在这个观点中，语言被视为生态系统的一部分，它与社会环境相互作用，形成一个动态平衡的体系。语言多样性是语言生态系统健康的关键特征，包括不同的语言、方言、词汇和表达形式。这种多样性对于保持语言的生存和发展至关重要，同时对维持文化多样性和丰富性起到关键作用。在生态语言学的视角下，物质世界和文化观念间的差异需要不同的语言作为沟通工具和文化的载体。语言的多样性不仅有助于保护和传播不同民族的文化，还有助于适应社会不断变化的交流需求。因此，维护语言多样性不仅是对文化遗产的保护，也是为了适应全球化时代信息交流的多样性需求。

（3）语言环境观。生态语言学中的语言环境观强调了语言交往中的公平性和可持续性原则。这一观点识别并批判了语言交际中存在的权势差异、社交距离，以及言语行为的固有含义对语言环境造成的不公平。这种不公平可能表现在日常交往中的权力不平等、社会身份差异或言语行为本身的不平等性上。例如，社会地位高的人可能在交际中占据主导地位，造成信息的单向流动，或者在某些社交场合中，距离感的存在导致交流的不均衡。

生态语言学中的语言环境观还关注了跨代间的公平问题。不规则的语言使用行为，如非标准的写作方式或创造新词的奇特方法，可能会浪费语言资源，并对未来的语言使用造成负面影响。这种视角提倡维护一个公平且有序的语言交际环境，确保代际间的语言环境公平，包括对后代的语言使用考虑。生态语言学的语言环境观还提倡合作原则，意味着人们在言语交际中要追求平等相待和相互尊重，以消除不公平。这涉及确保交际各方的利益平衡，体现双赢原则，并关注个体与社会整体利益的协调一致。这些原则旨在促进语言的可持续发展，并保障当代人和后代人在语言使用上的利益平衡。

（二）教育生态学理论

教育生态学是一门综合性的学科，它从生态学的视角分析和研究教育系统。在这个理论框架中，教育被视为一个复杂的生态系统，涉及多个相互作用的组成部分。这个系统包含人，即学生、教师、家长及其他教育相关人员。这些人作为教育生态系统中的主体，通过各自的角色和行为，对系统产生影响；教育活动构成了系统的核心部分，包括教学、学习、评估等各类活动；这些活动在不断的发生和发展中，塑造着教育的过程和结果。环境是影响教育生态系统的外部因素，涵盖自然环境、社会规范、文化背景等。

教育生态学强调教育系统内部元素间的相互依赖和相互作用。系统内部每个组成部分都与其他部分紧密相连，形成了一个错综复杂的网络。这意味着任何单一元素的变化都可能引起系统其他部分的连锁反应。例如，教学方法的变化不仅影响学生的学习效果，也会影响教师的教学策略，甚至可能引发家长和社区的反应。除了内部系统间的联系，教育生态系统也不是孤立存在的，而是与周围的环境相互作用，相互影响。这包括与自然生态环境、社会规范和文化背景的交互作用。例如，教育系统需要适应社会文化的变化，以保持其相关性和有效性。同时，教育系统内部的关系如竞争、合作和共生等也在不断演变，促进了系统的进化和发展。

在英语教学中，这种生态视角同样适用。英语教学可被视为一个独立的生态系统，其中教师、学生、教学内容和教学方法等元素相互作用，共同塑造教学过程和学习成果。从宏观层面看，英语教学需要与外部的教育生态因素（如社会需求、文化趋势等）保持动态平衡。而在微观层面，需要关注教学内部的各种关系，如教师与学生之间的互动、教学方法的适应性等，以确保教育生态系统的和谐发展。接下来，本节将详细论述生态化理论在英语教学中的几种应用。

## 二、生态化理论在英语教学中的应用

### （一）打造和谐共生的班级生态世界

在英语教学中，应用生态化理论来打造和谐共生的班级生态世界，意味着要在课堂环境建设中充分考虑人与自然的和谐共存。这种生态化的班级环境注重尊重和响应学生的个体差异，并鼓励教师承担起引导和优化班级环境的责任。

（1）重视个体差异的尊重和包容是创建和谐班级生态的核心。在这个生态环境中，教师应认识到每位学生都是独特的个体，具有不同的学习需求、能力和兴趣。因此，教学设计应灵活多样，旨在满足不同学生的需求。通过提供多样化的教学方法和学习资源，教师可以确保所有学生都能在适合自己的方式中学习和成长。这种多样性不仅包括教学内容和教学方式的多样性，还包括课堂互动和评估方法的多样性。

（2）教师的角色的功能是促进学生形成正确的生态文化观，认识到生态教学环境的重要性。教师应鼓励学生认识到每个人都是班级生态系统的一部分，他们的行为和态度对整个班级环境产生影响。因此，教师需要引导学生发展合作精神和团队意识，以及对生态环境的尊重和责任感。

（3）边缘效应的重视是实现班级生态平衡的关键。在英语课堂上，教师不应仅关注成绩突出或成绩较差的学生，而应关注所有学生，特别是那些处于“生态边缘”的中等水平学生。通过小组合作学习，教师可以将不同层次的学生组合在一起，促进彼此之间的互助和学习。这样的小组配置不仅能帮助成绩较差的学生提升，也为优秀学生提供了复习和巩固知识的机会，同时激发中等水平学生的学习潜能。通过这种方式，班级每个学生都能在相互支持和协作的环境中成长，实现整个班级生态的和谐共生。

### （二）加强生态资源的合理配置

现阶段英语课程改革的重点是对学生的言语技能训练予以加强，过去，英语教学重视的是对基础理论知识的掌握，忽视了对学生言语技能的训练，导致英语教学改革一直都没有取得理想的效果。因此，高校应转变教学观念，加强生态资源的合理配置，不断优化教学环境，从而实现英语教学水平与质量的双重提高。

1. 利用优势资源，促进自主学习

在生态化理论应用于英语教学的过程中，要将转变限制因子为非限制因子，充分挖掘和利用每个教育环境中的优势资源划作工作重点。这种方法着重于系统性地审视教学环境，识别并解决可能妨碍学生学习和教师教学的因素，同时发挥现有资源的最大潜能。

（1）识别并转化限制因子是实现有效教学的关键步骤。在教育生态系统中，限制因子可能包括物质资源的缺乏、不利的学习环境、语言障碍等。通过创新教学方法和策略，教师可以将一些限制因子转化为非限制因子。例如，利用现代信息技术，教师可以引导学生在线上资源中寻找并补充课堂知识，这不仅扩展了学习内容，还培养了学生的信息检索和处理能力。同样，通过改善课堂环境和增强师生互动，可以提升学生的学习动力和参与度。

（2）促进学生的自主学习是实现生态化教学的重要组成部分。在生态化的教学环境中，教师的角色转变为引导者和促进者，学生则成为学习的主体。教师应鼓励学生自主探索和构建知识，比如自主查找相关资料、参与小组讨论等活动。这种自主学习模式不仅提高了学生的学习效率，还培养了他们的批判性思维和解决问题的能力。

（3）每所高校都应根据自身的实际情况优化教学生态环境。这意味着每所高校都应识别和利用其独特的资源和优势，以创建最适合自己学生群体的教学环境。例如，一所技术型高校可能会更多地利用其科技资源和实验室设施，而一所文科学校可能强调文学和历史资源的使用。通过这种个性化和差异化的方法，每所高校都能在其特定的教育生态系统中找到最合适的生态位，为学生提供最佳的学习条件。

2. 采用多样化教学方法，加强师生互动

生态化理论在英语教学中的应用强调了教学方法的多样性和对学生个体差异的关注。类似于生物群落中物种多样性的重要性，教学生态环境中的多样化教学方法能够有效促进学生的学习和发展。这种多样化不仅体现在教学内容和活动的设计上，还体现在对学生个体差异的关心上。

教师在设计和实施教学方案时，应考虑到学生的不同学习风格、兴趣和能力。例如，一些学生可能更喜欢通过视觉学习，如视频、图表等视觉材料；而另一些学生可能更倾向于听觉学习，如讲座、讨论等。因此，教师应设计包含多种教学方法的课程，如项目式学习、小组讨论、角色扮演等，以满足不同学生的学习需求。此外，教师还应采用个性化的教学策略，以适应每个学生的独特需求。这包括为学生提供不同难度的任务，以挑战不同水平的学生；或者提供额外的支持和资源，帮助需要额外帮助的学生。通过个性化的教学，教师能更有效地促进学生的学习和发展，同时提高他们的参与度和动力。

教师与学生的互动在生态化英语教学中占有重要地位。这种互动不仅限于课堂内，也延伸到课外环境，如社交媒体平台等。通过这种方式，教师能够更紧密地联系学生，及时回应他们的疑问和需求，从而加强学生的学习体验。例如，教师可以利用微信等社交媒体工具与学生保持日常沟通，及时解答学生的问题，分享学习资源，甚至组织课外的英语学习活动。这种互动不仅使教学过程更加灵活和适应性强，还能增强师生间的关系，提高学生的学习积极性。

### （三）避免花盆效应，创造适合英语能力发展的环境

生物群落要想保持稳定，群落里的物种就要与周围的生态环境和谐共生。从生态视角分析，为了维持教育生态系统的平衡和稳定，英语教学必须与时代的发展步伐保持同步。这意味着在教学过程中所采用的教材和方法应与社会的需求相符，同时充分考虑学生的实际需要。最关键的是，英语教学应致力于创造一个高效的学习环境，以促进学生语言技能的成长和发展。这样的教育环境既顺应时代的潮流，又在满足学生需求的同时，推动他们的全面发展。

#### 1. 重视交际能力培养，推动生态化教学环境建设

传统的英语教学环境往往被比喻为“花盆”，在这种环境下，教学内容主要集中在词汇和语法等理论知识上，这种教学方式可能导致学生在实际交流中表现不佳，即不能实现自身技能与语言应用环境的和谐相处，最终造成“高分低能”现象。要打破这种局限，英语教师需要重视外部语言环境的建设，鼓励学生走出传统课堂，深入实际生活进行语言实践。这种“第二课堂”的概念强调学生在真实环境中的语言使用和文化交流。例如，教师可以鼓励学生参观外国人常去的景点，与外国人交谈，了解不同的文化。这种开放的

学习环境不仅有助于提高学生的英语能力，还能增强他们适应不同文化环境的能力。

2. 开发校园英语角，建设可持续英语学习环境

在生态化理论应用于英语的教学中，校园英语角的开发和维护扮演着重要角色，尤其是建设一个可持续的英语学习环境方面。英语角提供了一个非正式但富有成效的学习空间，使学生能够在轻松和互动的氛围中提高自己的英语能力。然而，要使英语角成为有效的学习资源，需遵循以下几个原则：

（1）英语角的内容和活动需要与学生的兴趣和需求相符。这意味着英语教师需要了解学生的兴趣和需求，从而设计出吸引学生参与的活动。教师可以通过调查问卷、学生讨论会等方式收集信息，然后基于这些信息规划活动和话题。例如，可以围绕与当前流行文化、国际新闻或学生专业相关的主题设立讨论会。这种方法不仅能激发学生的学习兴趣，还能帮助他们在实际对话中运用英语，提高语言运用能力。

（2）英语角的管理和运营应鼓励学生参与。这意味着英语角不应仅仅由教师单方面管理，而是应该成为教师与学生共同参与的平台。教师可以引导学生参与英语角的日常管理，如策划活动、布置场地、组织讨论等。通过这种方式，学生不仅能在实践中学习英语，还能培养组织和领导能力，同时促进了师生之间的互动和合作。

（3）英语角的活动应具有多样性和持续性。为了维持学生的持续兴趣和参与度，英语角应定期更新话题和活动，确保内容的新鲜性和相关性。此外，活动的设计应考虑到不同学习者的水平和偏好，能提供多种类型的活动，以满足不同学生的需求。例如，可以设置辩论赛、角色扮演、电影夜等多样化的活动，以吸引更广泛的学生群体。

# 第三章　高校英语教学目标与创新引领

## 第一节　高校英语教学传统教学目标

### 一、提高学生的语言能力

高校英语教学传统的教学目标集中于提升学生的综合语言能力，这包括听、说、读、写、译五个基本能力。这些能力的提升被认为是学生在语言学习过程中必须掌握的核心素养。如图 3–1 所示。

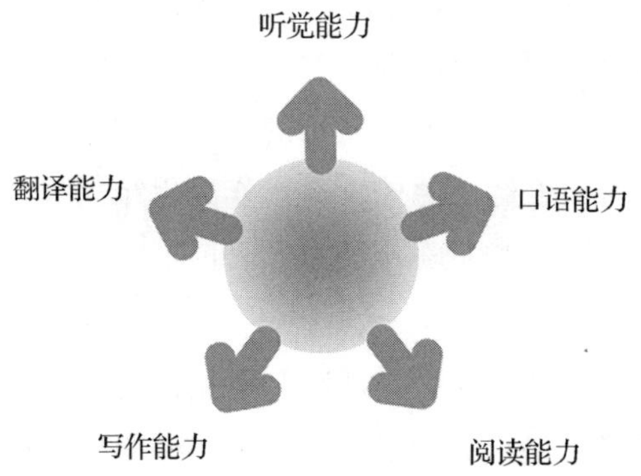


**图 3–1　学生的英语语言基本能力**

（一）听觉能力

听觉能力指学生能够理解和处理英语听觉信息的能力。这包括对对话、讲座、新闻报道等不同形式的听力材料的理解。听觉能力不仅仅是识别单词和短语，而是更深层次地理解语言的含义、语境和语调。它要求学生能够在不同的口音、语速和语境下准确理解英语信息，包括直接的事实信息和更抽象的含义，如讽刺、暗示或情感表达。

（二）口语能力

口语能力指学生使用英语进行口头交流的能力。这不仅包括流利地表达自己的想法、感受和观点，还包括在对话中准确、恰当地使用语法和词汇。口语能力还涉及适应不同对话情景的能力，例如，正式演讲和非正式聊天需要不同的语言风格和词汇选择。此外，有效的口语交流需要良好的非语言交际技能，如恰当的身体语言和眼神交流。

（三）阅读能力

阅读能力指学生理解和分析英语书面材料的能力。这不仅包括理解词汇和语法结构，还包括理解文章的主旨、作者的观点和意图，以及文本的深层含义。阅读能力的提高有助于学生在学术研究和日常生活中更有效地获取信息，同时能增强他们对英语文化和社会现象的理解。阅读能力的培养还涉及批判性思维的发展，即学生不是被动接收信息，而是能够主动质疑、分析和评价阅读材料。

（四）写作能力

写作能力的培养不仅是关于语法和词汇的掌握，它更深层次地涉及思维能力的展示和锻炼。通过写作，学生们学习如何清晰、有逻辑地表达自己的思想，这对于学术交流和职业发展尤为关键。良好的写作技巧使得学生能够在学术领域中更有效地撰写和理解复杂的论文和报告，同时，在职场上也能更好地进行书面沟通和表达。此外，写作作为思维的体现，能够帮助学生在学习英语的过程中更深入地理解和吸收语言知识。

（五）翻译能力

翻译能力的培养是对学生语言理解和运用能力的一种综合检验。翻译不仅是简单的文字转换，还涉及文化背景、语境理解以及对表达习惯的适应。在全球化日益增强的今天，翻译成为了连接不同文化和语言的重要桥梁。通过翻译练习，学生不仅能提高对目标语言的理解能力，还能深入了解和欣赏不同的文化和思维方式，这对于培养学生的跨文化交流能力和多元思维模式至关重要。同时，翻译作为一种实践性强的语言活动，能够有效地促进学生的语言实际运用能力，让他们在学习语言的同时，更好地理解和运用语言，为他们未来的学术研究和职业发展打下坚实的基础。

## 二、激发学生的问题意识

问题意识指个体对问题的敏感性和对问题解决的追求。具体来说，它涉及识别、分析和解决问题的能力。在教育领域，问题意识通常指学生对学习材料、现象或情景中的关键问题、潜在问题和实际问题的认识、理解和探究。在高校英语教学中培养学生的问题意识，有助于提升他们的主动学习能力、批判性思维和创新能力，这对于他们的个人发展和未来职业生涯具有深远的影响。

### （一）激发学生对关键问题的认识、理解和探究

关键问题通常是明显的、直接与学习内容相关的问题。在高校英语教学中，教师可以通过设计相关讨论、辩论或案例分析来激发学生对这些问题的认识和探究。例如，教师可以引导学生探讨英语语言中的文化差异、语言使用的场景适应性等关键问题。通过这种方式，不仅能够加深学生对英语语言和文化的理解，还能培养他们在实际沟通中应用这些知识的能力。同时，对关键问题的探究也有助于学生形成系统的知识结构，为更深层次的思考和学习打下基础。

### （二）激发学生对潜在问题的认识、理解和探究

潜在问题指那些不那么明显，需要深入探究才能发现的问题。在英语教学中，激发学生对这些问题的认识意味着鼓励他们超越表面的语言学习，探索语言背后的深层含义，如语言的社会和文化内涵。这种探究有助于学生建立批判性思维，学会从不同角度和层面分析问题。例如，教师可以引导学生分析某一英语表达在不同文化背景下的不同解读，从而增强他们对语言多样性和复杂性的理解。对潜在问题的认识和探究，不仅能够丰富学生的语言知识，还能够培养他们的多元文化意识和适应性思维。

### （三）激发学生对实际问题的认识、理解和探究

实际问题指那些在学习和生活中常遇到的、需要应用所学知识解决的问题。在英语教学中，引导学生识别和解决这些问题，可以有效地提升他们的实际应用能力。教师可以通过模拟实际情景，如角色扮演、情景对话等，让学生在类似真实环境中使用英语。这样的实践不仅能够提高学生的语言运用能力，还能够激发他们对语言实际应用中可能遇到的各种问题的思考，如语言障碍、文化误解等。通过对这些实际问题的认识和解决，学生能够

更好地将理论知识转化为实践能力，为未来的职业生涯和社会交往打下坚实基础。

## 三、促进学生的深度学习

高校英语教学的传统教学目标之一是促进学生的深度学习，这是因为深度学习不仅仅涉及知识的记忆和理解，更关键的是培养学生的知识整合与迁移能力以及创新和独立解决问题的能力。深度学习的实质是在理解的基础上，使学生能够对新知识进行批判性思考，将其融入自己原有的知识体系中，并在新的情景下应用这些知识，形成解决问题的新方法。

在高校英语教学中培养学生的深度学习能力至关重要。深度学习能够促进学生对英语知识的深入理解。传统的表层学习往往关注于记忆和重复，而深度学习鼓励学生理解语言的深层结构，如语法规则背后的逻辑、不同文化背景下的语言使用等。这种理解有助于学生在遇到新的语言环境时，能够更灵活地应用所学知识。此外，深度学习有助于培养学生独立解决问题的能力。通过在不同的语言和文化背景下应用英语，学生可以学习如何将知识从一个领域迁移到另一个领域，如何在新的情景中创造性地解决问题。例如，在翻译或跨文化交际的过程中，学生不仅需要理解源语言和目标语言的文字，还要理解两种语言背后的文化差异，创造性地找到沟通的最佳途径。

## 四、增强学生的学习体验

增强学生的学习体验在高校英语教学目标中占有重要地位，因为它直接关系到学生的学习效果和内在动力。学习体验不仅指在课堂上获取知识的过程，更涉及学生在学习中的情感体验、认知参与以及实际操作和应用的机会。一次丰富多样、积极向上的学习体验能够激发学生的内在动力，促进他们对知识的深入理解和长期记忆，同时有助于培养他们的认知能力和学习能力。

### （一）增强学生的认知体验

认知体验指学生在学习过程中的理解、思考和认知活动。在高校英语教学中，增强学生的认知体验意味着帮助他们更深入地理解语言知识，形成批判性和创造性思维。这可以通过各种教学策略实现，如案例研究、问题解决、思维导图制作等。例如，教师可以利用实际的新闻事件或文学作品，引导学生深入分析语言使用背后的文化和社会意义，从而提升他们的语言理解能力和批判性思维。此外，通过参与讨论和研讨会，学生可以在交流中深化对英语语法、词汇等方面的认知，这样的互动学习过程能够显著提高他们的认知水平和学习深度。

（二）增强学生的应用体验

应用体验强调学生将所学知识应用于实际情景中的能力。在英语教学中，这意味着提供给学生足够的机会来实际使用英语，如角色扮演、模拟会话或项目工作。例如，教师可以设计模拟国际会议或商务谈判的场景，让学生在这些模拟情景中实践英语听说读写能力。这种实践不仅有助于加深学生对语言知识的理解，还能提升他们在真实世界中使用英语的自信和能力。应用体验的增强有助于学生将抽象的语言知识转化为实际的沟通技巧，对他们的未来职业生涯和社会交往具有重要意义。

（三）增强学生的情感体验

情感体验涉及学习过程中的情感和态度，包括学生对学习的兴趣、动机和满足感。在高校英语教学中，增强学生的情感体验意味着创造一个鼓舞人心、充满激情的学习环境，让学生感受到学习英语的乐趣和价值。这可以通过各种方式实现，如使用有趣的多媒体材料、组织富有创意的学习活动、建立支持和鼓励的课堂氛围等。例如，教师可以组织英语电影观看和讨论会，让学生在轻松愉悦的氛围中提高语言能力。此外，鼓励学生参与英语戏剧表演或诗歌朗诵等活动，也可以增强他们的情感体验，提升学习英语的兴趣和热情。通过这些活动，学生不仅能够提升语言技能，还能在学习中获得情感上的满足和成就感。

## 第二节　高校英语教学政治素养目标

### 一、培养政治素养的原因

高校英语教学中加强政治素养的培养，是顺应教育服务国家发展战略的重要举措。政治素养主要指个体对于国家政治理念、政策以及政治行为准则的认知、理解和实践能力。在这一背景下，高校英语教学不仅要传授语言知识和技能，还应着重培养学生的政治素养，以促进他们成为既掌握专业技能，又具有良好政治素质的社会主义建设者和接班人。

对于高校学生来说，提升自身的政治素养十分必要。

（1）政治素养对于形成正确的世界观、价值观和行为准则至关重要。高校学生正处于形成独立思想和价值观的关键阶段。政治素养的提升有助于学生理解国家的政治体系、发展战略和社会主义核心价值观，这对于他们树立正确的人生观和价值取向，作出明智的判断和决策具有重要影响。同时，通过学习和理解国家的历史、文化和政治发展，学生可以更好地认识自己的责任和使命，增强国家意识和民族自豪感。

（2）政治素养是学生适应社会、参与社会管理和决策的必备能力。随着社会的发展和变化，学生未来将作为公民参与到国家的社会和政治生活中去。拥有良好的政治素养，可以使他们在面对复杂的社会和政治问题时，能够做出更加理性和负责任的选择，有效参与社会治理，促进社会的和谐稳定。

（3）在全球化日益加深的今天，政治素养对于国际交流和合作非常重要。高校学生通常有更多的机会接触国际事务，参与国际交流。良好的政治素养不仅有助于他们正确理解和分析国际事件，而且能够使其在国际交往中有效表达国家立场，增强国际沟通和合作的能力。这对于提升国家的国际形象和影响力，促进国与国之间的友好关系和合作具有重要意义。

（4）政治素养还关系到学生的个人职业发展。在许多职业领域，特别是公共服务、教育、新闻、法律等领域，良好的政治素养必不可少。它不仅能帮助学生在职业生涯中更好地理解和应对政治因素的影响，还能在工作中展现出较高的职业伦理和社会责任感。

## 二、政治素养培养内容

### （一）增强国家认同感

通过英语教学增强国家认同感，意味着教师要帮助学生深入理解和认同自己的国家、文化及社会制度。在开展高校英语教学的过程中，教师不仅要引导学生接触外国语言和文化，同时要引导学生从一个新的视角审视和理解自己的国家及文化。这种对比和反思有助于学生建立起对自己国家深层次的认同和自豪感。

例如，教师可以在英语课程中引入关于中国历史、文化、经济发展以及国际地位的内容，以英语为媒介展示中国的发展成就和文化魅力。这不仅能够增强学生对中国文化和社会主义核心价值观的认同，还能够帮助他们建立起国际视野和民族自信。此外，通过比较中外文化和社会制度，学生可以更全面地理解中国的国情和发展道路，从而在国际交往中更有信心地介绍和代表自己的国家。

### （二）了解国家政策

了解国家政策是高校英语教学中政治素养培养的另一个重要内容。通过英语教学，学生可以接触到关于中国政策的英文材料，如政府工作报告、政策文件和国际新闻报道等。这些材料不仅是学习语言的资源，更是理解国家政策和国际形势的重要窗口。教师可以组织学生阅读和讨论这些材料，引导他们理解国家的政策方向、发展战略和国际立场。例如，可以通过讨论中国在国际事务中的角色和立场，帮助学生理解国家的外交政策和国际战略。这样的学习不仅有助于学生掌握相关的英语词汇和表达，更重要的是能够加深他们对国家政策的理解和认识。

通过分析和讨论国家政策的国际反响和影响，学生可以学会如何在国际交流中正确、有效地传达中国的政策和立场，增强国际交流和对外表达的能力。这对于开拓学生的国际视野、提升国家形象和增强国际影响力都有着重要的作用。

### （三）开拓国际视野

开拓学生的国际视野是高校英语教学中政治素养培养的重要目标之一。在全球化时代，具备广阔的国际视野对学生的个人发展和职业规划至关重要。英语作为国际交流的主要语言，为学生提供了理解和接触世界的窗口。通过英语学习，学生不仅可以获得语言技能，还能够接触到不同国家和文化的信息，了解全球政治、经济、科技和文化的最新动态。

在教学过程中，教师可以利用各种国际材料，如新闻报道、文学作品、历史文档等，帮助学生了解不同国家的社会制度、文化背景和国际关系。通过对这些材料的学习和讨论，学生能够从多元文化的角度看待世界，增强对国际事务的理解和判断能力。此外，参与国际交流项目、模拟联合国会议等活动也有助于学生在实践中开拓国际视野，增强跨文化沟通和国际合作的能力。

（四）塑造正确世界观

塑造学生的正确世界观是英语教学中不可忽视的政治素养培养内容。在教学过程中，教师不仅要教授语言知识，还应引导学生通过不同的视角看待世界，形成全面和客观的世界观。这包括帮助学生理解多元文化的差异，认识到不同国家和地区的发展模式和价值观，并在此基础上形成对社会主义核心价值观的认同。教师可以通过案例分析、辩论和批判性思维训练等方式，激发学生对国际事件的深入思考。例如，通过探讨国际热点问题，学生可以学会从不同角度分析问题，理解不同国家和地区的政策和立场。这种训练有助于学生在面对国际事务时，能够基于社会主义立场进行分析和判断，同时坚定社会主义道路自信、理论自信、制度自信和文化自信。

（五）捕捉国际发展动态

在全球化时代背景下，高校英语教学的政治素养培养应着重于帮助学生捕捉和解读国际发展动态。这一目标关乎学生如何有效地利用英语作为工具，来获取、分析和理解国际政治、经济和社会的最新信息和趋势。

1. 捕捉国际发展动态的重要性

能够有效捕捉国际发展动态是当代高校学生应具备的关键能力之一。在信息日益全球化和互联网化的今天，国际新闻、报告和分析等资源大多使用英语进行传播。学生通过英语学习不仅可以直接接触这些第一手资料，更能够在不依赖翻译的情况下准确理解国际事务的真实情况和深层次含义。这种能力对于学生形成全球视野、理解复杂的国际关系和作出理性判断至关重要。

2. 英语学习在捕捉国际动态中的作用

英语作为国际通用语言，在学习中的重要性不仅仅局限于语言技能的提升。通过英语学习，学生可以接触各种国际媒体资源，如英文报纸、杂志、新闻网站和电视节目等。这些资源提供了关于全球政治经济动态、国际关系发展、全球化趋势等方面的丰富信息。英语教学应引导学生学会如何从这些资源中获取信息，分析国际事件背后的政治、经济和文化因素，从而培养他们的国际政治敏感性和解读能力。

英语教学还应包括对国际组织、跨国企业和全球议题的讨论和分析。通过这些活动，学生不仅能够提高英语应用能力，还能够加深对国际社会的理解和认识。例如，通过分析国际组织的报告和决策，学生可以理解不同国家在重大国际议题上的立场和策略，从而开拓他们的国际视野和提高政治分析能力。

## 第三节　高校英语教学文化素养目标

### 一、培养文化素养的原因

#### （一）语言与文化的密切关系

语言不仅是沟通的工具，更是文化的载体。在英语教学中，学习语言的同时意味着学习和理解与该语言相关的文化背景和价值观。英语，作为一种广泛使用的国际语言，背后蕴含着丰富的文化多样性，包括英语国家的历史、艺术、宗教、习俗和思维方式等。例如，通过学习英语，学生可以接触到不同英语国家的文学作品、历史文献和流行文化，这些都是理解这些国家文化的重要途径。此外，语言中的习语、谚语和成语等元素往往深深植根于特定的文化土壤中，不了解这些文化背景，就难以准确理解和正确使用这些语言表达。因此，高校英语教学中加强文化素养的培养，可以帮助学生更深入地理解语言的内涵，提升语言学习的深度和广度。

#### （二）有利于文化的双向传播与交流

从文化的双向传播与交流关系角度出发，在高校英语教学中培养学生的文化素养具有深远的意义。在当今全球化的背景下，文化的交流不再是单向的，而是一个互动和互惠的过程。英语教学不仅是语言技能的传授，更是不同文化理念和价值观的交流平台。文化的双向交流要求学生不仅了解和接受其他文化，同时能够介绍和传播自己的文化。在高校英语教学中，通过学习英语，学生不仅可以接触到西方国家的历史、艺术、习俗和思维方式，还可以借此机会向世界介绍中国的文化和价值观。这种文化交流不仅增进了国际间的理解和尊重，也为促进文化多样性和全球和谐发展起到了积极作用。

#### （三）文化素养对于全面语言能力的提升

文化素养对于学生全面掌握语言能力至关重要。语言的使用不仅仅是语法和词汇的堆砌，更重要的是能够在适当的文化和语境中恰当地使用。例如，在商务英语或外交英语的学习中，了解不同文化背景下的交际习惯和礼仪规范非常重要。这不仅有助于避免文化冲突，还能增强跨文化沟通的效果。此外，文化素养还能够培养学生的批判性思维和创造性思维。通过学习和比较不同的文化观点，学生可以开阔视野，形成更加全面和深入的思考，这对于学术研究、创新思维的培养具有重要意义。因此，高校英语教学应重视文化素养的培养，通过多种方式，如课堂讨论、文化体验活动、跨文化项目等，提高学生的文化敏感性和跨文化交际能力，从而全面提升他们的语言应用能力。

## 二、文化素养培养的内容

### （一）文化观念

#### 1. 跨文化意识

跨文化意识指学习者在学习第二语言时对不同文化背景下的行为模式、价值观念和交际方式的理解和适应能力。这种意识要求学生不仅学习目的语言，而且要深入了解和理解该语言所代表的文化背景。例如，在学习英语的过程中，学生不仅要掌握语法和词汇，还需要了解英语国家的历史、风俗、社会习惯等，从而在交际中能够更有效地应对文化差异。

在英语教学中，跨文化意识的培养是一个多层次的过程，涉及对不同文化现象的认知、理解、分析和融入。根据学者的观点，跨文化意识被划分为四个层次，每个层次都对应着不同的认知和理解深度。

（1）对差异文化现象的认知。这是跨文化意识的初级阶段，主要指学生对于那些看似奇怪、与自己文化背景截然不同的外国文化现象的基本认知。在这个阶段，学生开始意识到不同文化之间存在差异，并对这些差异表现出好奇和兴趣。例如，在英语教学中，学生可能首次接触到西方国家的节日习俗、饮食习惯或社会行为规范，这些与他们自己的文化背景相比可能显得非常不同。教师的任务是引导学生去发现和理解这些文化差异，而不是简单地将其视为“奇怪”或“错误”。

（2）对显著文化特征的认知。在这一阶段，学生开始对那些与自己母语文化相反的显著文化特征进行认知。他们能够辨识出不同文化之间的根本差异，并对这些差异表现出一定程度的理解。例如，在学习英语的过程中，学生可能会注意到英语国家的个人主义文化与中国的集体主义文化之间的对比。这一阶段的重点是帮助学生理解不同文化特征的存在并非缺乏合理性，而是不同历史、社会和环境背景下的自然产物。

（3）通过理性分析的文化认知。此阶段的学生不仅认识到文化差异，还能够通过理性分析来深入理解这些差异的根源和内涵。他们开始学会从更加客观和深入的角度去分析和理解不同文化的特征。这要求学生具备较强的批判性思维和分析能力。例如，在学习英语的过程中，学生可能会深入探讨西方国家的民主制度、法律体系或者艺术形式背后的文化和历史根源，从而获得对这些文化特征更深刻的理解。

（4）文化移情与融入。这是跨文化意识的最高境界，要求学生不仅理解文化差异，还能够从异文化持有者的角度感知和体验这些文化。在英语教学中，这意味着学生能够在学习和使用英语的过程中，充分考虑到英语文化的视角和价值观。例如，在进行文学作品的翻译时，学生不仅需要准确理解原文的语言，更要深入理解作品中的文化背景和社会意义，并能够将这些文化信息恰当地体现在译文中。这种能力不仅体现在语言的表面层面，更重要的是在思维和感知的层面实现了文化的融合和移情。

2. 多元文化意识

在高校英语教学中，培养学生的多元文化意识是重要的教学目标。多元文化意识的内涵包括对人类社会文化多样性的认识和尊重，理解不同文化背景下的行为和价值观，并在此基础上促进文化间的理解和交流。

（1）认识和尊重文化多样性。多元文化意识首先要求学生认识到人类文化的多样性。这种多样性来源于不同地域、历史背景和社会条件下各文化的独特发展。例如，在英语教学中，教师可以通过引入不同英语国家的文化背景信息，如英国的绅士文化、美国的熔炉文化以及澳大利亚的土著文化等，帮助学生了解和欣赏这些文化的独特性和价值。这种认识不仅限于表层的文化现象，如节日庆典和饮食习惯，还应包括对各文化深层次价值观和信仰的理解。

（2）理解不同文化背景下的行为和价值观。多元文化意识包括理解不同文化背景下的行为模式和价值观。不同的文化有着各自的行为规范和道德观念，这些差异往往源于各自独特的历史、宗教和社会结构。在英语教学中，教师可以引导学生深入探讨和比较不同文化中的关键观念，如自由、平等、尊重和责任等。通过这种深入的文化比较，学生不仅能够更好地理解其他文化，还能够反思和拓宽自己的文化视野。

（3）促进文化间的理解和交流。多元文化意识的培养旨在促进不同文化之间的理解和交流。在全球化的背景下，跨文化的交流和合作变得越来越频繁。在英语教学中，教师可以利用英语作为国际交流的工具，鼓励学生参与国际项目、研究不同文化背景下的国际问题，或者与来自不同文化背景的学生进行交流和合作。通过这些实际的跨文化交流活动，学生不仅能够增进对其他文化的理解，还能够在实际交流中提升自己的文化适应能力和沟通技巧。

### （二）文化技能

#### 1. 跨文化交际能力

在英语教学中，跨文化交际技能的培养是一个关键的组成部分。这一技能的内涵包括在特定环境中进行有效且得体的交际，以及能够灵活运用相应的交际策略以适应不同文化背景。

（1）在特定环境中的交际能力。跨文化交际技能首先强调在不同文化环境中的适应性和灵活性。这意味着学生在学习英语时不仅要掌握语言本身，更需要了解使用这种语言的文化环境。例如，英语在美国和英国的使用环境及文化背景有所不同，学生需要了解这些差异，以便在不同环境中做出适当的交际。同样，学生在与来自不同文化背景的人交流时，需要能够根据对方的文化背景调整自己的交际方式，这可能涉及说话的风格、非语言交际的方式等方面。

（2）有效与得体的交际。跨文化交际技能还包括在交际过程中的有效性和得体性。有效性意味着交际能够达到预期的目的，比如信息的传递、意图的实现或关系的建立。得体性指交际行为符合特定文化和交际情景的预期，不会引起误解或冲突。例如，在西方文化中，直接表达自己的观点可能被认为是坦率和真诚的，而在东方文化中，这种直接方式可能被视为粗鲁和不敏感。因此，教师在英语教学中应引导学生学会根据不同的文化背景选择合适的交际方式，既能有效地传递信息，又能保持交际的得体性。

#### 2. 文化比较与分析能力

在英语教学中，培养学生的文化比较与分析能力是非常重要的。这项能力涉及理解和分析本民族文化与异民族文化的异同，并在此基础上进行合理的文化选择和交流，以促进文化的共同发展。

（1）文化比较与异同的理解。文化比较首先要求学生能够识别和理解本民族文化与异民族文化之间的差异和共性。这种比较不仅是对表面文化现象的观察，更是对深层文化价值和信仰的分析。例如，在英语教学中，教师可以引导学生探讨中西方在价值观念、社会习俗、沟通方式等方面的差异。通过这样的比较，学生能够更深刻地理解各自文化的特点和背后的文化根源，如中国的集体主义与西方的个人主义、中国的含蓄表达与西方的直接表达等。

（2）跨文化选择与交流的促进。在进行文化比较的基础上，学生需要学会如何在不同文化间做出合理的选择。这不仅是简单的取舍，还是在深入理解和尊重各种文化的基础上，选择对个人和社会发展有益的文化元素。例如，在学习英语的过程中，学生可能会接触到西方的批判性思维方法，这对于促进思维方式的多样性和深化是有益的。同时，学生也应学会如何将中国文化中的优秀元素（如团队合作和尊重传统）融入跨文化交流中，以促进文化的相互理解和尊重。

（3）文化发展的促进。最终，文化比较与分析的目的是促进本民族文化和人类文化的发展。通过跨文化比较，学生不仅能够为自己的文化认同找到坚实的基础，还能够为文化的创新和发展提供新的视角。例如，在学习英语和西方文化的过程中，学生可以发现哪些文化元素可以用来丰富和改善本民族文化，同时可以探索如何将本民族文化的优秀成分介绍给世界，促进文化的相互借鉴和融合。

3. 跨文化传播能力

在英语教学中，培养学生的跨文化传播能力是关键方面，这包括学会如何有效地向其他文化介绍和展现本民族文化。根据上述资料，这种传播能力主要包括两种方式：强差异传播方式和弱差异传播方式。

（1）强差异传播方式。强差异传播方式侧重于突出本民族文化与其他文化的差异性。在英语教学中，这种方法可能表现为强调中文和英语之间的语言特点差异，或者强调中国与英美等国在文化习俗、价值观念上的不同。例如，教师在教学中可能会特别强调中西方在思维方式、表达习惯或社会行为上的根本差异。这种方法有助于学生理解本民族文化的独特性，但也可能导致文化隔阂和误解，因为它可能无意中强化了文化间的对立和隔离感。

（2）弱差异传播方式。相比之下，弱差异传播方式更加注重在承认文化差异的同时，寻找和强调不同文化间的共同性。这种方法更有助于促进不同文化间的理解和融合。例如，在英语教学中，教师可以介绍中国文化中的某些普遍价值观念（如对家庭的重视、对教育的尊重等），并指出这些价值观念在不同文化中也有所体现，尽管表达方式可能不同。这种方法不仅帮助学生更全面、客观地理解本民族文化，也有助于他们在跨文化交际中找到共鸣和连接点，从而有效地传播和介绍本民族文化。

# 第四节　高校英语教学思维能力目标

## 一、培养思维能力的原因

在英语教学中，加强思维能力的培养是为了更全面地提高学生的语言理解和表达水平。这种思维能力的培养不仅仅局限于对语法结构和词汇的掌握，更关键的是提升学生的综合认知和逻辑推理能力。

### （一）提高语言理解力

思维能力的提升对于加强学生的语言理解力极为重要。在学习英语的过程中，理解能力不单是对单词和句子的字面意义的把握，更是对语境、修辞、作者意图及文本结构的深入理解。例如，当学生阅读英语文学作品或学术文章时，他们需要理解不同的文体特征、作者的写作目的和文本背后的深层含义。这种理解力的提升，依赖于学生对信息的加工、分析和评价的综合思维能力。通过培养这种能力，学生能够更有效地理解英语材料，从而提高他们的语言运用水平。

### （二）强化语言表达技能

思维能力的加强对提升学生的语言表达能力至关重要。流畅且有效的语言表达不仅需要语法和词汇的准确性，更需要清晰和逻辑性强的思维模式。在英语写作或口语表达中，学生必须能够组织合理的论点、论据和论证，这需要依赖于扎实的思维能力。例如，在撰写英语论文或进行英语演讲时，学生需要能够清晰地表达自己的观点，并合理地组织材料和论证，以确保信息传达的有效性和说服力。因此，加强思维能力的培养不仅能够帮助学生提高英语的理解和表达能力，还能够使他们在使用英语进行学术或职业交流时更加得心应手。

在英语教学中，培养学生的思维能力不仅关乎语言技能的提升，还增强了学生面对复杂情况时的应对和解决问题的能力。这种能力的培养使学生能够在多样化的语言环境中有效地理解和表达，并在必要时找到跨越文化障碍的策略。

### （三）增强实际应对能力

语言的学习超越了文字和语法的记忆，实际上是一种复杂思维能力的训练。在全球化的语言环境中，英语不仅仅是交流的媒介，更是理解和应对全球性问题的工具。例如，在国际交流中，学生可能会遇到来自不同文化背景的人。在这种情况下，他们需要运用英语来描述问题，并通过逻辑思维找出有效的沟通方式。这不仅需要语言上的准确性，更需要思维上的灵活性和创造性。通过在英语教学中培养思维能力，学生能够更加有效地理解和应对跨文化交流中的难题，从而提高他们的实际应用能力。

（四）提升文化交流效率

此外，思维能力的培养还有助于学生在文化交流中更有效地沟通。不同文化背景下的语言含义可能存在差异，仅仅掌握语言本身并不足以确保沟通的有效性。在这种情况下，学生需要能够识别和理解这些差异，并运用适当的语言来准确表达自己的意图。例如，在商务或外交谈判中，适当的言辞选择和表达方式可能对交流的结果产生决定性影响。通过强化思维能力的培养，学生可以更加敏锐地捕捉文化差异带来的隐含意义，并运用英语有效地沟通和解决问题。

## 二、思维能力培养的内容

（一）批判性思维能力

在高校英语教学中，深化学生的批判性思维能力至关重要。这种能力使学生不仅仅成为被动的信息接收者，而是变成主动的思考者，能够对接收到的信息进行独立的分析、评估和判断。

1. 培养独立分析能力

批判性思维能力的培养要求学生在英语学习中学会独立分析。在接触英语文本、听力材料或其他信息时，学生被鼓励不只是理解表面的文字意义，而是深入探究背后的含义、作者的意图和论证方法。例如，在阅读英语文章时，学生需要分析作者的观点如何通过不同的论据和论证结构被展现出来，以及这些论证是否合理、有逻辑。这种深度分析的能力使学生能够更全面地理解英语材料，提升了他们的语言理解水平。

2. 强化独立判断和表达

批判性思维能力还包括学生在表达自己观点时的独立判断和论证能力。在英语写作和口语表达中，学生不仅需要清晰地表达自己的观点，更需要提供有力的证据和逻辑来支持自己的论点。例如，在英语演讲或写作中，学生需要有能力提出自己的观点，并用合理的论据和逻辑结构对其进行支撑。这不仅锻炼了学生的英语表达能力，更重要的是，培养了他们在面对复杂话题时的独立思考和批判性分析能力。

3. 提升讨论和辩论能力

通过讨论和辩论等活动，学生批判性思维能力能得到进一步的锻炼和提升。在这些活动中，学生被要求不仅要听懂并理解他人的观点，还要能够对这些观点进行评估和回应。这种互动性的学习方式不仅提升了学生的英语沟通技能，更重要的是，锻炼了他们在面对不同观点时进行批判性思考和合理反驳的能力。

（二）逻辑推理能力

在英语教学中，强化学生的逻辑构思和推断能力极为关键。这种能力使学生在英语学习中不仅关注于语言的表层结构，而更重要的是学会如何组织思想、观点以及信息，使之成为有逻辑性的表达。例如，在英语写作中，学生需要学会如何从引言到主题句，再到支持细节的逻辑排序，以确保他们的文章或论文在结构上清晰、连贯；同样，在口语表达中，学生需要能够有逻辑地组织自己的思路和论点，以确保信息的有效传递和交流的顺畅。例如，在进行英语演讲时，他们需要先陈述主题，然后逐步展开论述，最后总结观点，确保整个表达过程中的逻辑性和条理性。

1. 提升逻辑推断和分析能力

对信息的逻辑分析和推断能力是逻辑推理能力的重要组成部分。在英语阅读和听力理解中，这一能力尤为重要。学生需要能够从所提供的信息中推断出作者的意图、文章的主旨或者听力材料中的隐含意义。例如，通过分析作者在文章中使用的特定词汇、语气和例证，学生可以推断出作者的态度和意图。这种能力不仅提高了学生的理解水平，也增强了他们从复杂信息中提炼核心观点的能力。

2. 培养有效沟通和论证能力

逻辑推理能力还包括学生在英语交流中的有效沟通和论证能力。在讨论、辩论或任何形式的英语交流中，学生需要能够清晰、有逻辑地陈述自己的观点，并提供合理的论据支持自己的论点。这不仅要求学生在语言上流利，更要求他们在思维上清晰和有条理。

（三）创造性思维能力

在高校英语教学中，激发和培育学生的创造力与想象力至关重要。这种创造性思维不仅促进了学生对英语语言的深入理解，还鼓励他们在学习过程中展现创新和独特性。

1. 培养学生的创意思考

创造性思维的培养要求学生能够超越传统的思维模式，勇于探索新的视角和方法。在英语学习中，这意味着不能仅停留在语言知识的记忆和应用上，而应鼓励学生用创新的方式思考和解决问题。例如，教师可以设计一些开放性的课题，如探讨全球化对不同文化的影响，或分析英语国家的文化现象，然后鼓励学生运用创意思维提出自己独到的见解和解决方案。这样的学习过程不仅能够提升学生的语言能力，还能够激发他们的想象力和创造力。

2. 强化实际应用中的创新思考

创造性思维的培育还涉及将理论知识应用于实际情景中的能力。在英语教学中，这可以通过项目学习、案例分析等方式实现。学生在这些活动中需要运用所学知识和技能解决实际问题，要求他们不仅要理解语言本身，还要能够在实际语境中发挥创意。例如，学生可能需要设计一个跨文化交流的项目，或者在模拟的商务谈判中找到创新的交流策略。这样的学习活动不仅锻炼了学生的英语实际应用能力，还培养了他们在复杂情景中进行创新性思考的能力。

3. 鼓励自由表达和批判性反思

鼓励学生自由表达自己的想法，并对这些想法进行批判性的反思是培养学生创造性思维的有效方法。在学习过程中，学生应被鼓励去质疑常规思维、提出新的问题，甚至对已有的知识进行重新解释。同时，教师应指导学生学会从不同的角度审视问题，分析自己的思维过程，以及评估自己观点的有效性。例如，在写作或口头报告中，学生可以尝试采用创新的结构和表达方式，而教师则提供反馈，帮助学生识别他们的创新点和需要改进的地方。

4. 利用反馈和评价促进思维的成长

有效的反馈和评价对于学生创造性思维能力的提升至关重要。通过定期的反馈，学生可以了解到自己在创造性思维方面的优点和不足，从而有针对性地进行改进和发展。教师可以通过个性化的评论、建设性的批评以及鼓励性的言辞，帮助学生认识到创新思维在实际语言应用中的重要性，并激励他们在未来的学习和工作中不断寻求和创造新的价值。

（四）综合性思维能力

在高校英语教学中，培养学生的信息整合和综合理解能力至关重要。这种能力使学生能够跨越不同的信息源，将多样化的信息融会贯通，形成对英语语言和文化的全面理解。

1. 培养跨领域信息整合能力

信息整合和综合理解能力要求学生能够跨越不同的文本和领域，整合各种信息。在英语学习过程中，这意味着学生不仅要理解单个文本的内容，还能够将不同文本中的信息联系起来，构建出更为全面和深入的理解。例如，在学习英语文学时，学生可能需要将文学作品中的主题与其历史背景、作者的生平以及当时的社会文化环境相联系。通过这种综合性思考，学生能够更深刻地理解文本的含义，以及它在更广阔文化和历史背景下的意义。

2. 发展跨学科的思维模式

发展学生的跨学科思维模式对于培养综合性思维能力至关重要。在英语学习中，学生应该被鼓励去探索英语与其他学科的联系，如历史、政治、艺术等。这种跨学科的学习方式不仅能够扩展学生的知识视野，还能够增强他们将不同领域知识综合应用于英语学习的能力。例如，通过研究英语国家的历史，学生可以更深刻地理解英语文学作品的背景，从而在阅读和分析这些作品时有更为全面和深入的理解。

# 第四章　高校英语教学模式与创新构建

## 第一节　高校英语教学模式的多维度解读

### 一、高校英语教学模式的界定

#### （一）教学模式的定义

在学术界，教学模式的定义呈现出多样性和复杂性，不同的学者根据其研究背景和理论视角给出了不同的解释。综合各种观点，教学模式可以被理解为一种综合性的教学策略体系，它不仅仅是一种特殊的教学手段，更是一套完整的教学方法和程序的集合。这一体系是基于特定的教学理论和教学思想构建的，旨在指导教师在教学过程中的决策和行动。教学模式的设计和应用需要考虑教师、学生、教学内容、教学方法、教学媒介和教学环境等多个要素，并将它们有效地组合起来，以实现预定的教学目标。

#### （二）高校英语教学模式的定义

在高校英语教学领域中，教学模式的定义应更加具体和有针对性。高校英语教学模式应该是一种在高等教育背景下，基于英语教学的具体需求和特点形成的教学策略体系。这种教学模式不仅反映了现代英语教学理论和教学思想，而且与教学客观规律相符合。它应充分考虑大学生的学习特点和英语学习的实际需求，包括语言技能的培养、文化素养的提升、交际能力的加强等方面。高校英语教学模式应该将教师、学生、教学内容、教学方法、教学媒体和教学环境等要素有机地结合起来，形成一个协调一致、具有操作性和直观性的整体，以达到最佳的教学效果。

## 二、高校英语教学模式的特征

高校英语教学模式的特征可以从多个角度进行阐述，如图 4–1 所示。

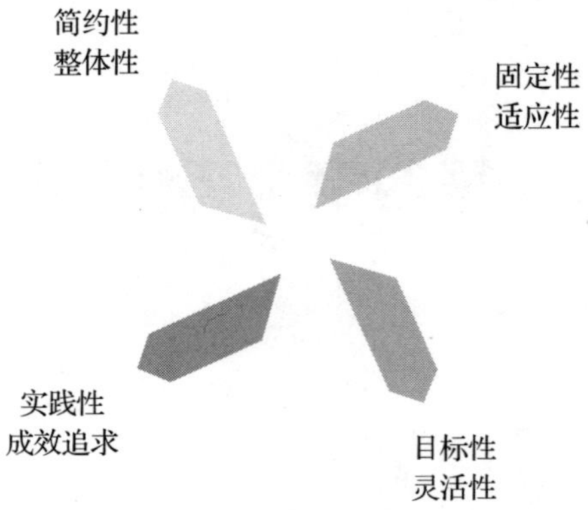


图 4–1　高校英语教学模式的特征

### （一）固定性与适应性

1. 固定性

高校英语教学模式的固定性指它们在一定程度上能够稳定地反映教学活动的核心本质和基本规律。这种固定性来源于对众多教学实践的理论总结和科学假设的实践验证。它为教师提供了一个可靠的教学框架，使得教学活动可以在一定的结构内有序地进行。例如，针对性强的交际方法教学模式通常能有效地提升学生的实际语言应用能力。

2. 适应性

与固定性相对的是，高校英语教学模式同样需要展现出适应性，以应对教学环境和学生需求的不断变化。适应性体现在教学模式能够根据学生的学习水平、教师的专业水平以及教学过程中可能出现的各种情况进行灵活调整。这种适应性使得教学模式能够在不同的教学情景中保持其有效性和相关性。

### （二）目标性与灵活性

1. 目标性

高校英语教学模式的目标性指每一种教学模式都是为了实现特定的教学目标而设计。在选用教学模式时，教师需要根据教学模式的特性、优势和目标进行选择。例如，任务驱动型教学模式适用于提高学生的实际交际能力，而文本分析型教学模式更适用于提升学生的语言分析和理解能力。明确目标定位有助于教师选择最适合当前教学需求的模式。

2. 灵活性

与目标定位并行的是教学模式的灵活性，即根据不同的教育目标、教学环境和学习群体采取不同的教学策略。教学模式的灵活性不仅体现在教学内容和方法上，还体现在对学生的多样性能力培养和对教师多维度考核方法上。灵活性使得教学活动能够更加生动、多元化，同时满足不同学生的学习需求。

### （三）实践性与成效追求

#### 1. 实践性

高校英语教学模式的核心在于它们的实践导向性，即这些模式不仅仅是理论上的构想，而是具有清晰可行的操作步骤和方法。每个教学模式都是从实践中提炼出来的，是为了解决具体的教学问题和满足特定的教学需求。例如，任务驱动型教学模式通过具体的任务设置，使学生在完成任务的过程中实际运用和提升语言能力。这种实践导向性确保了教学模式不是抽象的理论，而是可以在实际教学中得到有效应用。

#### 2. 成效追求

高校英语教学模式的有效性是其重要特征。一个有效的教学模式能够明显提高教学效率和学习效果。例如，混合式教学模式通过线上和线下资源的结合，为学生提供更丰富、更多样化的学习经验，增强了学习的深度和广度。教学模式的有效性是其被广泛采用的关键，同时是教育者不断追求改进和创新的动力。

### （四）简约性与整体性

#### 1. 简约性

通过对复杂教学过程的简化呈现，英语教学模式能够使教师和学习者更容易理解和掌握教学的精髓。这种简约性是通过提炼核心概念、步骤和方法实现的，旨在构建一个直观、易于理解的教学框架。例如，项目式学习模式通过明确的项目目标和步骤，简化了学生的学习路径，使其更容易投入和参与。

#### 2. 整体性

高校英语教学模式还体现了整体性的特点，即它们能够将教学过程中的各种要素和活动方式有效结合起来，形成一个完整、有序的教学体系。这种整合不仅仅涵盖了教学内容的选择和组织，还包括教学方法的应用和学习活动的设计。例如，翻转课堂模式通过将课堂讲授和课后活动有效整合，实现了教学内容和学习活动的系统性结合，提升了教学的全面性和协调性。

## 三、高校英语教学模式的结构

从上述论述中不难看出，不同学者对高校英语教学模式有不同的界定，但他们在当前高校英语教学模式的结构认知上基本趋于一致，只是表述不一而已。本书参照李定仁（2001）关于教学模式的结构分析，将其结构分为教学理念与理论基础、明确的教学目标定位、灵活的操作流程等六个部分[①]。这六个部分相互蕴含、相互关联，共同构筑成一个完整的教学模式。

（一）教学理念与理论基础

在构建高校英语教学模式时，首先考虑的是其背后的教学理念和理论基础。这些理念和理论是教学模式的灵魂，指导着教学活动的方向和方法。例如，建构主义理论强调学习是个体基于自身经验构建知识的过程，这种理论在项目式或探究式教学模式中得到体现。教学理念和理论不仅决定了教学模式的设计和发展，也对教学效果产生深远影响。

（二）明确的教学目标定位

教学模式的设计必须围绕清晰、具体的教学目标展开。不同的教学模式旨在实现不同的教学目标，如提高学生的语言实际应用能力、增强批判性思维、培养创新能力等。例如，翻转课堂模式旨在通过课外学习和课堂深入讨论，提升学生的自主学习能力和批判性思维。教学目标的明确性是衡量教学模式有效性的关键。

（三）灵活的操作流程

高校英语教学模式需要一个灵活的操作流程，这一流程指导教师和学生在教学活动中的具体行为和步骤。操作流程的设计应兼顾灵活性和实用性，确保教学活动能够高效、有序地进行。例如，案例教学模式包括案例选择、讨论、分析和应用等步骤，每个步骤都有明确的目标和方法。这种结构化操作流程使得教学过程变得系统化，易于理解和实施，同时有助于实现教学目标。

（四）教学环境与条件要求

高校英语教学模式的有效实施依赖于一系列教学条件和环境。这包括适宜的教学设施、教学资源的可用性，以及适合特定教学模式的技术支持。例如，在线教学模式需要可靠的互联网连接、数字教学平台和在线资源库。此外，学习环境的安排和优化也是实现教学目标的关键，包括适宜的学习空间布局和学习氛围的营造。

（五）教师与学生的互动模式

教学模式的实施过程中，师生之间的互动是关键因素。不同的教学模式

① 李定仁．教学论研究二十年［M］．北京：人民教育出版社，2001

定义了教师和学生的不同角色和互动方式。在传统的讲授式教学中，教师是知识的传递者，而学生是被动接受者。相比之下，在项目式或探究式学习中，教师的角色更多是指导者和协作者，而学生扮演了更加积极主动的角色，参与到对知识的探索和构建过程中。

（六）教学评价体系的设计

教学模式的有效性评估是通过精心设计的评价体系来完成的。评价体系应该反映教学目标的实现程度，包括学生的学习进步、技能提升和综合素质发展。不同的教学模式可能需要不同的评价标准和方法。例如，在基于能力的教学模式中，评价重点可能放在学生的实际应用能力上，而在传统的知识传授模式中，评价可能更侧重于知识掌握的程度。

## 四、高校英语教学模式的功能

在高校英语教学中，教学模式作为理论与实践的桥梁，有着多重关键功能。首先，它将复杂的教学理论转化为可实施的操作步骤，便于教育工作者应用。其次，教学模式对教学内容和结构进行有效的组织和安排，确保教学流程的逻辑性和连贯性。在诊断和评估方面，教学模式帮助教师监控教学进程和学生学习情况，及时进行调整，以满足不同学生的学习需求。此外，教学模式为教师提供示范和指导，对于新教师而言，这一功能尤为重要，帮助他们快速适应教学工作。最后，教学模式推动了教学系统的持续改进和创新，不断促进教学方法论的发展，为未来的教育研究和实践提供经验和洞见。这些功能共同确保了教学模式在高校英语教学中的有效性和适用性。

（一）咨询阐释

教学模式在简化和阐释教学理论方面发挥着重要作用。通过将复杂的教学理念转化为易于理解的格式，教学模式帮助教师快速把握教学理论的核心。这种功能使得理论知识不再是抽象和难以接近的，而变得易于理解和实践。此外，教学模式的咨询阐释功能也促进了理论知识的传播和普及，提高了教师对教学理论的认知和运用能力，从而提升了教学效果。

（二）描述组建

教学模式的另一大功能是将实践中有效的教学经验系统化和结构化，形成清晰的操作指南和活动框架。这种描述组建功能使得教学模式不仅包含了经过验证的成功教学策略，还提供了一种系统化的教学方法。教师可以利用这一功能，将教学实践中的成功经验转化为可复制和普遍适用的教学策略，从而提升教学的整体质量。描述组建功能还强调了教学模式的个性化和创新性，鼓励教师在实践中探索和创新，使教学活动更加生动和有效。

（三）诊断预测

教学模式能够提供教学过程的诊断工具，帮助教师预测教学成效并及时调整教学策略。通过比较教学目标、理论基础、操作程序与实施条件，教师可以识别教学过程中的潜在问题，并采取相应措施进行调整。例如，在英语教学中，如果学生的学习成效未达预期，教师可以通过诊断预测功能分析可能的原因，如教学材料的选择、教学方法的适用性或学生的学习动机等，从而进行必要的调整和优化。

（四）示范指导

教学模式还具备示范指导功能，为教师提供了教学实践的规范化路径和操作框架。这对于初任教师尤其重要，因为它可以帮助他们快速掌握教学技巧，减少初期的尝试和错误。教学模式通过示例和指导来帮助教师理解和应用教学理论，同时鼓励教师根据具体教学情景灵活调整，以促进创新和个性化的教学方法。

（五）系统改进

教学模式的系统改进功能有助于整体提升教学质量。通过持续地评估和反思，教师可以识别和解决教学过程中的问题，实现教学方法、教学管理和评价方式的优化。这种系统性的改进不仅涉及教学内容和方法，还包括师生互动、课堂管理等多个方面。通过系统改进，教师能够适应不断变化的教学需求和挑战，确保教学活动的持续有效性。

## 五、高校英语教学模式的分类

高校英语教学模式可以从不同的理论基点进行分类，反映出教学理念和方法的多样性。

（一）外国学者分类

美国学者乔伊斯等（2014）把众多教学模式归纳为四种基本类型。[①]

① 布鲁斯·乔伊斯，玛莎·韦尔，艾米莉·卡尔霍恩.教学模式（第八版）［M］.兰英，等译.北京：中国人民大学出版社，2014.

1. 信息加工教学模式

这类模式基于信息加工理论，将教学视为一种创造性的信息处理过程。它关注于知识获取和智力发展，强调如何有效地处理和组织信息，以促进学生认知能力的成长。代表模式包括皮亚杰的认知发展理论、加涅的学习理论，以及概念获得模式。例如，在高校英语教学中，教师可以通过多样化的信息呈现方式（如视觉、听觉材料）来激发学生的信息处理能力，并结合认知心理学原理设计教学活动，帮助学生在理解英语知识的同时，发展其高级思维技能。

2. 个性教学模式

这类模式基于个别化教学理论和人本主义教育思想，强调学生的主观能动性和个体差异。它着重于个人潜能和人格的发展，如罗杰斯的非指导性教学模式和杜威的活动教学模式。在高校英语教学中，这种模式鼓励学生根据自己的兴趣和需求选择学习内容和路径，教师角色更多的是作为引导者和协助者，为学生提供个性化的学习支持和资源。

3. 合作学习模式

这类模式基于社会互动理论，注重教师与学生、学生与学生之间的相互作用和交流。它强调人的社会性品格的培养，如苏联的阿莫纳什维利等提出的合作教育学。在高校英语教学中，通过小组合作学习、同伴互助等方式，学生可以在互动中学习，提高语言实际运用能力，同时培养团队协作和社交技能①。

4. 行为控制教学模式

这类模式基于行为主义心理学理论，将教育看作一种行为逐步修正的过程。它着眼于通过自我控制和环境适应来提升目标行为的质量。如斯金纳（1954）的程序教学模式②和加里培林（1960）的智力行为多阶段形成理论。在高校英语教学中，此模式可能体现在明确的教学目标设置、行为强化和反馈机制，以及逐步引导学生实现学习目标的步骤设计上③。

国内学者对教学模式的分类多样且各具特点，这些模式从不同维度对教学过程进行了分类和解析，有助于教师更全面地理解和应用这些模式。以下是对这些教学模式的进一步论述。

---

① 合作教育学理论［EB/OL］. http：//baike.baidu.com/item/ 合作教育学理论 /15561889.

② 斯金纳的程序教学法［EB/OL］. http：//wiki.mbalib.com/wiki/ 斯金纳的程序教学法 .

③ 加里培林个人简介［EB/OL］. http：//baike.baidu.com/item/ 加里培林 /6928464.

（二）国内学者分类

1. 按师生活动强度分类

这种分类方法将教学模式分为五类，即注入式、启发式、问题式、范例式和放羊式。这种分类侧重于教师与学生在教学活动中的角色和参与程度。例如，注入式教学中，教师是知识的主要传递者，而学生的角色更多是被动接受者；而放羊式教学更侧重于学生的自主学习，教师的角色更多是提供支持和引导。

2. 按教学意义生成方式分类

这种分类方法将教学模式分为替代性、生成性和指导性教学模式。替代性教学模式强调教师的主导地位和教材的重要性，生成性教学模式则强调学生在学习过程中的主体地位，指导性教学模式则在这两者之间寻求平衡，利用教师的指导与学生的主动探索相结合的方式实现教学目标。

3. 按教学活动特征分类

根据教学活动的特征，教学模式可以分为指导—接受、自学—辅导、探索—发现、情趣—陶冶和示范—模仿等类型。这些分类方法注重教学活动的形式和特色，如"指导—接受"模式强调教师的讲解和学生的接受，而"探索—发现"模式更强调学生的主动探索和教师的引导。

这些分类方法虽然有助于教师更好地认识和掌握各种教学模式，但也存在一定的局限性，如可能导致对教学模式的割裂和简化。因此，在实际教学中，教师应根据具体的教学内容、学生的特点和学习需求灵活选择和应用不同的教学模式，从而更有效地促进学生的学习和发展。同时，教师应不断地从理论和实践两个方面提升自己的教学能力，通过不断地学习和实践，使自己能够更加灵活和有效地运用各种教学模式。

## 第二节　高校英语多模态教学模式

### 一、多模态教学模式定义

在高校英语教学中，采用多模态教学模式意味着采取一种以超越传统文字和语言为中心的综合教学方法，这种方法不仅包括传统的文字和语音学习，还涵盖了图像、颜色、手势以及技术媒介等多种模态资源。这样的全面性使得英语学习不再局限于单一的语言维度，而是拓展到一个包含多种符号系统的整合应用。例如，通过将图像、视频和声音等多媒体元素融入课程中，教师能够提供一个更丰富的学习环境，使学生能够在多个维度上理解和感受语言。这种教学方式不仅加深了学生对英语语言的理解，还促进了他们在语言感知和应用方面的全面发展。

## 二、多模态教学模式特点

多模态教学模式的特点如图 4–2 所示。

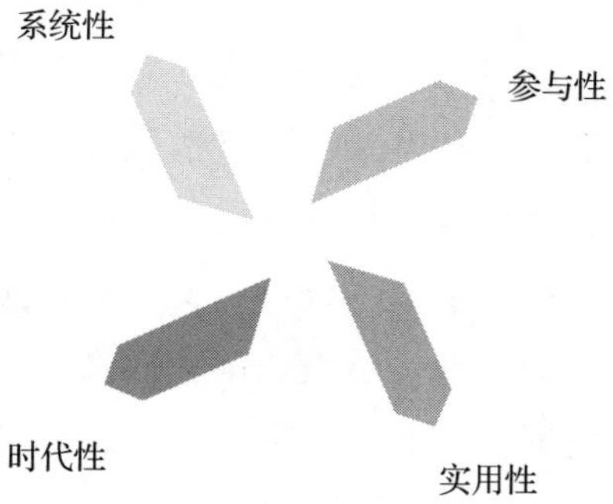


图 4–2　多模态教学模式特点

### （一）参与性

多模态教学模式强调了教学过程中的参与性。通过将多种模态资源融入教学中，学生被鼓励通过视觉、听觉和动作等多种方式参与到学习过程中来。这不仅增加了学习的趣味性，还促进了学生的积极思考和创造性表达。例如，在英语听力课上，教师可以结合视听材料，让学生观看英文视频并讨论，这样不仅锻炼了学生的听力，还提高了他们的观察能力和批判性思维。

### （二）实用性

多模态教学模式具有很强的实用性。在当今信息化和多媒体的时代背景下，有效地运用多种符号系统已成为必备的交际能力。通过多模态教学，学生不仅学会了语言，还学会了如何在真实环境中应用这些语言知识，包括如何结合非语言元素进行有效沟通。例如，学生在学习英语演讲时，需要学会如何结合幻灯片、身体语言和语音语调来提高演讲的效果。

### （三）时代性

从时代性特点的角度出发，高校英语多模态教学模式紧密贴合了当代社会的技术发展和信息传播的特征，体现了教育与时代发展的同步性。这一教学模式不仅符合当代学生的学习习惯和需求，而且充分利用了现代技术手段，提高了教学效率和学习动力。

1. 适应当代学生的学习习惯

在数字化和网络化的时代背景下，当代学生的学习习惯和信息接收方式与过去有着显著不同。他们习惯于通过互联网、社交媒体、多媒体平台获取信息和知识。因此，高校英语的多模态教学模式，通过整合视听媒介、交互式平台和数字化资源，更符合学生的学习特点。例如，利用网络平台和社交媒体进行英语教学活动，不仅能够激发学生的学习兴趣，还能提供更加灵活和多样化的学习方式。这种教学模式使学生能够在熟悉的数字环境中学习英语，从而提高学习效率和参与度。

2. 充分利用现代技术手段

多模态教学模式的另一个时代性特点是充分利用现代科技手段来丰富教学内容和方式。随着信息技术的快速发展，多媒体教学工具、网络学习平台和虚拟现实技术等已成为教学的重要组成部分。在高校英语教学中，运用这些技术手段不仅可以提供更加生动和直观的教学材料，如通过视频、动画和互动软件展示英语语言和文化，还可以实现个性化和自主化学习。学生可以根据自己的学习节奏和兴趣选择合适的学习材料和方式，从而在更加贴近实际和高效的环境中学习英语。

（四）系统性

高校英语多模态教学模式的系统性特点在于教学过程中各种模态资源的有机结合和相互补充。这种系统性体现在教学内容的设计以及教学媒体的运用上，旨在通过多种模态的协同作用，提升教学效果和学习体验。

1. 教学内容的多模态设计

在多模态教学模式中，教学内容的设计需要考虑到不同模态资源的综合运用。这意味着教学内容不仅仅局限于传统的文字和口语形式，还包括图像、视频、手势、动作等多种形式。例如，教师在讲授一个英语课程时，可以结合使用 PPT、录像等视觉媒体呈现信息，同时通过口头话语和肢体语言来增强理解和记忆。这种多模态的内容设计不仅使教学更加丰富和生动，还帮助学生从不同角度和层面理解和吸收知识。

2. 教学媒体的协同运用

多模态教学模式的一个系统性特点是教学媒体的协同运用。在这种教学模式下，各种教学媒体不是孤立使用，而是相互配合，共同发挥作用。例如，教师在授课过程中，不仅利用现代教学媒体如 PPT 和录像呈现信息，还可以通过手势和动作来补充和强化口头话语。这种多模态媒体的协同运用有助于学生更好地理解和记忆教学内容，同时增加了教学的互动性和趣味性。

## 三、多模态教学模式原则

多模态教学模式原则如图 4–3 所示。

### （一）学生为中心原则

高校英语多模态教学模式的核心原则是以学生为中心，这一原则要求教学设计和实施过程充分考虑到学生的需求、特点和发展阶段。在这种教学模式下，学生的个性、兴趣和学习方式成为教学活动设计的关键因素。

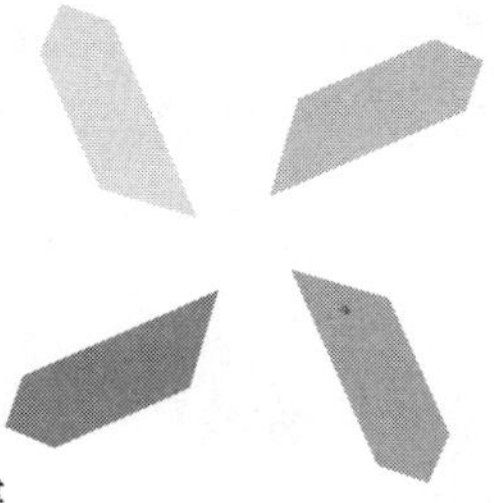


图 4–3　多模态教学模式原则

1. 关注学生的个性化需求

以学生为中心的原则意味着教学设计需要充分考虑到每位学生的个性化需求。由于大学生正处于成长的关键时期，他们的个性特点、学习兴趣和能力水平各不相同。因此，多模态英语教学应提供灵活多样的学习资源和活动，以适应不同学生的需求。例如，对于视觉型学习者，教师可以使用图表、视频等视觉材料；对于听觉型学习者，则可以重点利用英语听力和讨论等活动。通过这种个性化的教学方法，每位学生都能够在适合自己的方式中学习和进步。

2. 激发学生的潜力和好奇心

以学生为中心的教学模式还注重激发学生的潜力和好奇心。大学生群体普遍具有探索新知识和新技能的热情，多模态教学模式应充分利用这一特点，通过提供丰富的学习材料和创新的教学方法来激发他们的学习兴趣。例如，教师可以设计一些探索性的学习项目，鼓励学生去发现英语语言和文化中的新元素。同时，通过提供多种学习渠道和资源，如网络课程、实地考察等，学生可以更加主动地探索和学习，从而在这个关键的成长阶段快速发展自己的能力。

### （二）教学相长原则

高校英语多模态教学模式下的“教学相长原则”强调了教师在指导学生探索多模态资源过程中的关键作用，同时体现了学生在学习过程中的主动参与和自我发展。这一原则不仅关注教师对学生学习的引导，也强调学生通过自我探索和实践加深对知识的理解，形成教学双方的互动和共同成长。

1. 教师的引导和启发

在多模态教学中，教师的角色转变为引导者和启发者。教师需要向学生介绍和解释多模态资源的重要性和应用，例如，通过使用录像、漫画等多模态材料来展示语言之外的非语言元素，如图像、颜色、图表等。这样的引导不仅帮助学生认识到多模态资源在交流中的重要作用，还能够激发他们对这些资源的好奇心和探索欲。例如，教师可以设计一些活动，让学生分析不同模态如图像和文字在传达信息时的不同方式及效果，从而加深他们对模态多样性的理解。

2. 学生的主动探索和实践

“教学相长原则”还强调学生在学习过程中的主动性。当学生对多模态资源有了基本的认识和理解后，教师应鼓励他们自主探索和实践，使他们能够深入解读多模态资源之间的联系，并通过这些资源理解多元文化和深层次的意义。例如，教师可以设置一些项目性学习任务，让学生自己选择合适的多模态材料来完成特定的学习目标。在这个过程中，学生不仅能够锻炼自己的研究和分析能力，还能够通过亲身实践更深刻地理解和应用所学的知识。

3. 教师和学生的互动与共成长

教师和学生之间的互动也是“教学相长原则”的重要组成部分。教师在学生的探索和实践过程中提供必要的支持及反馈，同时从学生的反馈和学习成果中获得启发，不断优化和调整教学方法。这种双向互动不仅促进了学生的学习效果，也使教师能够不断提升自己的教学技巧和专业水平。

（三）意义构建原则

高校英语多模态教学模式中的“意义构建原则”强调了在教学活动中引导学生主动构建和理解深层意义的重要性。这一原则不仅仅关注于语言知识的传授，更着眼于学生如何通过多模态资源进行批判性思考和创造性理解。

1. 批判性思考和创造性理解

意义构建原则要求学生在学习过程中进行批判性思考和创造性理解。在多模态教学中，学生不只是被动地接受知识，还需要主动地参与到意义的构建过程中去。例如，教师可以引导学生分析一个文化话题或语篇，让学生从语言、图像、音响等多个角度进行探讨。这个过程不仅使学生能够理解文化内容，还促进了他们对自身身份和思想的深刻反思。通过这样的活动，学生能够在分析和解读语篇的过程中发展自己的思考能力和创造性见解。

2. 交流与多角度解读

意义构建原则鼓励学生在学习过程中进行交流和多角度解读。在多模态教学中，学生可以根据自己的文化背景和知识体系来理解和解读不同的模态语篇。教师可以组织学生进行小组讨论或公开展示，让他们分享对同一语篇的不同理解。这样的互动不仅激发了学生的学习兴趣，还帮助他们认识到不同文化和个人视角下的多样解读。通过这种方式，学生可以从不同的角度理解和评价语篇，进而构建起更为全面和深入的理解。

（四）充分实践原则

在高校英语多模态教学模式中，充分实践原则强调了将理论知识转化为实际应用的重要性。这一原则认为意义的创造是一个设计过程，涉及可利用的设计、设计过程和重新设计。在这个框架下，学生不仅是学习各种符号资源的意义的接收者，更是通过实践活动主动构建意义的参与者。

1. 实践活动的重要性

充分实践原则要求在教学过程中融入丰富的实践活动，以加强学生对知识的理解和应用。例如，通过组织辩论、小组讨论、项目汇报等活动，学生可以在实际的语境中运用所学的语言知识和符号资源。这些活动不仅提供了学生展示自己理解和表达的机会，也促进了他们之间的交流和思想碰撞。通过这样的实践，学生能够深入地解读各种符号资源，并在实际应用中形成自己独特的声音和视角。

2. 促进自我表达和创新

充分实践原则还强调鼓励学生进行自我表达和创新。在多模态教学环境中，学生被鼓励将自己的想法和解读融入学习过程中，这不仅增强了学生的参与感，也激发了他们的创新精神。教师可以指导学生将所学的设计理念应用于不同的语境，鼓励他们将传统的符号资源转化为新的创意表达。这种做法不仅加深了学生对语言和文化的理解，还培养了他们的批判性思维和创新能力。

## 四、多模态教学模式应用

本节将以听力教学为例，分析多模态教学模式在英语教学中的应用。高校英语听力多模态教学模式的构建，主要包括听力教学中的四个环节的模态转换。

### （一）准备环节的多模态应用

在准备环节中，多模态教学的核心在于通过视觉和互动媒介激发学生的学习兴趣，并为听力材料的理解打下基础。教师可以利用丰富的视觉材料，如图片、影视片段以及创意PPT，介绍即将听取的听力材料背景。这种视觉上的引导不仅为学生提供了听力材料的语境信息，还能有效地吸引学生的注意力，增加他们对即将进行的听力练习的兴趣。此外，教师可以通过视觉材料引入和解释与听力材料相关的关键词汇及表达，帮助学生在听力练习前对部分内容有所预知，从而降低听力理解的难度。这种互动的设计不仅使听力材料的接收更加容易，还增加了学生对新知识的好奇心和学习动力。

### （二）呈现环节的多模态协作

呈现环节重点在于通过多模态资源的相互协作来帮助学生获取信息和构建意义。在这一环节中，视觉模态和听觉模态的结合使用是关键。教师可以利用不同颜色、亮度和字体的视觉设计来突出听力材料中的关键信息，同时配合文本说明来减少信息的遗漏。例如，教师可以在播放听力材料的同时展示关键词汇或重要句子的幻灯片，帮助学生更好地理解和记忆听力内容。听觉模态作为主模态，在这一过程中提供了信息的主体，而视觉模态和文本信息则发挥着辅助和强化的作用，确保学生能够全面而准确地接收和理解听力材料。通过这样的多模态协作，学生不仅能够提升听力，还能在多种感官刺激下加深对语言材料的记忆和理解。

### （三）练习环节的多模态应用

在练习环节，多模态教学的目的是利用各种感官体验来巩固学生对听力材料的理解和记忆。通过结合听说、听写和听力练习，学生能够对所接收到的信息进行深入的加工和重组。例如，教师可以设计一系列的听写练习，要求学生在听完材料后立即记录关键信息，这样的活动不仅锻炼了学生的记忆力，还提高了他们对听力内容的细节理解。此外，可以通过角色扮演、小组讨论等互动性强的活动，让学生在实际运用中进一步加深对听力内容的理解和记忆。这种多模态的练习方式，通过调动学生的听觉、视觉和动作感官，使学习过程更加生动和有效。

### （四）评估环节的多角度分析

在评估环节中，多模态教学模式的关键是通过多种方式评价学生对听力内容的理解和掌握程度。评估可以通过记录学生的反应、笔记和练习结果等多种形式进行。例如，教师可以要求学生在听完材料后记录下自己的理解和感受，然后在课堂上进行分享和讨论。通过这种方式，教师可以了解学生对听力内容的理解程度，以及他们如何将所听内容与自己的知识体系和经验相结合。此外，教师还可以利用测试或小测验来评估学生的听力理解能力，这些评估不仅基于学生的记忆力，还包括他们对材料深层意义的理解和分析。通过这些多角度的评估方法，教师能够全面了解学生的学习效果，并提供针对性的反馈和指导。

## 第三节　高校英语生态化教学模式

### 一、生态化教学模式概念

生态化教学模式是一种基于教育生态学原理的教学方法，旨在创造一个开放、平衡、可持续的教学环境，以促进学生的全面发展。这一模式的核心在于将课堂教学视为一个微观的生态系统，其中包含了学生、教师、教材、教学设备和教室设施等多种生态因子。生态化教学模式强调各生态因子之间的动态平衡，以及与外部环境的和谐互动。

#### （一）教学模式的生态化发展

生态化教学模式的一个重要方面是它的生态化发展。这意味着教学模式的选择和应用应基于学生的实际需求、个性天赋和社会环境等因素。教师需要根据学生的能力层次和知识需求设计合适的教学活动，以确保学生能在最适宜的环境中学习和成长。此外，生态化教学模式还强调教学模式间的互补和适应，旨在实现不同教学模式的共存和共生。这种多样化的教学方法组合不仅能够更好地适应学生的多元化学习需求，还能够促进学生在不同领域的能力发展。

#### （二）教学模式的兼容适应

生态化教学模式强调教学模式的兼容适应。在实际教学过程中，应避免简单地将传统或先进的教学模式直接套用于新型课堂，而应根据具体的教学内容、学生群体和教学环境选择最适宜的教学模式。这种教学模式的灵活应用不仅有助于保持课堂教学的动态平衡，还能够避免因单一教学模式的过度使用而导致的教学失衡。

## 二、生态化教学模式操作程式

无论是普通的英语教学模式，还是英语生态化教学模式，其都需要遵循基本的操作程式，即选择内容、选用方法与设计评价。

### （一）选择生态化教学内容

在生态化教学模式下，教学内容的选择至关重要。这种选择需要平衡多种因素，以确保教学内容既有实用性又符合时代发展的趋势。

#### 1. 基础性与交际性的平衡

教学内容的选择应该基于基础性和交际性的平衡。在英语教学中，基础性意味着教师应该挑选那些对学生至关重要的语言知识和技能，这些基础性的内容是学生进行更高级学习的基石。例如，基本的语法规则、常用词汇和基础句型都是英语学习的核心部分。然而，仅有基础知识是不够的，因为英语是一种用于交际的工具。因此，教学内容还应包括实际交际情景中的语言应用，如日常会话、实际情景对话等。这样的内容选择不仅帮助学生掌握基础知识，还培养了他们将语言应用于实际交际的能力。

#### 2. 时代性与规范性的结合

教学内容的选择应该结合时代性与规范性。随着社会的发展和文化的变迁，英语语言也在不断演变。因此，生态化教学模式下的英语教学应该反映语言的最新变化，包括新兴的词汇、表达方式以及文化内容。例如，可以引入当前流行的网络用语、时下热门话题等，使教学内容与时代保持同步。然而，同时需要保持语言的规范性，确保所教授的内容符合标准英语的规范。这种结合可以确保学生既了解语言的最新发展，又能够在各种正式场合正确使用英语。

#### 3. 趣味性的融入

趣味性在英语教学中发挥着关键作用，尤其是在非英语母语环境下进行的英语学习。枯燥的语言学习很容易让学生感到乏味和疲倦，因此，将趣味元素融入教学内容对于激发学生的学习兴趣至关重要。这可以通过选择学生感兴趣的话题、使用互动游戏、故事讲述等方式实现。例如，教师可以结合流行文化、学生熟悉的电影或音乐来进行教学，让学生在享受趣味性活动的同时，自然而然地学习和使用英语。通过这种方式，学生不仅能够在轻松愉快的氛围中学习，还能在实际语境中更有效地运用所学知识。

4. 思想性的深化与引导

英语语言知识的思想性不容忽视。作为社会文化的载体，语言学习不仅仅是学习语法和词汇，更是理解和感悟不同文化和价值观的过程。在生态化教学模式下，教师应该将思想教育融入教学内容中，让学生在学习语言的同时，也能够了解和学习不同国家的风俗习惯、文化背景和社会价值观。例如，教师可以选择一些具有深刻社会文化意义的文本作为教学材料，引导学生进行深入讨论和思考。同时，需要在教学过程中坚持爱国主义和社会主义道德规范，确保学生在接受多元文化的同时，能够树立正确的价值观。

（二）选用生态化教学方法

生态化教学模式下，教学方法的选择应遵循多样化和适应性原则，以满足不同学习者的需求并创设一个真实、自然的学习环境。

1. 选择多样化的教学方法

在生态化教学模式下，教师应采用多种教学方法，如讲授式、讨论式、发现式、范例式和自学式等，以适应不同学习者的学习风格和需求。每种教学方法都有其独特的优势和适用场景。例如，讲授式教学适用于知识传授和概念解释，能够快速、高效地向学生传递信息；讨论式教学更适合于激发学生的思考和创新，通过集体讨论促进知识的深入理解；发现式教学鼓励学生自主探索和实践，发展他们的解决问题能力；范例式教学通过具体实例帮助学生理解和掌握知识点。自学式教学则培养学生的自主学习能力和责任感。

2. 教学方法与生态环境的结合

生态化教学模式强调创设真实、自然的语言学习环境，以促进学生的全面发展。因此，在选择教学方法时，教师应考虑如何将这些方法与生态环境相结合。例如，在发现式教学中，教师可以利用真实的社会情景作为学习背景，让学生通过实地考察、调查研究或者在线资源探索等方式，亲自发现并理解英语语言在实际使用中的应用和文化背景。这种方法不仅能激发学生的好奇心和探索欲，还帮助他们建立起对英语语言更为深刻和全面的认识。例如，教师可以安排学生观看英语国家的纪录片，然后引导他们讨论其中的文化特点，或者让学生通过社交媒体与英语为母语的人交流，了解他们的日常生活和思维方式。

（三）设计生态化评价体系

在生态化英语教学模式下，评价体系的设计重点在于采用动态评价方式，这种方式区别于传统的终结性评价和形成性评价，更加注重在评价过程中发现和激发学生的学习潜能。

1. 动态评价的核心理念

动态评价的核心在于通过教师与学生的持续互动来评估学生的学习过程和潜在能力。这种评价方式不是简单地在学习的某个阶段进行成果评定，而是一个持续的、动态的过程，关注学生在不同时间段的进步和变化。在这种评价模式下，教师的角色不仅是评价者，还是促进者和指导者，他们通过不断地交流和反馈来引导学生进行自我修正和提升。此外，动态评价更加强调学习过程的重要性，评价活动与教学活动紧密结合，使得每次教学和学习活动都成为评价的一部分。

2. 动态评价的实施方式

实施动态评价时，教师需要根据学生的学习情况和反馈不断调整教学策略和评价方法。这包括定期对学生的学习进展进行监测，及时调整教学计划和内容，以适应学生的学习需求和水平。例如，教师可以设计一系列的小测试、口头报告、小组讨论等活动，通过这些活动收集学生的学习数据，然后根据这些数据调整教学内容和方法。同时，教师应鼓励学生对自己的学习行为进行自我评价和反思，帮助他们识别自己的优势和不足，从而实现自我提升。

3. 动态评价的目标与效果

动态评价的目标在于帮助学生实现持续地学习和发展。通过这种评价方式，学生能够获得更加及时和个性化的反馈，从而更有效地改进学习方法和策略。此外，动态评价有助于培养学生的自主学习能力和批判性思维能力，使他们能够在学习过程中更加主动地寻求知识和解决问题。最终，这种评价体系不仅能够提高学生的学习效果，还能够促进他们的全面发展。

## 第四节　高校英语混合式教学模式

随着互联网和数字技术的快速发展，教育领域经历了显著的变革，特别是在探索如何利用这些新兴技术改善教学和学习过程方面。网络和数字平台的出现为在线教育提供了新的可能性，通过这些平台，教师和学生可以访问丰富的教学资源和工具，使得学习更加灵活和可访问。同时，当代学生的学习习惯和需求与传统教育模式间的差异越来越明显。现代学生更倾向于灵活、随时随地的学习方式，并希望教学内容更个性化和互动化。这种需求的变化促使教育者和研究人员更新他们的教育理念，开始认识到单一的教学模式已无法满足所有学生的需求。基于此，混合式教学模式应运而生。

## 一、混合式教学模式概念

混合式教学模式的本质是在信息化和网络化的教学环境下，通过合理地筛选和优化“教与学”的各个要素，实现教育目标的最佳效果。这种教学模式不仅仅是在线学习和传统课堂学习的简单结合，还是一种更为深入和全面的教学理念与策略的应用。

### （一）教学过程的信息化与优化

混合式教学模式依托于先进的技术手段，在“教”与“学”的过程中进行信息和知识的有效传递。这个过程中，教师需要根据学生的具体情况选择合适的时间、对象和教学技术，以优化教学过程并确保学习的质量。例如，教师可以通过在线平台提供课程资源，利用多媒体工具丰富教学内容，并结合数据分析工具来跟踪和评估学生的学习进度。在这种教学模式下，教师的角色从传统的知识传递者转变为学习引导者和促进者，更多地关注学生学习过程中的需求和问题。

### （二）教学维度的深度融合

混合式教学模式是对“教”与“学”多个维度和方面的融合。这些维度包括教学理论、教学模式、教学活动、学习主体、课堂与在线学习环境、教学媒介和材料，以及学生支持服务等。在这种教学模式下，教师需要灵活运用各种教学资源和策略，创造一个支持学生主动学习、互动交流和个性化发展的环境。例如，教师可以结合线上和线下的教学活动，设计互动式的学习任务，鼓励学生在多元化的学习环境中主动探索和学习。

### （三）教学元素的优化组合

混合式教学模式的关键在于对“教”与“学”的所有要素进行合理筛选和优化组合。这种教学策略的目标是达到最佳的教学效果，它要求教师对教学内容、方法和环境进行全面考虑，选择最适合学生的教学方案。在这一过程中，教师需要不断调整和改进教学策略，以适应学生的学习需求和教学目标的变化。通过这种方式，混合式教学模式能够实现教学内容的丰富化、教学方法的多样化和学习环境的个性化。

## 二、混合式教学模式特点

混合式教学模式，作为教育国际化和信息化的产物，体现了教育领域对科技融合和创新教学方法的追求。图 4–4 是混合式教学模式的几个关键特点，反映了其在现代教育领域的重要地位和发展趋势。

**图 4–4　混合式教学模式特点**

（一）时代性特点

混合式教学模式的时代性体现在它与科技发展的密切相关性。随着互联网和数字技术的迅猛发展，教育领域正在经历一场信息化革命。混合式教学模式正是这一革命的产物，它利用网络和信息技术手段优化教学过程，提高教育效率。此外，随着新技术的不断涌现，如人工智能、大数据、虚拟现实等，混合式教学模式在不断吸纳新技术，使其内容和方法更加丰富和先进。这种与时俱进的特性使混合式教学模式在未来的教育领域中具有持续的生命力和发展潜力。

（二）实用性特点

混合式教学模式源于企业培训的实际需求，强调实用性和效率。在教育领域的应用表明，混合式教学模式有效地结合了传统教育的优势和在线教学的便捷性，能够满足不同学生的学习需求，提升教学效果。实用性体现在它的广泛应用领域，如中小学教学、高等教育和教师培训等。混合式教学模式的灵活性和适应性使其成为一个高效的教学方式，不仅适用于传统的课堂教学，也适用于远程教育和终身学习。

（三）多元性特点

混合式教学模式的多元性体现在它整合了多种教学元素和理论基础。这一模式涵盖了教学内容的多样化、教学方法的多元化以及学习风格的多样化。它结合了传统课堂教学的互动性和在线教学的灵活性，创造了一个多样化的学习环境。同时，混合式教学模式的理论基础也是多元的，包括认知主义、建构主义、行为主义和社会文化理论等，这些理论的融合使得混合式教学模式更加全面和有效。

（四）动态性特点

混合式教学模式的动态性体现在它随着时代和环境的变化而不断演进和

完善。从早期的简单线上与线下结合到现在更为复杂和成熟的教学模式，混合式教学模式经历了多个发展阶段。它不断吸纳新的教育理念和技术手段，使得教学内容、方法和工具不断更新。这种动态发展特性使得混合式教学模式能够适应快速变化的教育环境和学生需求，不断提升其教学效果和质量。

## 三、混合式教学模式优势

### （一）方便灵活的学习体验

混合式教学模式的一个显著优势是其提供的方便性和灵活性。信息科技和互联网的发展为英语教学提供了广阔的网络传播渠道，使得多样化的视频教学形式成为可能。学生可以通过网络平台方便、快捷地获取多元化的教学资源，实现随时随地地学习，这极大地提高了学习的灵活性和便利性。此外，线上资源的丰富性使得教师能够依据自身的专业素养和教学需求选择适合的教学内容，设计灵活多样的教学活动，从而提高课堂教学的效果和学生的参与度。这种灵活性不仅体现在学习时间和地点的自由选择上，还体现在学习内容和教学方法的多样化上，使得教与学双方都能在更加宽松和个性化的环境中进行交流和学习。

### （二）贴合学生需求的个性化学习

混合式教学模式能够有效满足学生的个性化学习需求。在这种模式下，学生可以根据自己的学习水平、兴趣和目标选择最合适的学习资源和路径。网络上丰富的英语教学视频和其他资源使得学生能够有针对性地选择和利用教学资源，从而实现个性化学习。此外，混合式教学模式还结合了线下的互动和实践活动，使学生能够在教师的指导下将线上所学内容运用于实际情景中，进一步加深理解和应用。这种线上与线下结合的教学方式不仅丰富了学生的学习体验，还促进了学生自主学习和探究学习的习惯培养。

### （三）精准切入点的有效教学

混合式教学模式具有精准的切入点，能够有效扩展学生的学习空间。与传统教学模式相比，混合式教学模式通过线上资源丰富课堂内容，并通过线下多样化的个性化实践活动满足学生的具体学习需求。这种模式促使了教师主导的课堂格局的变化，教师不再是单一的知识传授者，而成为引导者和促进者，帮助学生在个性化的学习路径上进行探索和实践。这种教学模式的动态性使得教学内容和方法能够根据学生的反馈和学习进度及时调整，确保教学活动更加贴合学生的实际需求和兴趣点，从而有效提高教学质量和学习效果。

## 四、混合式教学模式应用

混合式教学模式在高校英语教学中的应用大致分为三个阶段。

### （一）课前阶段

在高校英语教学中应用混合式教学模式时，课前阶段的准备是至关重要的。这一阶段不仅涉及教学资源的选择和学习任务的设计，还包括建立一个有效的师生互动平台，以增强学生的自主学习能力和探究精神。

#### 1. 教学资源的选择和学习任务的设计

在课前阶段，教师的首要任务是根据教学内容和学生的学习状况精心选择合适的课程资源。这包括教材内容的整合与优化，以及网络课程资源的有效利用。例如，教师可以利用“朗文交互学习平台”“新理念外语网络教学平台”等线上资源，将教材中的学习计划、目标、重点、难点和主题等内容及时传递给学生。同时，教师需要设计旨在培养学生自主学习能力的学习任务。这些任务可以是个人独立思考、小组讨论或基于案例的研究等形式，旨在帮助学生有效地获取知识背景并完成预习任务。通过这种方式，学生在课前能够对即将学习的内容有初步的了解和准备，从而为课堂学习打下坚实基础。

#### 2. 师生互动平台的建立和利用

课前阶段的一个关键环节是建立有效的师生互动平台。这样的平台不仅便于教师发布课前学习材料和指导，也为学生提供了方便在线咨询和互动的空间。在这个平台上，教师可以为学生提供及时的辅导和帮助，解答学生在预习过程中遇到的疑问，指导他们如何更有效地进行自主学习。此外，教师可以通过这个平台监控学生的预习进度和效果，根据学生的反馈调整教学计划和策略。通过这种互动，学生的自主探究精神和自学能力将得到显著提升，为后续的线下课堂学习打下坚实的基础。

### （二）课中阶段

在高校英语教学中应用混合式教学模式的课中阶段，主要侧重于通过多种教学手段和策略，以促进学生的积极参与和深入理解。这一阶段的教学活动旨在结合线上预习和线下课堂互动，以实现教学内容的深化和学生能力的提升。

1. 教学内容的情景化

教师在课中阶段需要利用多媒体工具创设富有情景的教学内容，以增强教学的吸引力和实用性。这包括使用视频、音频、动画等多媒体资源展现真实的英语使用场景，使学生能够在具体的语境中学习和理解英语。例如，教师可以播放一段英文访谈视频，让学生观看后讨论其中的交际技巧和文化差异。这种情景化的教学不仅能够提高学生的语言实际应用能力，还能激发他们的学习兴趣和探究意识。

2. 学习任务的设计与学生讨论

教师需要根据教学实际情况和单元主题设计合适的学习任务，鼓励学生积极参与讨论和实践。这些任务可以是小组讨论、情景对话、角色扮演等形式，旨在促使学生主动参与课堂教学活动。例如，教师可以让学生分组讨论一个与课程主题相关的话题，然后在班上展示和分享他们的观点。这种方法不仅能够提升学生的英语口语表达能力，还能够增强他们的团队协作意识和批判性思维能力。

3. 学生自评和互评的实施

课中阶段的重要环节是学生的总结和反思。教师应鼓励学生进行自我评价和同伴评价，以促进他们对所学内容的深入理解和总结。通过自评和互评，学生不仅能够了解自己的学习效果，还能够从同伴的角度获得不同的见解和反馈。这种评价方式有助于学生培养自我反思的能力，增强对学习内容的掌握，并激发他们的学习动机和自主探究精神。同时，也有利于学生提升协作互助意识和英语应用能力。

（三）课后阶段

混合式教学模式在高校英语教学中的课后阶段发挥着至关重要的作用。这一阶段通过线上和线下资源的结合，不仅加强了对课堂学习内容的巩固，也为学生提供了进一步拓展知识和提高学习效果的机会。

1. 学习材料的补充和知识的拓宽

在课后阶段，教师应利用线上与线下混合式教学模式为学生提供丰富的学习材料和资源，帮助他们加深对所学知识的理解和掌握。例如，教师可以在课后通过网络平台分享额外的阅读材料、视频讲座或相关案例研究，这些资源不仅补充了课堂教学内容，也为学生提供了更广阔的学习视角。此外，教师可以组织在线讨论或小组作业，鼓励学生深入探讨课程主题，提高他们的批判性思维和问题解决能力。这样的教学策略能有效地扩展学生的知识范围，促进他们对英语语言和文化的深入理解。

2. 学生自主学习和练习的促进

课后阶段也是学生自主学习和实践练习的关键时期。利用网络平台，学生可以根据自己的学习进度和兴趣选择合适的复习资料和练习题目，加强对课堂所学知识的巩固。学生可以通过在线练习、模拟测试或语言应用项目提高自己的英语技能，如参与在线论坛讨论、撰写博客或进行视频制作等。这种学习方式不仅提高了学生的英语实际应用能力，还促进了他们自主学习的习惯形成，为其终身学习打下坚实基础。

3. 终身学习习惯的培养

混合式教学模式在课后阶段的一个重要作用是培养学生的终身学习习惯。通过线上资源的持续使用和线下学习的反思总结，学生可以逐渐习惯在正式教育外持续地自我提升和学习。教师可以通过定期跟踪学生的课后学习进度，提供反馈和指导，帮助学生识别学习中的问题，并鼓励他们寻找解决方案。这种持续的学习和反馈循环不仅加深了学生对英语学习的理解，也为他们未来的职业发展和个人成长奠定了基础。

## 第五节　高校英语输入—输出教学模式

### 一、输入—输出教学模式的理论依据

#### （一）克拉申的语言输入假说

克拉申的语言输入假说是第二语言习得领域中的一个关键理论，它在现代语言教育中发挥着重要作用。这一假说的核心在于强调可理解性输入在语言学习过程中的至关重要性，并明确指出有效的语言习得依赖于略高于学习者当前水平的输入。

1. 可理解性输入的作用和特征

根据克拉申的输入假说，第二语言的习得关键在于接收到充足和适宜水平的可理解性输入，即“i+1”。在这个概念中，“i”代表学习者当前的语言水平，而“+1”指略高于该水平的语言输入。这种略高于当前水平的输入有助于学习者在语言理解和应用方面的成长，同时激发了他们的学习潜能。值得

注意的是，这种输入不应该仅仅局限于语法结构的堆砌，更应该是有意义和相关的。这意味着语言材料应与学习者的经验、兴趣和需求紧密相联。这样的语言输入更容易被学习者理解和吸收，因为它们能够激发学习者的兴趣和学习动机，从而更有效地促进语言的习得。

2. 自然语言环境对语言习得的促进作用

克拉申的输入假说还特别强调了自然语言环境对第二语言学习的重要性。在自然的语言环境中，学习者接触到的不仅仅是语法结构，还包括丰富的语用信息、文化背景知识和情感因素。这些多维度的语言输入使得学习者能够更全面地了解语言的实际使用场景，并将其应用于真实的交流中。例如，在交谈、观看影视作品或阅读原版书籍的过程中，学习者不仅能学习语言本身，还能感知到语言背后的文化和情感色彩。自然语言环境中的输入通常是动态的、多样的，涵盖了口头和书面语言，甚至是视听材料。这样的多样化输入不仅能满足不同学习者的需求，还能从多角度促进学习者对语言的全面理解和掌握。

（二）斯温的语言输出假设

斯温的语言输出假说是对第二语言习得理论的一个重要补充，特别强调了语言产出（即输出）在语言学习过程中的重要性。这一假说起源于斯温在加拿大进行的法语作为第二语言的教学研究，特别是她对沉浸式教学模式下学习者语言理解能力和表达能力发展不均衡的观察。

1. 输出假设的核心观点

斯温研究发现，尽管沉浸式教学能够显著提高学习者的语言理解能力，但其语言表达能力的提升并不明显。这主要是因为沉浸式教学重点在于语言输入，如阅读和听力任务，而语言的实际输出（如说和写）却相对较少。因此斯温认为，仅有的语言输入是不足以促进学习者全面的语言习得的，而语言的输出对于学习者来说是至关重要的。

在斯温看来，语言输出不仅可以提高学生的语言流利性，还具有促进学生集中注意力、进行假设验证和自我反思等多重功能。她认为，通过语言输出，学习者能够在实际使用语言的过程中检验和巩固其对语句结构及词汇的掌握，从而实现语言运用的自动化。言语产出活动，如说话和写作，不仅是语言能力的体现，也是加深语言理解和促进语言习得的重要途径。

2. 输出与认知过程的关系

斯温进一步阐述了语言输入与输出在认知过程中的不同作用。在语言输入过程中，学习者主要集中于意义的理解和解释。相比之下，语言输出迫使学习者更多地关注语言的形式和结构。特别是在交际受阻的情况下，学习者必须通过协调意义来确保信息的有效传递。这种协调意义的过程不仅是为了使信息被理解，更重要的是确保使用准确、适当且连贯的语言表达完整的信息。

斯温提出，语言输出能促使学习者从以语义为基础的认知处理转向以句法为基础的认知处理。这种转变对于语言的准确表达和最终的习得至关重要。换言之，输出在句法和词法习得中扮演了潜在的重要角色，它激发了学习者对语言形式的关注，从而促进了对语言的深入理解和正确运用。

## 二、输入—输出教学模式的优缺点

### （一）输入—输出教学模式的优点

输入—输出教学模式作为一种现代教学方法，在语言学习领域展现了显著优势。这种模式强调了语言知识的输入和语言技能的输出之间的动态平衡，旨在通过创设真实交际情景而激发学生的学习潜能和积极性。输入—输出教学模式的优点如图 4–5 所示。

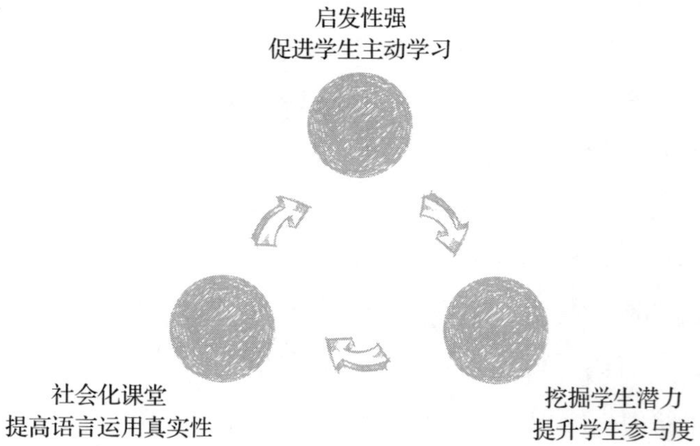


**图 4–5　输入—输出教学模式的优点**

1. *启发性强，促进学生主动学习*

输入—输出教学模式的首要优点是其启发性强，能有效地转变学生的学习态度，从被动接受知识到主动探索和实践。在这种教学模式下，教师不再是单纯的知识传授者，而成为激发和引导学生思考的引导者。通过提供各种激发性的语言材料和情景，教师激发学生的好奇心和探究欲，使他们在实际的交际活动中主动运用所学知识。例如，教师可以设置与现实生活密切相关的话题，鼓励学生就这些话题进行讨论和表达，从而实现学习目标与社会行为目标的一致性。这种教学方式有利于提高学生的语言理解和运用能力，同时能够提高他们的社会适应能力和沟通技能。

2. 挖掘学生潜力，提升学生参与度

输入—输出教学模式的一个显著优点是能深入挖掘学生的潜能，并充分调动学生的积极性。在这种教学模式下，学生被鼓励在各种交际活动中积极参与，通过实践来学习语言。这不仅涉及听、说、读、写等基本语言技能的培养，还包括与他人进行有效沟通和协作的交际技能。学生在完成交际任务的过程中，不仅会学习到新的语言知识，还在实践中学会如何应用这些知识，从而逐步提高他们的语言能力。此外，这种教学模式还有利于学生认知能力、情感调控力和创新能力的发展。通过参与真实的交际活动，学生可以更深入地理解语言的实际应用场景，同时能学会如何在不同的语境中灵活运用语言。

3. 社会化课堂，提高语言运用真实性

输入—输出教学模式的一个优点是其能够将课堂社会化，提高语言运用的真实性和实用性。在这种教学模式下，课堂活动不再局限于传统的书本学习，而是扩展到了真实的社会交际情景中。通过模拟真实场景的教学活动，学生能够在更加自然和真实的语境中学习和运用语言。例如，教师可以设置模拟采访、辩论会或角色扮演等活动，让学生在这些活动中运用语言进行交流和表达。这种方法不仅提高了学生的语言运用能力，还增强了他们的社会交往技能和文化适应能力。通过这样的教学方式，学生不仅能够学习到语言知识，还能够更好地理解和体会语言在社会交际中的应用。社会化课堂的设置使得学生能够在与现实生活紧密相关的情景中练习和运用所学的语言，这种教学方法不仅使语言学习更加有趣和吸引人，而且帮助学生理解语言在实际生活中的应用价值。

（二）输入—输出教学模式的缺点

输入—输出教学模式虽然在某些方面优于传统教学模式，但它也存在一些明显的缺点和挑战，这些问题需要在实际的教学过程中加以关注和解决。

1. 知识与技能转换不均衡

输入—输出教学模式中最显著的问题之一是语言输入和输出之间的不均

衡。许多学生在学习过程中往往只关注于对语法、单词和句型的记忆，而忽视了将这些知识转化为实际语言技能的重要性。这种现象有两个主要原因：其一，深度上的不足。即学生掌握的知识点可能在深度上不够充分，未能达到促使质的飞跃所需的量的累积。这意味着学生可能对某个语言点有一定的理解，但对于如何在实际情景中运用这些知识却缺乏足够的练习和深入的理解。其二，广度上的缺失。从广度上看，学生在语言输入（如听力和阅读）方面可能有一定的积累，但在输出（如口语和写作）方面的能力则发展不足。这种不均衡导致学生虽然能理解语言材料，但在实际运用中却不能有效地表达自己的想法。

2. 学生能力两极分化

输入—输出教学模式的应用可能会导致学生之间能力的两极分化。这种分化主要是因为不同学生的学习背景、能力和学习态度存在差异。在这种教学模式下，那些已经具备较好语言基础的学生可能会更快地进步，而基础较差的学生可能会逐渐掉队。为了缓解这种两极分化现象，教师需要密切关注那些学习进度较慢的学生，提供个性化的辅导和支持。此外，教师可以采取分层教学的策略，根据学生的实际能力水平设计不同难度的教学活动，确保所有学生都能在适合自己的水平上取得进步。

3. 教学活动的设计和操作问题

尽管输入—输出教学模式在理论上具有很多优势，但在具体的教学活动设计和操作方面仍存在诸多挑战。这种教学模式要求教师不仅需要掌握语言教学的专业知识，还需要具备一定的技术能力，以便有效地运用各种教学媒介和工具。此外，教师需要能够灵活地调整教学策略，根据学生的反馈和学习进度做出相应调整，以确保教学活动能够有效地促进学生的语言能力发展。

## 三、输入—输出教学模式应用

### （一）基于输入理论的模式应用

在高校英语教学中，克拉申的语言输入假说提供了一种有效的教学策略，旨在通过提供适宜的语言输入来促进学生的语言习得。

1. 实施“i+1”输入策略

高校英语教学应根据克拉申的输入假说实施“i+1”策略。这意味着教学内容和材料应略高于学生当前的语言水平，从而激励他们向更高层次的语言技能发展。例如，教师可以选择略有挑战性但学生能理解的文章、对话和视听材料作为教学内容。这样的材料不仅帮助学生巩固已有知识，还能引导他们探索更复杂的语言结构和词汇。在课堂上，教师可以通过讲故事、讨论和互动活动的方式，提供丰富的、与学生生活经验和兴趣相关的语言输入，以增强学生的参与度和学习动力。

2. 创建自然语言环境

为了更好地实现语言输入假说，高校英语教学应注重创造一个自然的语言学习环境。这种环境应模拟真实的语言使用场景，让学生在实际交流中学习和使用英语。例如，设置模拟商务谈判、旅游导游等情景，让学生在角色扮演中运用英语进行交流。此外，将英语电影、电视剧、新闻节目等多媒体材料作为教学资源，可以增强学生的语言理解能力和文化背景知识。通过这些活动，学生不仅能学习到语言本身，还能理解语言背后的文化和情感因素，从而全面提升他们的语言能力和文化理解力。

（二）基于输出理论的模式应用

斯温的语言输出假说在高校英语教学中的应用强调了语言产出的重要性，并提出了如何在教学中有效地结合语言输入和输出的方法。以下是对这一假说在高校英语教学中应用的分析。

1. 强调语言产出活动

高校英语教学中应重视语言产出活动，如口语表达和写作练习。这些活动能促进学生对所学语言知识的应用和巩固，帮助他们提高语言的流利性和准确性。例如，教师可以安排课堂讨论、模拟面试、角色扮演等活动，让学生在真实或模拟的交际情景中运用语言。此外，定期的写作练习和项目报告也是有效的输出方式，即要求学生将所学知识转化为实际的语言产出，从而提高语言综合运用能力。

2. 促进认知过程的转换

教师应设计教学活动，使学生在语言输入和输出中实现认知过程的转换。在输入过程中，学生通过阅读、听力等活动获取信息并理解内容。教师可以通过提问、小组讨论等方式，激发学生对语言形式的关注，引导他们从意义的理解转向句法和词汇的分析。在输出过程中，学生需要用自己的话复述、解释或扩展所学内容，这一过程迫使他们更加关注语言的准确性和适当性，从而加深对语言结构和词汇的理解。

3. 结合输入与输出的协调

在高校英语教学中，教师应有效协调语言输入和输出的平衡。一个理想的教学环境是，学生在接受丰富的语言输入后，有足够的机会进行语言输出。例如，教师可以在学生完成阅读或听力任务后，安排相关的口头或书面表达活动。这种结合输入与输出的教学模式不仅增强了学生的语言理解能力，还提升了他们的语言应用能力。

# 第五章　高校英语教学方法与创新应用

## 第一节　高校英语项目式教学法

### 一、项目式教学法理论支撑

项目式教学法源自多种教育理论，其中包括需求分析理论、发现学习理论和多元智能理论。这些理论的应用和融合使得项目式教学法在实践中更能体现出其教育价值。

（一）需求分析理论

1. 需求分析理论主要内容

需求分析理论是一种深入理解和响应学习者需求的方法论，它在教育领域尤其重要，可以帮助教师设计更加贴合学生实际需要的教学活动。

（1）需求分析理论的基本概念。需求分析起源于经济领域，主要用于市场分析和消费者需求研究，20 世纪中期逐渐扩展到教育领域。这种分析主要涉及收集和整理数据，旨在识别和理解特定群体或机构的需求。它是一个系统的过程，涉及实证调查、数据收集和诊断分析。其核心在于识别现实状况与期望目标间的差距，并探索解决问题的具体方法。需求分析的主要目的是通过理解学习者的具体需求，找到教育实践中存在的差异，并针对性地设计解决方案。

（2）需求分析理论在教育领域的应用。在教育领域，需求分析是识别和满足学习者需求的重要工具。这种分析涉及多个方面：物质条件（如学习环境、材料、时间）、心理条件（包括学习兴趣、动机、教育心理学需求）、知识技能条件（现有知识水平、学习策略和方法）以及支持条件（教师、学校等资源）。需求分析帮助教育者了解学生的学习需求，包括他们的兴趣、动机和所需的支持系统，从而使教学内容更具针对性和实效性。

2. 需求分析理论在项目式教学法中的应用

项目式教学法中的需求分析理论是关键的理论支撑，应确保教学内容和活动能够有效地响应学习者的实际需求和兴趣。以下是对需求分析理论在项目式教学法中应用的分析。

（1）学习需求分析的重要性。在项目式教学法中，对学习者需求的准确分析至关重要。这种分析不仅涉及物质条件（如学习环境、资源和时间安排），还包括心理条件（如学习者的兴趣、动机和心理需求）、知识技能条件（如学习者当前的知识水平和学习策略）以及支持条件（如教师和学校的支持）。通过全面分析，教师可以了解学习者的具体需求和缺陷，从而更精准地设计教学内容和活动，以满足学习者的需求。

（2）设计和规划解决方案。项目式教学法依赖于需求分析而设计和规划有效的教学方案。这种分析有助于揭示学习者实际情况与期望目标间的差距，使教育工作者能够针对性地制定对策，缩小这些差距。例如，分析显示学生在某一领域的知识或技能有所欠缺，教师就可以通过相应的项目设计来弥补这些缺陷，如开展特定的研究项目、案例研究或实践活动。

（3）提高教学的针对性和实效性。在项目式教学法中，需求分析确保了教学活动的针对性和实效性。通过深入了解学生的学习需求，教师能够设计出更加贴近学生实际需求的教学计划和项目。这种教学方式不仅满足了学生掌握实用语言技能的需求，还能够帮助他们在实际生活和工作中有效运用所学语言。因此，项目式教学法通过需求分析能够使教学活动更具有实际意义，更加符合学生的个性化和多样化需求。

### （二）发现学习理论

1. 发现学习理论主要内容

布鲁纳的发现学习理论是一种以学生主动探究和发现为核心的教育模式。该理论吸收了格式塔心理学和皮亚杰发展心理学的精华，强调学生通过自我探究来获取知识，而不是简单地接受教师的知识灌输。

（1）学习过程的重要性。布鲁纳认为学习的过程比结果更为重要。在发现学习中，学生通过自己的努力探索和发现知识，这些自我发现的知识才真正属于学生自己。他强调，教育的目的不仅是让学生记住教师讲授的或教科书上的内容，更重要的是培养学生探索和发现知识的能力。这种学习方式能够培养学生的智力，促进他们在思考和问题解决能力方面的成长。在发现学习的过程中，学生被鼓励运用自己的直觉思维，发挥想象力，从而拓展思维空间，获取更多知识。

（2）直觉思维的作用。布鲁纳特别强调直觉思维在发现学习过程中的重要性。他认为，学生在学习过程中应该避免单纯依赖逻辑思维，而应该运用丰富的想象力，这可以帮助他们开启学习的新视角。尽管直觉思维不一定总能导致正确的答案，但它能够有效激发学生的心智活动，成为发现新知识的起点。通过这种思维方式，学生可以在探索和学习过程中享受到更多的心理满足和智力挑战。

（3）内在动机的重要性。布鲁纳认为，内在动机是推动学生学习活动的关键。他认为发现学习能够最大限度地激发学生的好奇心，而好奇心是内在动机的基础。布鲁纳反对使用外在的、强制性的手段激励学生学习，而是主张通过激发学生的学习兴趣来调动他们的积极性。他认为，只有当学生的内在动机被激发时，学习才富有成效。因此，在教学过程中，教师应致力于创造激发学生好奇心和兴趣的学习环境，帮助学生发现学习的乐趣，从而自然而然地投入到学习过程中。

2. 发现学习理论对项目式教学法的启示

布鲁纳的发现学习理论为英语项目式教学法提供了深刻的启示，强调学生在学习过程中的积极参与和自主发现，这对于英语教学尤为重要。

（1）重视过程而非仅仅是结果。在英语项目式教学中，布鲁纳的理论提示教师应重视学生在探索英语知识过程中的体验。学生通过参与具体项目，如角色扮演、实地调研或小组讨论等，不仅能学习到英语语言知识，更重要的是能在实践中锻炼他们的思维能力和解决问题的技巧。例如，通过设计一个以英语为中心的文化节目，学生不仅能学习特定的语言技能，还能深入理解不同文化背景下的语言使用。

（2）鼓励直觉思维和创造性思考。布鲁纳鼓励的直觉思维在英语项目式教学中至关重要。教师可以设计开放式的问题或情景，激发学生的创意和想象力，引导他们跳出传统的思维模式。例如，在学习一种文化习俗时，让学生通过角色扮演或创作短剧来探索和表达这种文化的独特性。这种活动不仅能激发学生的好奇心，还能促进他们在真实语境中使用英语。

（3）强调内在动机的激发。布鲁纳指出，内在动机是学习的驱动力。在英语项目式教学中，教师应通过吸引学生的兴趣来激发他们的内在动机。例如，可以让学生选择自己感兴趣的话题进行项目研究，或者通过参与国际交流项目来提高他们的学习热情。当学生对学习内容感兴趣时，他们更有可能投入更多的精力和热情。

### （三）多元智能理论

#### 1. 多元智能理论主要内容

加德纳的多元智能理论提出了对人类智能的全新理解，强调了智能的多样性和个体差异。在这个理论框架下，智能被视为解决问题的能力，表现为特定情景中的创造性和适应性。

（1）智能的多样性与个性化。加德纳区分了八种主要的智能类型：语言智能、逻辑—数学智能、空间智能、音乐智能、身体—运动智能、内省智能、人际交往智能和自然观察智能。每种智能都具有独特的表现形式和应用领域。这一观点颠覆了传统的智能理解，即智能是一种单一、不可分割的能力。在多元智能理论中，每个人都被视为具有多种智能，而这些智能的发展水平和组合方式因人而异，强调个体在不同智能领域的独特性和潜力。

（2）教育的个性化与多元化。多元智能理论对教育实践产生了深远的影响。它要求教育工作者认识到每个学生的独特智能组合，避免用统一的标准来衡量所有学生。在教学方法上，应采用多元化的策略，以适应不同学生的智能特点和学习需求。例如，对于具有较强音乐智能的学生，可以通过音乐和节奏来辅助其学习语言或其他科目；而对于具有较强空间智能的学生，可以通过图形、模型和空间想象来促进其学习。

（3）智能本位评价与情景化评估。加德纳提倡的“智能本位评价”方法强调在评估学生时应考虑其多元智能的表现。这种评价方法倡导使用更加全面和多样化的评估工具，而不仅仅依赖传统的书面测试。情景化评估是将学生置于实际或模拟的情景中，观察他们如何运用各种智能解决问题，这样的评估更能准确地反映学生的真实能力和潜力。

（4）全面发展与潜能挖掘。多元智能理论还强调教育的目标不应仅仅是培养全面发展的人才，而应根据每个学生的特点和兴趣，帮助他们找到最适合自己的发展方向。教师应从学生的本真角度出发，关注他们的潜力和兴趣，通过合作学习、反思性学习和富有创造性的课堂活动来激发学生的多元智能。这种教学方法不仅能提升学生的学习兴趣和积极性，还能帮助他们在各自擅长的领域内实现个性化发展。

2. 多元智能理论对项目式教学法的启示

加德纳的多元智能理论对英语项目式教学法的启示是深远和多维的。这一理论不仅改变了对智能的传统理解，也为英语教学提供了新的视角和方法。

（1）个性化教学与学习者多样性。多元智能理论强调每个学生都有其独特的智能组合和学习风格。在英语项目式教学中，这意味着教师应识别和尊重学生的个性化需求和能力。例如，对于具有较强语言智能的学生，教师可以设计更多基于文本和语言表达的活动；对于具有较强音乐智能的学生，可以通过歌曲、韵律和音乐活动促进其英语学习。通过这样的个性化教学方法，学生能够在适合自己的智能领域内更有效地学习和发展。

（2）项目式教学的多元化设计。项目式教学应设计多样化的活动，以满足不同智能类型的学生需求。这包括组织多种形式的学习活动，如小组讨论、角色扮演、案例分析、实地考察等，以适应不同智能类型的学生。例如，组织一次以英语为主题的文化节，可以让学生通过表演、展览、演讲等方式展示他们的学习成果，同时激发他们的内在动机和创造力。

（3）评估方式的多元化。在多元智能理论的指导下，项目式教学的评估方式应多样化。传统的书面测试和口头考试不应成为唯一的评估工具。相反，教师应使用更全面的评估方法，如学生的项目工作、小组讨论表现、创意作品、自我评价等，来衡量学生的英语能力和项目学习的效果。这种多元化的评估方法可以更全面地反映学生的英语综合能力，特别是在实际运用中的表现。

## 二、项目式教学法概念分析

项目式教学法是一种以学生为中心、以项目为核心的教学模式，其核心理念在于通过实际项目的实施，使学生在真实或模拟的语境中主动学习、探究和解决问题。这种教学方法不仅注重知识的传授和技能的培养，还强调个人素质的提升和综合能力的发展。

### （一）项目设计的原则和目的

在项目式教学法中，教师的角色是项目设计者和引导者。项目的设计需要紧密结合课程目标，围绕学生的兴趣、需求和实际能力而制定。每个项目都应当具有明确的学习目标、实际的应用背景和具体的操作步骤。项目的设计旨在通过实际操作和问题解决的过程，让学生获得深入的知识理解，提升他们的批判性思维、信息处理、团队合作和创新解决问题的能力。

（二）学生参与的方式和过程

项目式教学法强调学生的主动参与和自主学习。学生在项目实施过程中，不仅是知识和技能的学习者，更是问题解决者和创新者。他们需要在教师的引导下，通过团队合作或个人努力，收集和分析信息，提出解决方案，并将其实践应用。在这个过程中，学生能够学会如何独立思考、如何有效沟通、如何协作解决问题，这些技能对他们未来的学习和职业生涯具有重要意义。

（三）评估和反馈

项目式教学法的评估不仅仅关注最终的成果，更重视学生在项目实施过程中的表现和成长。评估方式多样，包括同伴评价、自我评价、教师评价等。这些评估不仅涵盖了学生对知识的掌握程度，还包括团队合作、问题解决能力和创新思维等方面。项目的评估和反馈机制有助于学生认识到自己的优势和不足，从而在后续学习中不断改进和提升。

## 三、项目式教学法主要特点

项目式教学法作为一种现代教育理念和实践，其主要特点体现在以下几个方面。

（一）以学生兴趣为中心，结合实际生活主题

项目式教学法强调以学生的兴趣和需求为中心，选择与实际生活紧密相连的项目主题。这种方法不仅使教学内容更具实际意义，而且能有效激发学生的学习兴趣和主动性。通过将学习内容与日常生活相结合，学生能更加深入地理解知识的实际应用，从而提高解决实际问题的能力。例如，在学习外语时，可以选择与学生日常生活相关的主题，如环境保护、文化交流等，让学生在探究和讨论这些主题的过程中学习和应用外语。

（二）强调团队合作与个人独立性

项目式教学法要求学生进行团队合作，但同时注重个人的独立性和自主性。在团队合作中，学生通过共同讨论、分工合作，培养了团队精神和沟通协调能力。而在独立性和自主性的培养方面，学生被鼓励根据自己的兴趣和能力，独立设计和实施项目，从而培养自主学习和批判性思维能力。

（三）注重语言综合能力的培养

虽然项目式教学法在外语教学中尤为重要，但它不仅限于语言技能的培养。这种教学法还强调综合能力的提升，如信息收集和处理、创造性思维、问题解决等。学生在项目实施过程中，需要运用多种技能和知识，这有助于他们全面发展。

（四）过程与结果并重，反馈与评价机制

项目式教学法强调学习过程和结果的双重重要性。教师不仅关注学生是否完成了项目任务，也重视他们在学习过程中的表现和成长。评估方式多样化，包括项目完成情况、团队合作过程、个人贡献等。此外，项目完成后的反馈和评价对学生而言极为重要，它帮助学生认识到自己的长处和短板，从而指导他们在未来的学习中不断进步和改进。

## 四、项目式教学法重要意义

项目式教学法在现代教育改革中的重要性体现在多个方面，与新课程改革提倡的“自主、合作、探究”的学习理念密切相关。以下是项目式教学法重要意义的具体分析。

（一）促进学生从被动接受者到主动探究者的转变

项目式教学法根据新课程改革的要求，打破了传统的“填鸭式”教学模式，使学生从被动的知识接受者转变为主动的知识探究者。在这种教学模式下，学生被鼓励主动选择学习资源、提出问题并寻求解决方案。这种主动学习的过程不仅使学生更加深入地理解知识，还能激发他们的创造力和批判性思维能力。例如，在英语学习中，通过设计与现实生活紧密结合的项目，学生能在实际语境中运用英语，提升其语言运用能力。

（二）提供开放式和综合性的学习内容

项目式教学法提供的学习内容通常是开放和综合的，覆盖多个学科领域，这要求学生具备广泛的知识基础和多元化的思维模式。在处理复杂、跨学科的项目时，学生必须整合不同领域的知识和技能，这不仅增强了他们的综合素质，也提高了他们解决问题的能力。例如，一个关于环境保护的项目可能涉及生物学、地理学、政治学等多个学科的知识。

（三）促进合作学习与个人独立思考的平衡

项目式教学法鼓励学生既进行个人独立学习，也参与团队合作。这种多样化的学习方式有助于学生在合作中学会交流、分享和团队协作，同时在独立学习中发展自主性和独立思考能力。通过团队合作，学生能在实践中学习如何有效沟通和协作，培养团队精神和领导能力。

（四）提升学习的灵活性和自由度

在数字化和网络化的时代背景下，项目式教学法可利用各种在线资源和工具，使学生能够不受时间和地点的限制进行学习。这种灵活的学习方式扩展了学习资源和渠道，使学习更加个性化和自主化。例如，学生可以通过网络平台参与国际合作项目，进行跨文化交流和学习。

## 五、项目式教学法设计与实施

（一）项目式教学法设计

项目式教学法在设计时需要遵循一系列的原则，以确保教学活动的有效性和学生学习的全面性。

1. 可行性原则

项目式教学法的设计必须考虑到学生的实际水平和可行性。这意味着，项目的设计应与学生的语言水平、认知能力和兴趣相匹配。在设计项目时，教师需要确保项目目标是学生能够在有限的时间内实现的。例如，设计一个英语项目，如“在社交媒体上进行文化交流”，教师应确保学生有足够的语言能力和技术知识进行此类活动。同时，项目的内容应充分激发学生的兴趣和参与度，例如，可以让学生选择自己感兴趣的国家文化进行研究和分享。

2. 启发性原则

项目式教学法的设计应具有启发性，能够激发学生的好奇心和探究欲。教师在设计项目时，应提出具有挑战性的问题，引导学生进行深入思考和探索。例如，在一个关于环境保护的项目中，教师可以要求学生探索和讨论全球变暖的影响，以及如何用英语表达他们的观点和解决方案。此类项目不仅促进学生对英语的使用，还培养他们的批判性思维和问题解决能力。

3. 整合性原则

项目式教学法的设计应强调知识和技能的整合。项目应设计得能够使学生在完成任务的同时，也能整合和运用所学的多种语言技能和知识。例如，一个关于国际新闻报道的项目可以要求学生使用英语收集信息，编写报告，并进行口头演讲。这样的项目不仅锻炼了学生的英语阅读、写作和口语能力，还提高了他们的信息处理能力和演讲技巧。

### （二）项目式教学法实施

#### 1. 项目规划与设计

项目式教学法的首要实施步骤是“项目规划与设计”。在这一阶段，教师的主要任务是根据课程的教学目标和学生的实际需求，精心设计和规划项目的内容和流程。这一过程要求教师不仅具备创新思维，而且对教学目标、学生需求以及选定的主题有深入的理解和准确的把握。

（1）选择与设定项目主题。选择项目主题是项目规划的关键步骤，这需要教师结合教学目标、学生兴趣和实际生活背景进行综合考虑。例如，若教学目标是提升学生的跨文化交际能力和英语口语水平，教师可以选择“全球文化节日”作为项目主题。在此基础上，学生可以进行小组分工，每个小组研究并介绍一个特定国家的文化节日，然后用英语进行汇报和讨论。

（2）设计与规划具体环节。在确定了项目主题后，教师需要设计具体的学习环节和活动。这些活动应能够引导学生深入探究主题，同时促进他们运用英语进行有效沟通。以“全球文化节日”为例，教师可以规划以下环节：首先，通过视频、文章等材料引入主题，激发学生兴趣；其次，分组让学生进行信息收集和资料整理；再次，进行小组讨论，形成具体的汇报内容；最后，进行英语演讲和展示，展示各小组的研究成果。

（3）制定项目评估的标准。为了确保项目的顺利实施和有效学习，教师需要制定明确的评估标准。这些标准应涵盖项目的各个方面，如内容的准确性、语言的流畅性、合作能力的展现等。对于“全球文化节日”项目，评估标准可以包括对文化信息的准确理解、英语表达的清晰度、团队合作的表现，以及创意和原创性等。

#### 2. 团队建设与角色分配

（1）自主建队。学生根据个人兴趣和特长自主组建团队，这一过程鼓励学生发挥主动性和选择性。在小组组建完成后，团队成员根据自己的优势和偏好分配角色。例如，一名擅长沟通和组织的学生可以担任团队领导，而对收集和分析信息有特长的学生可以承担研究员的角色。这样的分工既能确保每个学生在项目中发挥自己的特长，也能提高团队的整体效率。

（2）制订与执行协作计划。在明确了各自的角色和职责后，团队需要共同制订一个详细的协作计划。这个计划包括确定项目的研究问题、策划具体实施步骤、设定项目完成的时间表以及预测和规避可能出现的问题。在执行过程中，每个成员都要按照计划进行工作，同时保持与团队的有效沟通。例如，在处理“全球文化节日”项目时，团队成员需要共同决定如何收集和整理有关不同文化节日的信息，如何设计和编写演讲稿，以及如何进行最终的演讲准备。

（3）收集信息与共享信息。在团队协作中，信息的收集和共享至关重要。学生可以通过多种途径收集信息，如网络资源、图书馆资料、新闻报道甚至专家采访等。收集到的信息需要进行系统的整理和分类，以便团队成员能够方便地访问和使用。例如，可以利用在线协作平台，如 Google Drive 或 Trello，共享资料和进度更新，确保团队成员之间的信息流通和协调。

3. 成果展示与多维评价

在项目式教学法的实施中，“成果展示与多维评价”是至关重要的环节。这一阶段不仅是对学生学习成果的展示，也是对整个学习过程的回顾和评估，对于学生的学习成长和教师的教学改进均具有重要价值。

（1）展示和交流成果。在项目式教学法最后的实施阶段，学生需要将他们的项目成果进行展示。这可以通过各种形式进行，如在课堂上进行口头报告、制作海报或者制作数字展示等。例如，学生团队完成了一个关于“环境保护”的项目，他们可以通过制作一段视频或者 PPT 展示他们的研究成果和观点。在展示的过程中，鼓励学生使用英语进行表达和交流，这不仅能提高他们的语言技能，还能增强他们的自信心。同时，展示环节还包括对项目成果的讨论和交流，学生可以提问、评论和反馈，通过这样的互动，加深对项目主题的理解和对学习内容的掌握。

（2）创建多维度的评价体系。评价是项目式教学的关键部分，它涉及多个主体和多种方式。教师应进行专业的评价，对学生的语言运用、项目内容和团队合作等方面进行综合评估。同伴评价也十分重要，学生之间可以相互评价，提供有建设性的反馈。同时，鼓励学生进行自我评价，反思自己在项目中的表现，认识到自己的优势和需要改进的地方。还可以引入外部专家或其他班级的学生进行评价，这可以提供更多的视角和反馈。

（3）评价的功能与目的。评价的主要目的是促进学生的学习和成长。通过评价，学生可以了解到自己的学习成果和存在的不足，从而更好地规划未来的学习路径。评价结果应被用作促进学生持续学习和改进的工具，而不仅仅是对学习成果的简单判断。有效的评价应能激发学生的自主学习意愿，提高他们的学习动力。在完成评价后，教师应根据学生的表现和反馈进行教学反思，以改进未来的教学活动。学生应该根据评价结果对自己的学习策略和方法进行调整，以实现更高效的学习。

## 第二节　高校英语任务型教学法

### 一、任务型教学法理论支撑

任务型教学法的理论根基可以追溯到心理语言学家维果茨基的理论。维果茨基的理论深刻影响了任务型教学法的形成和发展，特别是他关于学习的社会性和个体与他人之间互动在语言习得中的作用。[①]

（一）社会互动在语言学习中的作用

维果茨基认为，学习是一个社会性过程，个体通过与他人的互动来发展其认知能力。在任务型教学法中，这一理论体现在学生通过合作完成特定任务的过程中。在这种教学模式下，学生不是被动地接受知识，而是通过与同伴的互动和协作，共同解决问题。这种互动过程不仅有助于学生的语言能力提升，也促进了他们的社会和交际技能。

（二）文化知识的内化和语言发展阶段

维果茨基的理论还强调文化知识的内化过程，即个体首先通过社会互动获得知识，然后将其内化为个人的知识。在任务型教学法中，这一过程体现为学生首先在社交环境中接收和处理信息，然后通过内化这些信息来提高其语言技能。这一理论也说明了教师在学生学习过程中的重要性，他们不仅是信息的提供者，更是学生学习过程中的引导者和协助者。

（三）思维能力与语言的关联

维果茨基认为语言是思维的工具，他提出儿童语言发展的三个阶段。在任务型教学法中，这一理论被用来设计教学活动，旨在培养学生的语言思维能力。通过任务型学习活动，学生被鼓励使用语言表达思想、观点和解决方案。这种学习方式使语言不仅仅是交流的工具，更是思维和学习的

① 维果茨基［EB/OL］. http：//baike.baidu.com/item/ 维果茨基 /6131992.

媒介。

## 二、任务型教学法内容分析

任务型教学法的核心理念和关键特征在现代语言教学中扮演着重要角色，其观点内容可从以下方面进行阐述。

### （一）任务的定义和特征

任务型教学法中，“任务”被定义为具有特定目标的工作或活动，这些活动通常以意义为导向，旨在解决某个特定的交际问题。根据克鲁克斯、坎德林和努南等的定义，有效的“任务”应符合以下条件：与相关的现实社会活动相联系，重点是完成任务本身，以及按结果进行训练。这种定义排除了单纯的语言结构练习和对语言规则的归纳教学法。任务的设计需紧密联系现实生活中的语言需求，以促进学生在实际环境中的语言使用和结构的发展。

任务型教学法还要求教师在设计任务时须考虑其适应性和递进性。任务应根据学生的学习阶段和能力水平逐渐提高难度，从简单到复杂，从熟悉到陌生。这样的递进设计有助于学生逐步建立信心，逐渐提高他们的语言能力。同时，任务应具备一定的灵活性，能够根据学生的反馈和学习进展进行调整和优化。

### （二）任务的设计和执行

任务型教学法中任务的设计和执行是教学过程的核心，对于促进学生英语学习效果至关重要。设计任务时，教师需要充分考虑任务的实际性和相关性，确保任务与学生的生活经验、兴趣和未来需求紧密相关。例如，设计一个与环保、健康生活或者国际文化交流相关的项目，这些话题不仅贴近学生的日常生活，而且能够激发他们对全球议题的兴趣和思考。在执行任务时，重要的是鼓励学生通过各种交际活动，如小组讨论、角色扮演、演讲、写作等共同构建和理解意义。

任务的执行不仅是对学生英语能力的实际检验，也是对他们协作、解决问题和创新思维能力的培养。在任务执行过程中，教师应扮演引导者和协助者的角色，而非传统意义上的知识传递者。教师应鼓励学生自主探索、相互协作，并在必要时提供适当的指导和支持。例如，在进行一个关于文化差异的项目时，教师可以引导学生从多种渠道获取信息，鼓励他们用英语讨论和呈现他们的发现，并就他们的观点和理解提供反馈。

（三）任务难度的考量

在任务型教学中，适当的任务难度是确保学生有效学习的关键。任务难度应与学生的语言水平、认知能力和学习动机相匹配。如果任务太简单，学生可能会感到无聊，缺乏学习动力；而任务过于复杂，可能使学生感到沮丧，影响学习效果。因此，教师在设计任务时需要综合考虑学生的能力和需求，确保任务既具有挑战性，又在学生的能力范围之内。

在考虑任务难度时，教师需要平衡三个方面的要求：语言的复杂性、认知的复杂性和交际的紧张度。语言的复杂性主要涉及任务中使用的语言结构，如语法和词汇的难易程度。对于低水平的学生，教师可以设计一些语法结构简单、词汇量较少的任务，而对于高水平学生，可以引入更复杂的语言结构和丰富的词汇。认知的复杂性关注任务在思维层面的挑战。例如，某些任务可能要求学生进行分析、评估或创造性思考。对于初学者，可以从简单的记忆和理解任务开始，逐渐过渡到更高层次的认知任务。交际的紧张度涉及任务的社交和时间压力。例如，在模拟面试或辩论等活动中，学生需要在有限的时间内用英语进行有效的沟通。

（四）任务参与者的特征

任务型教学法中，考虑任务参与者的特征是至关重要的。学生们的个性、兴趣、学习风格、能力水平，以及他们之间的关系，都直接影响着任务的执行效果和学习成果。教师在设计和分配任务时，需要充分考虑这些因素，以确保每个学生都能在合适的环境中学习和成长。

学生的个性差异会影响他们在团队中的角色和贡献。例如，外向的学生可能更适合在小组讨论中发挥领导作用，而内向的学生可能更擅长独立工作或在小组中承担更细致的任务。了解学生的个性特点可以帮助教师合理安排任务，使每个学生都能在适合自己的位置上发挥最大的潜力。学生的兴趣和学习风格对他们的学习动力和效果有着显著影响。教师应通过观察、问卷调查或与学生的交流了解他们的兴趣所在，然后根据这些信息设计任务。例如，对科技感兴趣的学生可能更喜欢参与与科技相关的项目，而对艺术感兴趣的学生可能更愿意参与与创意写作或设计相关的任务。

学生的能力水平也是一个重要考量因素。教师需要确保任务难度与学生的能力相匹配，既能挑战学生，又不至于让他们感到沮丧。在分组时，可以考虑将不同能力水平的学生混合在一起，以便他们可以互相学习和互补。考虑学生之间的关系对于促进有效团队合作也至关重要。熟悉的学生更容易进行有效的沟通和合作。但同时，也可以通过故意将不熟悉的学生组合在一起，来促进新的社交关系的建立和团队合作技能的提升。

（五）过渡性和桥接作用

任务型教学法的过渡性和桥接作用在于它能够有效地将学生的母语能力与新学习的语言技能连接起来，这对于学习第二语言或外语的学生来说尤为重要。这种教学方法通过设计与学生日常生活和兴趣密切相关的任务，使学生在熟悉的语境中自然地学习新语言。这种桥接不仅限于语言知识的传递，更关键的是在于学生能力的转化和提升。

例如，当教师设计一个围绕学生日常生活的任务时，如计划一次虚拟旅行或者组织一场主题晚会，学生不仅能够使用他们熟悉的语言进行思考和计划，而且能够学习和运用新的语言表达他们的想法和计划。在这个过程中，学生所熟知的背景知识和文化元素成为他们学习新语言的支撑，帮助他们更容易理解和吸收新知识。这种结合了母语和第二语言能力的学习方式，不仅提高了学习的效率，而且增强了学生对新语言学习的兴趣。

## 三、任务型教学法主要优势

任务型教学法作为一种现代教学方法，在英语教学中具有显著的优势。

（一）激发学习动力和积极性

任务型教学法通过设置贴近学生生活的真实场景和具体问题，激发学生的学习动力和积极性。这种方法使学生在完成具体任务的过程中积极使用语言，从而实现知识和技能的综合应用。学生通过解决实际问题，不仅获得语言知识的运用机会，还能体验到学习的成就感和乐趣，从而增强了他们的学习动机和投入度。

（二）促进师生角色的转变

在任务型教学法中，教师的角色从传统的“知识传递者”转变为“学习引导者”和“合作伙伴”。教师更多地扮演指导、协助和评价者的角色，指导学生如何高效利用资源，协助学生解决在学习过程中遇到的困难，以及在项目结束时进行合理评价。同时，学生的角色从被动的接收者转变为积极的参与者和协作者，他们需要主动探索、解决问题，并在任务完成后进行自我反思和评价。这种角色转变有利于学生自主学习能力和合作能力的提升。

### （三）增强学习效果的持续性和深度

任务型教学法强调过程和结果的综合评价，不仅关注学生完成任务的结果，更重视学生在任务完成过程中的表现和体验。这种形式的评价更全面地反映了学生的综合能力，包括语言技能、解决问题的能力、团队协作能力等。通过形成性评价，学生的学习不仅仅局限于课堂，而变成一个持续性的、深入的过程。学生在完成任务的过程中，不断自我评估和调整学习策略，从而达到更深层次的语言理解和应用。

### （四）提供多样化的教学载体

任务型教学法打破了传统以教材为主的教学模式，提供了更加丰富和多样的教学载体。这些载体不仅包括教材内容的创新使用，还涵盖了基于学生生活和兴趣的项目活动。这种方式使得教学更加生动有趣，更能吸引学生的注意力。例如，教师可以结合当前的社会热点话题设计任务，让学生在探讨和研究过程中自然而然地学习和使用英语。此外，通过网络资源和现代科技的融合，教师能够为学生提供更为广泛和深入的知识体验，丰富他们的学习内容。

### （五）帮助练习语言输入和输出

任务型教学法不仅关注语言的输入，更强调语言的输出和应用。这种教学模式通过具体任务的完成，促进学生对语言知识的理解和运用。在完成任务的过程中，学生不仅需要理解和吸收新知识（输入），还需要在实际情景中运用这些知识（输出），如通过小组讨论、报告演讲或者写作等。这种教学模式让学生在实际的语言环境中练习英语，提高了他们的语言实际应用能力。同时，通过同伴和教师的反馈，学生能够更好地理解自己在语言使用上的优势和不足，有助于提升他们的语言技能。

## 四、任务型教学法设计与实施

### （一）任务前阶段

任务型教学法中的任务前阶段是整个教学活动的基础和起点，它为学生顺利完成后续的任务活动奠定了必要的基础。在这一阶段，教师需要进行周密的准备和详细的介绍，以确保学生对即将执行的任务有清晰的认识和理解。

#### 1. 明确任务目标与内容

在任务的准备阶段，首先需要明确任务的目标和内容。这意味着教师要清楚地向学生阐述任务的目的、所需达成的具体目标以及任务执行的步骤。

这不仅包括对任务本身的描述，还包括对完成任务所需的语言技能和知识点的介绍。例如，在一个设计旅行计划的任务中，教师需要说明任务的目的是提高学生的实际运用语言能力，并具体介绍在旅行计划中可能用到的词汇、表达方式和相关文化知识。这样的准备使学生在执行任务前就对其有了初步的认识和准备。

2. 提供必要的语言支持和资源

在这一阶段，教师需要为学生提供必要的语言支持和资源，以便他们能够在任务中有效地使用目标语言。这包括提供相关的词汇、语法结构和表达模式等。教师可以通过提供样本对话、真实语境的语言材料或互动式练习来帮助学生更好地理解和掌握这些语言资源。这种支持不仅限于语言知识的传授，还包括如何在实际语境中应用这些知识的指导。

3. 激发学生的兴趣和参与意愿

任务前阶段还应着重于激发学生的兴趣和参与意愿。通过设计与学生生活紧密相关的任务主题，教师可以增加学习的吸引力和实用性。例如，可以让学生讨论他们感兴趣的话题或与他们未来职业规划相关的内容。这样的任务设计能够使他们更加积极地参与学习过程。

（二）任务中阶段

任务型教学法的任务中阶段，也就是任务的实施阶段，是学生将之前所学知识和技能应用于实际的关键时刻。在这个阶段，学生通过完成具体任务来综合运用语言技能和其他相关能力。

1. 学生积极参与和实际操作

在这一阶段，学生需要亲自参与到任务中来，积极实施所设计的项目。例如，如果任务是进行一项关于文化差异的调查，学生需要通过访谈、问卷或网络研究来收集数据。这个过程不仅涉及语言的使用，还包括信息收集和处理、数据分析等多方面的技能。教师的角色在这个阶段更多是作为辅导者和顾问，提供必要的支持和引导，而不是主导整个过程。

2. 平衡团队合作与个人责任

任务中阶段强调团队合作和个人责任的平衡。在团队项目中，每个学生都应承担一定的责任并负责自己的部分。例如，在进行一次团队展示的任务中，每位成员可能负责不同的部分，如研究、撰写、设计和演讲。这种分工合作不仅促进了学生间的互动，还能够培养他们的组织协调能力和团队精神。

3. 保证真实性和应用性

任务中阶段的特点之一是强调任务的真实性和应用性。任务应尽可能地接近真实世界的情景，让学生在类似于现实生活的环境中运用语言。例如，教师可以设计模拟商务谈判、旅游规划或社区服务等任务，让学生在类似于实际生活的情景下使用目标语言。这种应用性强的任务设计可以使学生更加深入地理解语言的实际用途，提高他们的语言应用能力。

（三）任务后阶段

任务型教学法的“任务后阶段”是整个教学活动的反思和总结环节，这一阶段对学生的长期学习发展至关重要。

1. 学生任务的呈现与分享

这一环节是学生向同伴和教师展示他们的任务成果。例如，在完成一项关于设计旅游广告的任务后，学生会展示他们的广告作品，并解释他们的设计理念和创作过程。这个过程不仅是对学生创造性思维和语言运用能力的展示，同时也是对他们批判性思维和沟通技巧的锻炼。在这个阶段，教师应该鼓励学生之间的相互反馈，提供一个开放的讨论平台，让学生能够相互学习，理解不同的观点和方法。教师的反馈应该既包括对学生语言运用的评价，也应涵盖对项目内容和呈现方式的评价，从而确保学生多方面发展。

2. 全面的评估与反思

在任务后阶段的评估环节，教师需要对学生的整个学习过程进行全面的评价。这包括对任务完成情况的评价，学生在任务中所展现的合作精神、创造力和批判性思维的评价，以及对他们语言技能运用的评价。评估不仅限于教师的评价，还应包括同伴评价和学生自我评价。这种多角度的评估有助于学生全面了解自己的表现，识别自己的长处和改进的空间。同时，这也是一个重要的反思过程，学生通过这个过程可以回顾和思考他们在任务中的表现，理解哪些做得好，哪些需要改进，并为未来的学习制定策略。

## 第三节　高校英语角色扮演教学法

### 一、角色扮演法理论支撑

角色扮演法作为一种教学方法，其理论基础深受多个学科领域的影响，特别是语言学、心理学和教育学的交叉作用。在语言学领域，乔姆斯基的获得性语言理论和海姆斯的交际能力理论为角色扮演法提供了理论支撑。乔姆斯基的理论强调语言能力是人类特有的、与生俱来的能力，而海姆斯的交际能力理论进一步强调了语言学习者需要具备的能力不仅仅是语言知识，更重要的是使用语言进行有效沟通的能力。这些理论的结合为角色扮演教学法提供了坚实的基础，使之成为一种有效的语言学习方法。

在心理学领域，角色扮演教学法深受人本主义心理学的影响。人本主义心理学提出"以学生为中心"的教学原则，强调教育应关注学生的个体差异、自我实现和全面发展。这一理论强调学生的主动参与和个性化学习，为角色扮演教学法的实施提供了心理学依据。此外，莫雷诺的角色理论也对角色扮演法产生了重要影响。莫雷诺认为，通过角色扮演，个体可以在一个安全的环境中探索和实验不同的角色，这种体验能够促进个人的自我认知和问题解决能力。

在教育学领域，功能主义对角色扮演法也有所贡献。功能主义强调教育应具有实际的应用价值，关注教学活动的实际效果。在这种思潮的推动下，教育研究开始重视互动教学方法的开发，其中角色扮演法是一种重要的互动教学方法。通过模拟真实的社会情景，角色扮演法使学生能够在互动中学习语言和社会技能，提高他们解决实际问题的能力。

## 二、角色扮演法主要内涵

### （一）定义分析

角色扮演法作为一种教学方法，在概念上主要指将学生放置于特定的、通常是虚构的情景中，让他们扮演某个角色并进行相应的语言表达和互动。这种方法允许学生在模拟的环境中尽情地使用目标语言，以便于提高语言的实际应用能力。它基于对话和交流，创造了一个接近真实生活情景的学习环境，使学生可以在其中自然地应用语言。角色扮演法的内涵是多方面的。

1. 语言技能与文化理解的提升

角色扮演法作为互动学习的重要形式，有效地帮助学生通过扮演不同角色来体验多样的社会身份和情景。在这个过程中，学生不仅学习如何在不同的社会环境中运用语言，还能够理解和尊重各种文化背景下的行为模式。这种实践能有效提高学生的语言应用技能，同时深化他们对社会角色和文化差异的认识，进而培养他们的跨文化交际能力和全球化视野。

2. 创意表达与参与动机的增强

角色扮演法在教学中强调学生的即兴创作和个性表达。通过这种教学方式，学生被鼓励在安全、支持的环境中自由地表达自己的想法和情感。这种开放式的教学模式不仅有利于激发学生的创造力和想象力，还能显著提高他们对课程内容的兴趣和参与度。在这个过程中，学生能够探索和发展自己的表达能力，同时增强自信心和自我效能感。

3. 社交技能与团队合作的促进

角色扮演法不仅聚焦于语言技能的提升，还特别强调培养学生的社交能力和团队精神。在这个教学过程中，学生需要与同伴合作，共同解决问题，并在角色扮演的情景中进行有效沟通。这种互动和合作的过程有助于学生学习如何在团队环境中工作，如何妥善处理人际关系和冲突，以及如何共同实现目标。这样的经历不仅提高了他们的合作能力，还增强了他们的沟通技巧和团队意识。

### （二）主要分类

1. 按照形式分类

按照角色扮演的类型，Little wood 把角色扮演分为六种类型。

第一种是“由提示对话控制的角色扮演”，在这类角色扮演中，学生的对话和互动是根据预先设定的提示来进行的。这种方式能够帮助初学者在有限的语言环境中练习特定的对话和表达。

第二种是“由提示和信息控制的角色扮演”，这种类型的角色扮演不仅提供对话提示，还包括相关的背景信息，使学生能够在更加丰富的语境中进行实践。

第三种是“由情景和目标控制的角色扮演”，在这类活动中，学生需要在给定的情景和目标指引下进行角色扮演，这样的方式鼓励学生更加主动地参与到情景中来，运用语言解决实际问题。

第四种是“争论或讨论形式的角色扮演”，它强调在辩论或讨论的过程中进行角色扮演，这种方式特别适用于进阶学习者，能有效提升他们的批判性思维和语言表达能力。

第五种是“大规模的模拟活动”，这类活动通常涉及较大范围的场景模拟，如模拟联合国会议等，参与者需要在这些大型模拟活动中扮演不同的角色，进行全面且深入的交流和协作。

第六种是“即兴表演”，这是一种更为自由和开放的角色扮演形式，要求学生根据当时的情景和角色即兴创作对话和行为，这种方式极大地激发了学生的创造性和即兴反应能力。

每种类型的角色扮演都有其独特的教学价值和适用场景，教师可以根据学生的实际水平和学习需求，选择最合适的角色扮演类型。

2. 按照控制程度分类

国内有学者把角色扮演法分为两类：一类是控制式角色扮演，另一类是自由式角色扮演。控制式角色扮演又分为完全控制式角色扮演和半控制式角色扮演两种。

（1）完全控制式角色扮演。这种类型的角色扮演是最受控制的，它的特点在于情景和语言都是事先设计好的。学生在这类活动中可以通过已经学习的句型和词汇进行表演，减少了即兴发言的压力。这种方式适合初学者和对新语言不太自信的学生，可以帮助他们在有限的语言环境中练习特定的对话和表达。完全控制式角色扮演通常以情景对话的形式出现，教师可以利用此方法检查学生对课堂教学目标的掌握情况。

（2）半控制式角色扮演。这类角色扮演为学生提供一定的情景和角色，但要求学生自己发挥想象来完成表演。这种方式旨在提升学生在给定条件下的语言表达能力，对于那些已经有一定语言基础的学生来说，是非常有益的练习。常见的课堂活动包括课本剧表演等。半控制式角色扮演比完全控制式角色扮演难度更高，因为学生需要深入理解角色，并与其他角色有效互动，创造性地完成角色任务。

（3）自由式角色扮演。这类角色扮演为学生提供了一个基本情景和任务，学生需要完全凭借自己的想象和语言技能来完成表演。辩论是自由式角色扮演的一种形式。这种类型的角色扮演可以极大地激发学生的创造力和语言运用能力。在自由式角色扮演中，学生可以更加自由地表达自己的观点和想法，更接近真实的语言使用环境。教师的角色更多是作为辩论活动的组织者和指导者，为学生提供必要的帮助和指导。

## 三、角色扮演法重要意义

角色扮演法最大的特点是用学生感兴趣的语言材料进行由听到说的练习。

角色扮演法在英语教学中之所以非常有价值，主要是出于以下几个方面的原因。

### （一）激发学生学习兴趣

角色扮演法通过创设各种生动有趣的场景、故事和事件，极大地激发学生的学习兴趣。在这些活动中，学生不再是被动接受知识的对象，而成为主动探索和体验的主体。当学生在角色扮演中扮演不同角色时，他们不仅能够体验到多样的社会角色和情景，还能够在模拟的实际语言使用环境中实践和检验自己的语言技能。这种学习方式使得学生能够在互动和合作中不断挖掘和发展自己的潜能，从而获得更大的成就感。随着参与程度的加深，学生对英语学习的热情也会相应提高，从而有效提升学习效果。

### （二）情感交流与师生互动

角色扮演法提供了一个理想的平台，让师生之间、同学之间可以在一个更为自然和放松的环境中进行情感交流和学习交流。在这个过程中，学生能够感受到被尊重和理解，这种正面的情感反馈有助于建立良好的师生关系和学生间的合作关系。通过共同参与角色扮演的活动，学生之间的互动和合作得以增强，有助于提升课堂气氛，增加彼此的了解，从而加深情感联结。同时，情感的交流也是有效学习的重要组成部分，一个充满活力和积极情感的学习环境能够更好地激发学生的求知欲，提高他们的学习效率和质量。

### （三）增强实际语言运用能力

角色扮演法的一个核心优势在于它为学生提供了大量的实际语言运用机会，特别是在听力和口语方面。通过角色扮演，学生可以在一个更接近真实生活的语境中运用和实践所学的语言知识。这种亲身体验和实践不仅帮助学生将书本上的理论知识转化为实际的语言技能，还提高了他们的语言适应能力和应变能力。在角色扮演中，学生需要根据不同的角色和情景灵活运用语言，这种过程有助于提升他们的语言表达能力和交际能力。此外，这种方法还能够使学生在模拟的真实环境中更容易理解和掌握词汇和句型，从而在实际应用中更自如地使用语言。

### （四）促进想象力和创造力的发展

角色扮演法通过模拟不同的社会角色和情景，极大地激发了学生的想象力和创造力。在这些活动中，学生不仅被鼓励去想象自己处于各种不同的语境中，还被激励去创造性地表达自己的想法和情感。这种自由发挥的空间允许学生在安全和鼓励性的环境中探索和表达自己，从而培养了他们的创新思维和创造性解决问题的能力。角色扮演法提供的这种动态互动体验使学生能够从传统的教科书学习中跳脱出来，通过实践和体验获得更深刻的学习成效。这种方法不仅增加了学习的趣味性，还使得学习过程更具吸引力，更能激发学生的学习动力和参与热情。

（五）提高学生的成就感和自信心

角色扮演法的一个重要意义是它能够有效地提升学生的成就感和自信心。当学生在角色扮演中成功地运用语言进行交流和表达时，他们会体验到一种成就感和满足感。这种成就感来源于他们能够将所学知识应用于实际情景中，并获得积极的反馈。例如，当学生在扮演角色时能够流畅地表达自己的观点，或者在与其他学生的互动中能够有效地沟通和解决问题时，他们会感到自己的语言能力得到了提升。这种体验对于增强学生的自信心和提高他们的学习动力至关重要。通过角色扮演法的实践，学生能够更加自信地使用语言，并在未来的学习和生活中更加积极地应用所学知识。此外，这种方法还帮助学生克服学习中的挫折感和不安，使他们能够更加坚定和热情地投入到学习过程中。

## 四、角色扮演法实战演练

（一）角色扮演法的递进式应用

在英语教学中，角色扮演法的应用通常遵循由控制到放松控制的递进式过程。这种方法的目的在于逐步培养学生的交际能力，让他们能够有效应对真实交际环境中的不确定性和复杂性。在初级阶段，教师通过控制性角色扮演引导学生逐步熟悉基本的交际模式和语言结构。随着学生能力的提高，教师逐渐减少对角色扮演的控制，引导学生在更开放的环境中进行语言实践，以提高他们的应变能力和创造性表达。

在这个过程中，教师需要根据学生的具体情况和课程目标，灵活运用不同类型的角色扮演活动。从完全控制式角色扮演到自由式角色扮演，每一种方式都为学生提供了不同程度的挑战和学习机会。通过这种递进式的教学方法，学生可以逐步从简单的语言应用转移到更复杂和多样化的交际情景中。

（二）情景对话活动的运用

情景对话是角色扮演法中的一种常见应用方式，尤其适用于英语口语教学。在半控制式情景对话中，教师可以为一部分角色提供详细的提示和要求，同时只给另一部分角色提供基本的情景信息。这种设置可以有效训练学生根据特定的刺激条件进行语言表达，提高他们的反应能力和即兴交际技能。在这种活动中，角色扮演者需要根据已知信息发起对话，并引导对话内容，而其他参与者需要灵活应对，做出恰当的语言反应。

对于自由式的情景对话，教师只需提供一个基本情景，让学生完全自由地创造角色和对话内容。这种方式更加强调语言的交际性和真实性，给予学生更广阔的创造空间，允许他们充分发挥个人想象力和创造力。在这种活动中，学生不仅能够练习语言技能，还能够在更真实的交际环境中体验语言的使用，从而更加深入地理解和掌握语言。

（三）设计真实的语言情景

在英语教学中，通过角色扮演法设计真实的语言情景对于提高学生的交际能力至关重要。真实的语言情景能够更好地模拟日常生活中的交际场景，使学生在参与角色扮演时感觉更加贴近实际，从而更容易投入情感和注意力。为了创造这样的环境，教师需要根据学生的实际情况和兴趣选择合适的话题和场景。例如，可以设置在商店购物、旅游咨询、就医交流等情景，让学生在完成特定交际任务的同时，体验语言的实际使用。这种情景设计不仅促进了学生语言技能的发展，还增强了他们解决实际问题的能力。

（四）提供充足的语言输入

为确保角色扮演活动的有效性，教师需要提供充足的语言输入，以帮助学生构建知识框架并为即将到来的交际任务做准备。在角色扮演前，教师应通过多种方式，如课堂讲解、多媒体辅助教学等，向学生提供必要的词汇、句型和语用规则。此外，教师还应鼓励学生通过阅读、听力练习等方式，获取与即将扮演的角色和情景相关的语言及文化知识。这样的语言输入不仅丰富了学生的知识储备，也为他们在实际交际中的自信和流利度提供了支持。

（五）科学的活动反馈

角色扮演活动的反馈环节同样重要。在活动结束后，教师应给予学生及时、准确的反馈，帮助他们认识到自己的优点和不足。反馈应关注学生的语言准确性和流利性，同时要考虑到他们在角色扮演中的创造性和参与度。教师应鼓励学生对自己和同伴的表现进行自我评价和互评，通过这样的过程，学生可以更好地了解自己在语言运用上的强弱点，并在未来的学习中做出相应的调整。同时，教师应关注学生在角色扮演中的情感投入和社交互动，以促进他们在社交和情感层面的发展。

## 第四节　高校英语产出导向教学法

### 一、产出导向法的提出和发展

产出导向法（POA）是由文秋芳（2011）提出的，旨在提升中国英语教育的实用性和有效性。这一教学法经过近几年的发展和完善，已成为推动英语教学创新的重要理论。

#### （一）理论的提出与初步发展

产出导向法最初以“输出驱动假设”作为其理论基础，主张通过产出（如说、写、口笔译等）促进语言输入的吸收和内化。这种方法强调学生通过实际的语言产出活动，来巩固和扩展其语言知识，进而提升语言运用能力。文秋芳提出这一理论的初衷是解决中国英语教学中普遍存在的“哑巴英语”现象，即学生虽有一定的语言知识，但缺乏将知识转化为实际交流能力的实践。

#### （二）理论的进一步发展和实践应用

随着理论的深入和实践的广泛，产出导向法逐渐发展为“输出驱动—输入促成假设”。这一阶段，理论开始关注教师在教学过程中的作用，强调教师应引导学生将输出作为促进输入的手段。产出导向法在这个阶段更加强调学生的参与度和实践性，倡导通过真实、有意义的语言使用场景，激发学生的语言产出动力，从而有效促进语言输入的理解和吸收。

产出导向法的核心在于平衡教师引导和学生主动参与的关系，以及在教学活动中创造更多真实语境的机会，从而提高学生的语言实际应用能力。在教学设计上，教师应根据学生的需求和兴趣，设计与现实生活和职业需求紧密相关的任务，使学生在完成任务的过程中能够体验到学习的价值，并通过反馈和讨论不断提升语言运用能力。

### 二、产出导向法的教学理念

教学理念在教学领域的作用，犹如罗盘对航海者的重要性一样，它不仅为教师提供了明确的教学方向，还融合了教学目标、教学内容以及学生需求，激发学生的学习热情和主动探索精神。它也像是教师的多功能工具箱，提供了一系列多样化和个性化的教学策略与方法，丰富教学过程。在学生评价方面，教学理念就如同一把衡量尺，引导教师进行全面、客观的评估。因此，恰当且合理的教学理念是确保教学流程顺畅并最大限度促进学生发展与进步的关键。产出导向法的教学理念包括“学习中心说”“学用一体说”“文化交流说”和“关键能力说”。“学习中心说”和“学用一体说”主要指导教学流程；“文化交流说”突出了文化在语言学习中的重要性，为选择和制定教学内容提供依据；“关键能力说”为学生能力的全面发展提供了一个框架，具体化教学和人才培养目标，增强目标的可测量性。

（一）学习中心说

学习中心说的核心理念是将学生的学习需求和学习效果放在教学活动的核心位置，而非仅仅强调学生在教学过程中的主导角色。这一理念的提出，是对长期以来主导中国外语教学领域的“教师中心说”和随后兴起的“学生中心说”的一种调整和补充。与“学生中心说”相比，它更注重教学过程的实际效果和学生的实际收获，而非仅仅关注教学方法的选择和学生在课堂上的主导地位。

学习中心说主张，教师应围绕学生的实际需求设计和安排教学活动，使学生能够在参与中主动学习、实践探索、自主建构知识。在这一理念下，教师的角色转变为协调者、助手、顾问和引导者，而不仅仅是知识的传递者。这种转变有利于激发学生的学习兴趣，提高学习动力，并使学生在教学活动中更好地实现自主学习。

同时，学习中心说也对教学内容和教学进度进行了重新定位。它强调教学内容应从学生实际出发，选择与学生生活和职业需求紧密相连的任务，使学生在完成任务的过程中发现学习的价值。这种教学模式不仅增强了教学活动的针对性和实用性，也更加关注学生全面能力的提升。然而，学习中心说也面临着挑战。如果理解不当，可能会导致教师角色的边缘化，课堂秩序的混乱，甚至是学习效果的降低。因此，教师在实施学习中心说时，需要平衡学生的参与度与教师的引导作用，确保教学活动既能激发学生的兴趣，又能有效传授知识和技能。

（二）学用一体说

学用一体说是产出导向法中的一个重要组成部分，它致力于解决传统外语教学中普遍存在的“学用分离”问题。该理念的核心在于强调学习（学）与运用（用）之间的密切联系和互动，推动输入性学习（如听、读）与产出性运用（如说、写、译）的有机结合。

在中国的外语教学实践中，学用一体说具有特别的意义。传统的教学模式往往以教材为核心，重视理论知识的传授和考试成绩，而忽视了英语作为交流工具的实际运用。这种做法虽然能够确保学生掌握必要的语言知识，却往往导致他们在真实交流中难以有效应用所学知识。学生虽然学到了大量理论知识，但缺乏实际运用的机会和能力，形成了所谓的“哑巴英语”。

学用一体说提倡打破以教材为中心的教学模式，将语言学习和语言运用紧密结合起来。在这种模式下，教师不再单纯传授语言知识，而是创设真实或模拟的语言使用情景，引导学生将所学知识应用于实际的语言运用中。例如，教师可以设计模拟情景对话、角色扮演、小组讨论等活动，让学生在实际的语言使用中锻炼和提高他们的语言技能。此外，学用一体说还强调教学内容的实用性和相关性。教师应根据学生的实际需求和兴趣，选择与学生生活和职业发展密切相关的话题和材料，鼓励学生主动探索和运用所学语言。通过这种方式，学生不仅能够更好地理解和掌握语言知识，而且能够提高他们的语言运用能力和跨文化交际能力。

（三）文化交流说

“文化交流说”在产出导向法框架中起着至关重要的作用，其核心在于将语言学习与文化理解紧密结合。这一理念认识到，语言不仅是一种交流工具，更是深植于特定文化背景的实践。因此，在外语教学中，教师需要超越单纯的语法和词汇教学，将文化元素纳入教学内容。

文化交流说强调，有效的语言学习应包括对目标语言文化的理解和尊重。这意味着教学不仅是语言知识的传授，也是文化意识的培养。教师应设计教学活动，让学生在学习语言的同时，了解和体验与该语言相关的文化背景、习俗和价值观。例如，教师可以组织学生探讨英美国家的节日习俗，或者讨论不同文化背景下的交际方式。通过这些活动，学生能在实际语境中使用语言，并对文化差异有更深入的理解。此外，文化交流说还倡导在教学中提高学生对本土文化的认识和自豪感。教师可以鼓励学生分享自己的文化，与其他文化进行比较和交流。这种跨文化的交流和讨论不仅有助于学生加深对自身文化的理解，也促进了对目标文化的欣赏和尊重。

（四）关键能力说

“关键能力说”是产出导向法（POA）的一个核心组成部分，旨在强调和指导英语学习中学生关键能力的培养。这一理念认为，语言学习不仅仅是语言技能的获取，更是综合能力的培养。它将教学目标细化为六大核心能力，即语言能力、学习能力、思辨能力、文化能力、创新能力以及合作能力。

1. 语言能力

语言能力是英语学习的基础，涵盖了听、说、读、写、译等基本技能。这一能力的培养不仅需要学生掌握语法规则和词汇知识，更要求他们在真实的语境中运用这些知识，形成良好的语感和意识。这一能力的培养有助于学生在各种语言环境中有效地沟通和表达。

2. 学习能力

学习能力强调学生自主学习的能力，包括选择合适的学习策略和方法，自我调节学习进程，以及利用各种资源进行有效学习。这一能力的提高有助于学生终身学习，适应不断变化的学习需求和环境。

3. 思辨能力

思辨能力涉及学生的批判性思维、逻辑性思考和创造性思维。这一能力的培养使学生能够深入分析和评估信息，形成自己的见解，并能在遇到问题时提出创新性的解决方案。

4. 文化能力

文化能力在外语学习中占有重要地位，它超越了纯粹语言知识的掌握，涉及理解和适应不同文化的能力。这包括对目标语言文化的深入了解，如历史背景、社会习俗、价值观念等。文化能力的培养能帮助学生在跨文化交际中避免误解和冲突，促进有效沟通。

5. 创新能力

创新能力指学生在语言学习和使用过程中展现的创造性思维和开拓精神。这一能力的培养鼓励学生在学习语言时不拘泥于传统的学习方法，而是探索新的学习途径，尝试创新的表达方式。

6. 合作能力

合作能力在当前社会和工作环境中变得越来越重要。它不仅包括有效沟通的技巧，还涉及团队合作、共同目标的实现以及冲突解决等方面。在外语学习中，合作能力的培养可以通过小组讨论、团队项目、同伴评价等方式实现。这些活动不仅促进了语言技能的提升，也加强了学生间的相互理解和支持，培养了团队精神和协作意识。

这六大关键能力的培养不是孤立的，而是相互交织和影响。在教学过程中，教师需要设计多样化的教学活动，综合考虑各种能力的培养，帮助学生在学习语言的同时，全面提升他们的综合素养。这样的教学理念有助于学生适应未来社会和职业发展的需求，培养他们成为具备多元能力和综合素质的人才。

## 三、产出导向法的教学假设

产出导向法的教学假设主要包括输出驱动、输入促成、选择学习和以评促学四个方面的内容。

### （一）输出驱动假设

1. 核心理念

产出导向法中的“输出驱动假设”主张以学习者的产出活动作为学习的驱动力。这种假设反对传统的“输入优先、输出其次”的教学顺序，提倡以输出为起点，促进学生主动学习。在这种教学模式下，学生首先尝试使用目标语言进行交流，无论是说、写还是翻译。这种尝试性输出使学生直观地感知到自己在语言技能方面的不足，从而产生“知识饥饿感”。这种饥饿感激发了学习者的学习兴趣和解决问题的欲望，使他们更加积极地投入到后续的输入性学习中去。

2. 内涵作用

“输出驱动假设”强调输出不仅是学习的动力，也是学习的目标。与传统的输入型学习相比，产出型学习更能激发学生的学习激情和内在驱动力。在教学实践中，以产出任务为导向的教学更符合社会对语言运用能力的实际需求。学生在完成任务的过程中，不仅能够认识到完成这些任务对于提升自己的文化修养、实现学业成功和未来职业发展的重要性，同时能意识到自己在语言能力上的不足，从而有针对性地加强学习。

值得注意的是，产出导向法中的“输出驱动假设”主要针对接受正规外语教育、具有一定语言基础的学习者。针对这一特定群体，教师在设计教学活动时，应以产出任务为核心，创造真实的交际场景，激发学生的主动参与。同时，在学生尝试输出后，教师应根据学生的反馈，提供适时的输入材料和指导，帮助学生弥补不足，优化学习过程。教师的角色转变为指导者和协助者，促进学生在实际应用中有效地整合输入和输出，实现语言学习的最大效果。

### （二）输入促成假设

#### 1. 核心思想

产出导向法中的“输入促成假设”是一种创新的教学理念，它着重强调输入在促进产出方面的作用。与传统的“输入假设”不同，该假设并不仅仅强调输入的数量和质量，而更加注重输入与学生产出目标间的紧密联系。这种假设认为，针对性和适时地输入对于提升学生产出能力至关重要。在这个框架下，输入不再是独立的学习目标，而成为实现具体产出目标的手段和工具。

在“输入促成假设”中，输入被精心设计以促进学生的产出活动。教师需要根据学生的产出目标和学习需求提供相关且适度的输入，这种输入应具有针对性、科学性和促成性。例如，学生在口语表达中遇到困难，教师可以提供与该口语任务相关的听力材料或阅读文本，帮助学生克服语言障碍，提高语言表达能力。这种输入不仅与学生的产出任务紧密相关，还能被学生有效理解和吸收，从而更好地促进学生的语言习得。

#### 2. 输入与输出

“输入促成假设”中，输入与输出的结合是教学过程的关键。这种结合方式要求教师在教学设计时，明确学生的产出目标，并根据这些目标提供恰当的输入。这样，学生在学习过程中不仅接触到与其产出任务紧密相关的语言材料，还能在实际运用中深化对这些材料的理解和掌握。例如，在教授写作技巧时，教师可以提供一些优秀的写作样本作为输入材料，帮助学生理解写作结构和风格，然后引导学生尝试自己的写作练习。这样的教学策略不仅增强了学生的语言输入，还提高了他们的实际写作能力。

#### 3. 促成性输入

实施“输入促成假设”时，教师的角色是关键的。教师需要根据学生的实际情况和产出目标，设计和调整输入内容。这种输入应以学生的实际需求为基础，既要关注学生在语言形式上的掌握，也要关注其在语言功能上的应用。此外，教师应鼓励学生在接受输入的同时，积极探索和实践，将所学知识应用于具体的语言产出中，形成有效的学习循环。通过这种教学策略，学生能够在实际的语言使用过程中加深对语言知识的理解和运用，从而实现语言技能的全面提升。

（三）选择学习假设

1. 基本原理

产出导向法中的“选择学习假设”强调学习者在语言学习过程中应采取有选择性的学习策略。这种假设的基本原理是，学习者在面对大量的语言输入时，应专注于那些对自己的产出目标最为关键和有用的信息。这种选择性学习策略有助于学习者有效利用有限的认知资源，专注于最关键的学习内容，从而提高学习效率和质量。在实际教学中，这意味着学习者需要根据自己的产出目标（如口语交流、写作等）确定学习的重点，避免无差别地学习所有内容，而是有目的地专注于那些最能帮助其达成目标的语言知识和技能。

在信息时代，学习者面对的是信息过载的环境。在这种环境下，传统的全面学习方法可能会导致学习资源的浪费和效率的降低。因此，“选择学习假设”提出学习者应通过筛选信息来集中精力处理和记忆与产出目标最为相关的语言知识。这种策略性的学习方式不仅节省了学习时间，还使得学习更加符合个人的实际需求和学习目标，从而提高了学习的个性化和灵活性。这对于现代学习者来说非常重要，因为它们更加注重学习的实效性和适应性。

2. 优化学习过程

在实践中，选择学习假设要求教师和学习者共同参与到教学设计和实施中去，以确保学习内容与学生的实际需求和目标相匹配。教师可以根据学生的产出目标设计教学活动，引导学生从提供的材料中筛选出对其最有帮助的内容进行学习。同时，学生需要学会自主选择学习内容，根据自己的学习目标和兴趣来决定重点学习的领域。这种有针对性的学习方法能够帮助学生更加专注和高效地完成学习任务，提高学习成效。

3. 提高学习效率

选择学习假设的核心在于提高学习的针对性和效率。通过有选择性的学习策略，学生可以避免被大量不相关的信息所干扰，将精力集中于对产出目标至关重要的学习内容上。这样的学习方式不仅提高了学习的效率，还使学习过程更加贴近学生的实际需求和学习目标，从而实现更加高效和有成效的语言学习。

### （四）以评促学假设

1. 评价作为教学过程的核心

产出导向法中的“以评促学假设”认为，评价不应仅仅是教学过程的结束或学生学习成果的量化，而应成为教学循环中的一个核心环节。这种理念强调评价不仅关注学生的最终成果，更关注学生学习过程中的各个阶段，从而实现对学生学习过程的全面把握和有效指导。这意味着评价应成为一个持续的、贯穿教学全过程的活动，通过对学生学习的持续观察和反馈，帮助学生及时调整学习策略，优化学习过程。

2. 教师在评价中的积极作用

在“以评促学假设”中，教师在评价过程中扮演着关键的角色。不同于传统评价模式中教师和学生的分离，这一假设提倡教师通过与学生的互动，提供专业的指导和反馈，从而促进学生学习的有效性。在这种互动性的评价模式中，教师不仅是评价者，更是学习的促进者和指导者，他们的反馈和建议对学生理解学习内容、改进学习方法具有重要意义。这种评价模式增强了教师与学生之间的互动，帮助学生更好地理解学习目标，提高学习效率。

3. 评价的动态性和持续性

“以评促学假设”还强调了评价的动态性和持续性，认为评价是一个持续不断的过程，而非单一的、孤立的事件。在这个过程中，教师需要持续地对学生的学习进行监测和反馈，帮助学生不断调整和优化学习方法。这种持续性的评价方法更能及时发现学生学习过程中的问题，及时提供帮助和指导，使学生能够在学习过程中不断进步和完善。

4. 评价的目标导向性

这一假设还强调了评价的目标导向性，认为评价应围绕学生的学习目标进行设计和实施。这种以学生学习目标为导向的评价方法使评价过程更加有针对性和有效性，能够更好地促进学生朝着既定的学习目标前进。教师在进行评价时，需要明确学习目标，并根据这些目标设计评价活动，确保评价真正服务于学生的学习需求，推动学生实现学习目标。

## 四、产出导向法的教学流程

产出导向法的教学流程分为三个阶段，即驱动阶段、促成阶段和评价阶段。

## （一）驱动阶段

### 1. 探索学习动机和准备

在产出导向法的驱动阶段，学习动机的探索和准备工作至关重要。教师需要首先引入与即将学习的话题或交流场景相关的内容，以此激发学生的兴趣和好奇心。这一步骤的目的是让学生对课程内容产生个人联系和兴趣，从而增加他们对学习活动的投入。例如，教师可以通过引入一个引人入胜的故事、一个有趣的视频或与学生日常生活密切相关的话题，从而吸引学生的注意力并引导他们进入学习状态。

### 2. 激发内在学习需求

驱动阶段的核心是通过实际的输出任务来激发学生的内在学习需求。这些任务旨在让学生在尝试中发现自己的知识和技能上的不足，从而激发他们的求知欲和学习动力。这些任务应具有实际意义，能够体现学生在真实生活或职业场景中可能遇到的挑战。例如，教师可以设计一些角色扮演活动、小组讨论或写作任务，让学生在实际的语言使用场景中尝试表达自己的观点和想法。

### 3. 精选输入材料

在完成输出任务的基础上，精选适当的输入材料对学生完成产出任务至关重要。教师需要根据产出任务的具体要求，为学生提供相关的语言学习资源，如关键词汇、实用短语和必要的语法结构。这一过程旨在帮助学生解决在产出过程中遇到的难题，提高他们完成任务的能力。教师在选择材料时应注意其与学生实际需求的紧密相关性，确保材料既具有教学价值又符合学生的兴趣和学习水平。通过这些环节，驱动阶段有效地构建了学生学习的基础，为后续的学习阶段打下坚实的基础。

## （二）促成阶段

### 1. 子任务分解与有针对性输入

在产出导向法的促成阶段，子任务的分解与有针对性地输入是关键环节。教师应将复杂的产出任务细分为更易管理和操作的子任务。这种分解有助于学生逐步理解和掌握相关的知识和技能，降低了整体任务的难度。每个子任务都应伴随着特定的输入材料，如阅读材料、听力练习或语言结构的讲解。这些材料应直接针对子任务的需求，可帮助学生在特定的学习领域中取得进步。例如，在写作练习中，教师可以提供与写作主题相关的阅读材料，以丰富学生的思路和词汇。

2. 尊重学习者的选择性与个性化

尊重学习者的选择性和个性化是促成阶段的一个重要方面。在这一阶段，教师应提供多样化的输入材料，以满足不同学生的学习需求和认知能力。学生应有机会根据自身的兴趣、能力和学习目标来选择最适合自己的学习材料和方法。这种个性化的学习方式使学生能够更有效地利用时间和资源，提高学习的效率和动力。例如，教师可以提供不同难度级别的阅读材料，让学生根据自己的阅读能力选择最合适的内容。

3. 指导练习与及时评估

教师在促成阶段需要对学生的学习过程进行持续的指导和评估。这一环节要求教师密切关注学生的学习进展，提供及时的反馈和指导。通过对学生完成子任务的观察和评价，教师可以发现学生的学习难点，及时调整教学策略和内容。这种实时的指导和反馈不仅有助于学生及时纠正错误，也促进了他们对知识的深入理解和应用。例如，在一个口语练习中，教师可以通过模拟对话来评估学生的语言运用能力，并提供实用的反馈来帮助学生提高口语技能。

（三）评价阶段

1. 明确评价标准与方向导向

在产出导向法的评价阶段，制定明确的学习评价标准至关重要。这些标准应与产出任务的具体要求紧密相连，为学生提供清晰的学习目标和方向。教师需确保这些评价标准全面而具体，涵盖了语言的准确性、流畅性、适当性等多个维度。通过这些标准，学生可以了解自己在语言学习方面应达到的具体水平，能对自己的学习成果进行自我评估，从而更加有针对性地改善和提升自己的语言能力。

2. 典型样本分析与共性问题发现

评价阶段的一个关键环节是对学生产出的典型样本进行分析和讲评。教师通过选择一些反映学生普遍水平和常见错误的样本，指出其中的典型问题，并向全班学生展示。这种方法有助于学生发现自己在完成任务过程中可能忽视的错误和不足。教师可以针对这些典型问题进行详细讲解和分析，提供改进方法和策略，帮助学生更好地理解和掌握相关的知识点。

3. 课后练习与自我评价

评价阶段的最后环节是课后练习和自我评价。教师应设计一系列针对性的练习，以帮助学生巩固在课堂上学到的知识，并对共性问题进行针对性的训练。这样的练习不仅帮助学生巩固了在课堂上学习的内容，而且加深了对知识点的理解和应用。此外，教师应鼓励学生进行自评和互评，通过这种方式，学生能够从不同的视角审视自己的学习成果，了解自己的长处和短板。这种自我评价和反馈机制有助于学生在未来的学习中不断自我调整和完善，从而实现更高效的学习。

## 第五节　高校英语自主学习教学法

### 一、自主学习教学法理论支撑

#### （一）班杜拉的自我调节理论

从班杜拉的自我调节理论角度出发，自主学习被视为个体的自我管理过程，涉及三个核心环节：自我观察、自我判断和自我反应。在这一理论框架下，自主学习首先是一个自我观察的过程，学习者通过持续地自我观察而了解自己的学习状态和进度。这种自我监控有助于学生识别自己在学习过程中的优势和不足，从而更加有针对性地调整学习策略。然后是自我判断，学生根据自我观察的结果对自己的学习表现做出评估，包括对学习目标的达成程度的判断和对自己学习能力的认知。自我判断的过程可以帮助学生建立对自己学习能力的信心，并促使他们根据自评结果调整学习计划和方法。自我反应阶段，学生根据自我判断的结果采取行动，以改善学习效果。这可能包括更改学习方法、寻求额外的资源或调整学习目标等。这个环节是自主学习过程中的关键，它要求学生根据自我评估的结果采取具体行动，以达到更好的学习效果。

#### （二）麦考姆斯的自主学习模型理论

麦考姆斯的自主学习模型理论强调自我系统在自主学习过程中的作用。在这个理论视角下，自主学习能力被看作个体自我系统发展的直接结果。自我系统包括自我概念、自我效能感、情感状态等方面，这些元素共同构成了学习者的内部动力系统，对其学习行为产生重要影响。在自主学习中，自我系统的构成和过程成分发挥着核心作用。例如，学习者的自我效能感会影响其学习动机和努力的程度，而自我概念会影响其对学习任务的态度和期望。

此外，自我系统还影响着学习者对信息的加工和组织方式。因此，提升学生的自主学习能力，不仅需要关注其认知发展，还需要关注其自我系统的培育。

麦考姆斯的理论认为，为了有效地提升学生的自主学习能力，教育工作者需要关注学生的自我系统发展。这包括帮助学生认识和发展自己的内在能力，以及训练和加强自我过程，如目标设定、自我监控等。通过强化学生的自我系统，可以激发他们的学习动机，提高他们的自主学习能力，最终促进他们的整体学习效果。

### （三）查莫特的自主学习过程理论

查莫特的自主学习过程理论提供了对自主学习深层次结构和机制的理解。在他的理论体系中，自主学习不仅仅是一个简单的学习活动，而是涉及自我、行为和环境三方面相互作用的复杂过程。这种认识强调了个体在自主学习中的主体性作用，即学习者不仅要对学习内容和学习环境进行监控和调节，还要积极主动地控制和调节自己的学习过程。

查莫特的模型将自主学习分为三个阶段：计划、行为表现和反思。在计划阶段，学习者需要明确学习目标、选择合适的学习策略和资源。这一阶段的关键在于学习者的自我意识，包括对自己学习能力的认知和对学习目标的清晰理解。行为表现阶段是学习者将计划付诸行动的过程。在这一阶段，学习者通过实际的学习活动来执行他们的计划，包括阅读、写作、实践操作等。此时，学习者需要持续监控自己的学习进度和效果，确保学习活动符合预设目标。在反思阶段，学习者对自己的学习过程和成果进行评估和反思。这一阶段的目的在于通过自我评价和反思来提升学习效率和效果，帮助学习者识别和修正学习过程中的不足，为未来的学习制定更加有效的策略。

查莫特的自主学习模型强调了自主学习者必须具备两个基本条件：一是强烈的学习动机和自我进步的意识；二是对有效的学习方法和策略的了解和掌握。这种模型提醒我们，自主学习不仅需要学习者的内在动力和主动性，也需要他们对学习策略和技巧的熟练运用。在实际教学中，教师应该鼓励学生发展这些能力，并提供必要的指导和支持，以帮助学生实现真正的自主学习。

## 二、自主学习教学法内涵分析

### （一）自主学习教学法核心理念

自主学习教学法的核心在于将学生置于学习过程的中心，强调学生的主动参与和个人责任。这种方法认为，学习不应仅仅是被动接收知识的过程，而应是学生主动探索、实践和构建知识的过程。学生被鼓励根据自己的兴趣、需求和目标，自主选择学习内容和方法，自我管理学习过程，并对自己的学习成果负责。这种教学法的目的是培养学生的自主学习能力，使他们能够在不断变化的世界中终身学习和适应。

在自主学习教学法中，教师的角色是创造和维护一个支持性的学习环境，其中包括提供必要的资源、指导和反馈，以及鼓励学生间的互助和合作。教师应设计开放式的课程结构，鼓励学生发表意见、分享经验，并在学习过程中提供指导和支持。此外，教师需要帮助学生设定学习目标、监控学习进度，并在必要时提供干预。在这样的环境中，学生可以在相互尊重和支持的氛围中学习，从而更好地发展自主学习的技能。

自主学习教学法强调学生需要培养自我管理和自我评价的能力。自我管理包括时间管理、资源管理和情感管理，这是自主学习成功的关键。学生需要学会如何有效地利用时间和资源，以及如何管理自己的情感和学习动机。自我评价是让学生能够对自己的学习过程和成果进行反思和评价。通过这种自我评价，学生可以了解自己的学习强项和弱点，从而调整学习策略，提高学习效果。

### （二）自主学习教学法主要优势

#### 1. 增强学生的自主学习意识

自主学习教学法的一个显著优势在于它有效地提升了学生的自主学习意识。在这种教学模式下，学生被鼓励主动探索和参与学习过程，而非仅仅作为被动的知识接收者。这种方法帮助学生认识到学习不仅是教师的教导过程，更重要的是自己对知识的主动追求和内化。学生开始理解，学习是一个涉及自我发现、自我实现和个人成长的过程。通过自主学习，学生能够掌握学习资源的寻找、评估和利用方法，从而提高自己的学习效率和质量。此外，自主学习还使学生意识到他们对自己的学习负有责任，从而更加积极地参与到学习中去，为终身学习奠定了基础。

#### 2. 培养学生的自主学习能力

自主学习教学法在培养学生的自主学习能力方面表现出显著的优势。通过自主学习，学生能够发展关键的学习技能，如自我管理、时间管理、批判性思维和创造性思维。在自主学习的环境中，学生学会了如何制定学习目标、规划学习过程、评估学习资源的有效性，以及如何监控和调整自己的学习策略。这些技能不仅对当前的学习活动至关重要，更是未来学习和职业生涯中不可或缺的技能。此外，自主学习还帮助学生发展解决问题的能力，学会如何在面对挑战和困难时寻找解决方案，这些能力对于学生在快速变化的世界中的适应和成功至关重要。

3. 转变学生的学习动机

自主学习教学法在转变学生的学习动机方面显示出其优越性。在传统的教师导向教学中，学生往往出于外在压力如成绩、家长和老师的期望而学习，而在自主学习中，学生的学习动机更多来自内在动机，如个人兴趣、求知欲望和自我实现的愿望。这种内在动机的激发使学习过程更为有意义和愉悦，增加了学生的参与度和持久性。当学生因为对某个主题产生好奇和兴趣而学习时，他们更可能深入探索，更积极地参与讨论和实践活动。这种内在的学习动机不仅提高了学习效率，也有助于学生形成持续学习和自我发展的习惯，为他们未来的个人和职业生活打下坚实的基础。

（三）自主学习教学法主要特点

1. 考虑学生差异化需求

自主学习教学法特别强调对学生个体差异的关注和尊重。这种方法认识到每个学生在学习方式、兴趣和能力上的独特性，并在教学设计中体现这一点。它远离了传统的统一式教学方法，允许学生根据自己的个性化需求选择最适合他们的学习途径。例如，一些学生可能更倾向于通过视觉学习材料而学习，而其他学生可能通过听觉或动手实践效果更佳。在这种教学环境下，教师会提供多种学习资源和活动选择，让学生能够根据自己的偏好进行选择，这样做不仅激发了学生的学习兴趣，还帮助他们以更高效的方式学习。

2. 教学互动与学生参与

自主学习教学法的一个重要特征是它注重教学过程中的互动性。在这种模式中，学习不再是教师单向传授知识的过程，而成为了一个充满活力的、双向的互动过程。教师在这里扮演的是指导者和促进者的角色，不只是传递知识，更重要的是激发学生的探索精神和独立思考能力。学生被鼓励主动提出问题、分享观点并参与课堂讨论，这种参与不仅限于与教师之间，还包括学生间的合作和交流。这种模式下的课堂更加生动和吸引人，有利于学生培养批判性思维、创新能力和沟通技巧，同时使学习过程更加符合实际生活和社会的需求，帮助学生更好地适应未来环境。

3. 教师与学生角色的重塑

在自主学习教学法中，教师和学生的角色发生了根本性的转变。不再是传统的“教师主导”模式，教师的角色从知识的单向传递者转变为学习的引导者和协助者。教师的主要职责是搭建一个支持学生自主学习的平台，提供必要的资源和指导，帮助学生探索和发展自己的学习路径。同时，学生的角色也由被动接受者转变为主动参与者，他们在学习过程中更加积极主动，探索个性化的学习方式，负责自己的学习进程。这种角色变化不仅增强了学生的学习自主性，还促进了教师对学生需求的更深入理解。

4. 利用课堂偶发机会的灵活性

自主学习教学法中，对课堂偶发机会的有效利用是其一大特色。与固定的教学计划相比，这种方法更加注重课堂上的即时互动和实时反馈。教师需要具备灵活应变的能力，能够根据课堂上出现的各种偶然情况调整教学策略，抓住教学时机，引导学生进行深入探讨和思考。这种灵活性允许教师根据学生的实际反应和兴趣点及时做出反应，利用这些偶然出现的机会来丰富教学内容和提高教学效果。这样的教学方式有利于创造一个更加活跃和参与度更高的学习环境，鼓励学生主动探索和思考，从而加深对知识的理解和应用。

## 三、自主学习教学法实践应用

### （一）自主计划

1. 构建预学习框架

在自主学习的实践应用中，构建预学习框架是至关重要的第一步。这一阶段的核心任务是帮助学生通过预习材料来理解和预测即将学习的内容，激活他们的先前知识（图式知识）。教师可以通过提供关键词汇或短语来引导学生激发相关联想，从而促使他们在已有知识的基础上形成新的学习预期和理解。这个过程不仅帮助学生构建对新材料的初步理解，还能增加他们对即将学习内容的好奇心和学习动力。

2. 加强集中与选择性注意

在自主计划的过程中，学生需要学会如何集中注意力，并选择性地关注对学习任务至关重要的信息。这意味着学生应该能够识别并聚焦于文章或学习材料中的核心要点，同时忽略不相关或干扰性的信息。通过这种方法，学生可以更有效地吸收关键信息，为后续的学习任务打下坚实的基础。教师在这一阶段的职责是帮助学生识别关键信息，并指导他们如何有效地对这些信息进行处理和记忆。

3. 实现自我管理的策略

自主学习的一个重要方面是自我管理。这涉及学生理解并创建有利于学习任务完成的各种条件，以及如何有效地控制自己的学习行为。学生应该学会如何利用所有可用的资源，包括课堂外的学习机会，从而提高他们的语言技能。教师的任务是指导学生如何自我监控和评估自己的学习过程，以及如何制定有效的学习计划和策略，以促进学习效果的最大化。

通过这些步骤，自主学习教学法的实践应用——自主计划，旨在帮助学生发展成为更加独立和有效的学习者，从而为他们的长期学习和发展奠定坚实的基础。

（二）自主监控

自主监控指学习者在完成学习任务的过程中对自己的语言理解和语言行为加以核查、确认或修正。自主监控阶段包括以下两个方面的学习行为。

1. 实践自我监控

自我监控是自主学习过程中至关重要的一环，它涉及学生在学习任务中对自己的理解和语言行为进行持续的检测、确认和修正。这种自我监控能力的培养是多维的，包含了计划、理解、策略、输出等多个方面。

（1）全面实施学习计划监控。在自主学习过程中，学生对学习计划的监控尤为关键。这不仅包括制订切实可行的学习计划，更重要的是在执行过程中对计划进行持续的评估和调整。有效的学习计划监控有助于学生更清晰地认识自己的学习进度，理解自己的学习强项和弱点，并据此做出必要的调整。例如，学生可能发现在学习某个特定部分时遇到困难，需要更多的时间和资源来完成这些挑战。在这种情况下，学生可以调整学习计划，分配更多的时间和精力来集中攻克难点，以确保整体学习目标的实现。

（2）加强学习内容理解的监控。理解监控对于确保学生能够充分理解所学内容至关重要。学生在学习过程中应不断检查自己对新知识的理解程度，特别是对重要概念、原理的深入理解。这个过程可能涉及反复阅读材料、参与讨论或通过实践活动来巩固知识。例如，学生在学习一个新的数学概念时，可以通过解决实际问题或进行小组讨论来检验自己的理解程度。通过这种方法，学生不仅能够加深对概念的理解，还能学会如何将理论知识应用于实践中。

（3）优化学习策略的应用。策略监控指学生对所采用的学习策略进行持续的评估和改进。学生应根据自己的学习风格和学习目标选择最有效的学习方法，并在实践中不断检验这些方法的有效性。例如，一个学生发现通过图表和视觉辅助工具学习更有效，那么他们应更多地利用这些工具来提高学习效率。另外，如果某种方法在实践中效果不佳，学生应能够及时调整策略，尝试新的学习方法。这种灵活性和适应性对于学生的学习成功至关重要。通过这样的策略监控，学生能够更有效地利用资源，提高学习效率和质量。

2. 主动发现问题

（1）探索问题解决的有效途径。在自主学习过程中，发现并解决问题是促进学生综合能力发展的关键。通过自我监控，学生能够在学习任务中识别并解决各种问题，这不仅有助于提高其语言运用和问题解决能力，也对提升阅读、听力和交际策略等方面的技能至关重要。例如，当教师布置具有挑战性的学习任务时，学生需要通过阅读、听力理解和小组讨论等方式发现潜在的规律和知识点。这种探索性的学习方式有助于学生发展分析和归纳的技能，从而更深入地理解和掌握学习内容。通过对学习过程的持续监控，学生能够比较自己的预期与实际学习情况的差异，从而调整学习策略，以适应不断变化的学习要求。在这个过程中，教师的引导作用尤为关键。例如，在听力训练中，教师可以指导学生记录关键信息，如人物特征、事件细节等，以帮助他们更准确地理解材料内容。这种策略不仅提高了学生的理解能力，还有助于他们更有效地监控学习过程，并及时调整学习方法以适应新的学习任务。

（2）增强学习过程中的自我反思。在自主学习中，学生对自己的学习行为进行持续的监控和反思，是提高元认知能力的重要方式。通过反思学习过程，学生可以了解自己的学习策略是否有效，从而对策略进行优化和调整。例如，学生可以通过对比之前的学习预期和当前学习结果，评估自己的学习策略和进度。这种自我评估过程有助于学生更深入地理解自己的学习方式，提高问题解决和批判性思维能力。自我反思还涵盖了对学习材料和学习环境的综合评估。学生需要识别学习内容中的关键信息，并将其与先前的知识和经验相结合，以获得更全面的理解。同时，学生应学会在不同学习环境中灵活应用各种学习策略，以适应多变的学习要求。这种灵活的策略运用不仅提高了学习的效率，也使学生能够更加主动地掌握学习过程，从而成为更加独立和自信的学习者。

（三）自主评价

1. 评估学习成果的完整性与准确性

自主评价的核心是让学生在完成学习任务后，从掌握知识的完整性和准确性方面进行自我评估。这一过程不仅涉及学生对所学知识的内容理解，还包括对其应用能力的反思。学生通过这种评价能够识别自己在学习过程中的成就和不足，从而为未来的学习提供指导。

2. 评价学习策略的使用情况

自主评价还包括学生对自己所采用的学习策略进行反思和评估。这种评估有助于学生理解特定策略在完成学习任务中的效果，以及如何在未来的学习中更有效地运用这些策略。学生通过这种评估方法，可以不断优化自己的学习方式，提高学习效率。

3. 教师在自主评价中的引导作用

在自主评价过程中，教师的作用是至关重要的。教师不仅要提供评价的标准和框架，还需要指导学生如何进行有效的自我评价。教师的指导有助于学生理解自我评价的重要性，学会如何在评价过程中发现问题并采取措施进行改进。

4. 自主评价在新学习任务中的应用

自主评价的一个重要方面是将评价结果应用于新的学习任务中。通过自我评价，学生不仅可以认识到自己的学习成果，还能将评价中获得的洞察应用于新的学习情景。这种评价过程促进了学生持续学习和成长的循环，有助于他们在新的学习任务中更好地运用所学的知识和技能。

# 第六章　高校英语知识类教学内容与创新实践

## 第一节　高校英语词汇教学的创新实践

### 一、高校英语词汇教学概述

高校学生要想熟练地应用英语这门语言，首先需要掌握大量的词汇。但仅仅扩大词汇量是不够的，还要了解词汇的基本含义和其深层文化内涵，这样才能算掌握了词汇，才能运用词汇进行跨文化交际等各项活动。

（一）什么是词汇

词汇，作为构成语言的基本元素，是理解语言学习和应用的关键。在语言的体系中，词汇不仅仅是单个词的集合，而是一个包含了词和词组的更为广泛的概念。这些词汇元素共同执行特定的句法功能，成为言语交流的基础单位。词汇的重要性体现在其为语言提供了丰富的表达资源，就如同为语言的结构提供了必要的“器官和血肉”。

在语言学界，对词汇的定义和理解存在多种观点，但归根结底，词汇可以被视为语音、意义和语法特性的综合体。它不仅包括单个的词汇项，如单词和固定搭配，还包括词组和短语等更为复杂的结构。这些词汇元素在语言中担当着不同的角色和功能，是构成有效沟通和理解的基石。另外，词汇的范畴可以进一步扩展到包括惯用语和句子框架等更为广泛的概念。这些词汇结构在语言中扮演着独特的角色，不仅仅限于字面意义，还包括它们在特定语境下的使用和理解。词汇的这种多维性质使得它成为理解和研究语言的一个复杂而丰富的领域。通过对词汇的研究，可以更深入地洞察语言的内在结构和运作机制，进而更有效地掌握和运用语言。

（二）英语词汇教学的概念和意义

词汇教学在英语教育中占据着核心地位，其重要性和复杂性并存。在英语教学过程中，词汇教学不仅仅是简单地传授词语的意义和用法，更涵盖了词汇的深层次认知和实际应用。这意味着，词汇教学既是让学生理解每个词汇的字面意义，又包括使他们能够在适当的语境中正确运用这些词汇。

词汇教学的目标是培养学生的词汇认知能力和运用能力。这不仅需要学生掌握大量的词汇，更重要的是应理解这些词汇在不同语境中的含义及变化，以及如何将这些词汇组合使用，形成有效的语言表达。在教学过程中，教师需要通过各种教学方法和活动，帮助学生深入理解词汇的内涵，提高他们的词汇记忆和应用能力。

## 二、高校英语词汇教学的挑战

语言是文化的载体，文化影响着语言，二者密切相关。不同民族的文化有着区别于其他民族文化的特色，而这种差异也会在语言中表现出来，并对语言起着重要的作用。就英汉民族而言，二者有着不同的历史文化、生活环境等，由此产生的文化差异对学习英语词汇造成一定的影响。了解英汉文化差异以及对英语词汇教学产生的影响，可使教师和学生充分了解文化因素的重要性，进而有意识地进行文化教学和文化学习。

（一）词汇空缺带来的挑战

词汇空缺现象在英汉语言教学中构成了一大挑战，尤其是在教学过程中如何有效地解释和传授那些在对方语言中不存在的概念和词汇。这种现象通常源于不同民族的文化背景、历史沿革、社会习俗和价值观念的差异，导致某些特定的词汇或概念在另一种语言中难以找到直接对应的词汇。

以英汉语言为例，存在许多这样的词汇空缺。例如，英语中的“strong point”和“weak point”在汉语中的对应表达是不完全对称的，汉语中虽有“弱点”一词，却缺乏与“strong point”直接对应的表达。类似地，汉语中的“长处”和“短处”在英语中也找不到完全一致的对应。这种词汇空缺带来的挑战在于，教师如何有效地向学生传授这些概念，同时让学生理解这些词汇背后的文化内涵和社会背景。

（二）文化缺位带来的挑战

文化缺位给英语词汇教学带来了一个重要的挑战，特别是在跨文化交流的背景下。文化缺位通常指在不同文化背景的民族之间，对某些事物或观念的理解存在的空缺。这种现象源于不同民族文化的特有元素和背景知识，导致对外来文化信息的理解存在难度。

在英语语言的使用中，曲折变化现象，如名词的数、格变化，动词的时态变化等，具有深刻的文化内涵和语言逻辑，这对于以汉语为母语的学习者来说可能难以理解。汉语的语言结构和文化背景与英语存在显著差异，这使得汉语母语者在学习英语时往往需要跨越文化和认知的鸿沟。这种文化缺位不仅表现在语言形式上，更深层次地表现在对语言背后文化意义的把握上。

### （三）文化错位带来的挑战

文化错位是跨文化交际中常见的现象，它源于不同文化背景下对同一事物的理解和认知差异。文化错位不仅涉及语言表达的差异，还包括对事物内涵的不同解读和联想。这种现象通常发生在不同文化圈之间，由于人们对非本土文化的不熟悉或缺乏深入了解，容易在跨文化沟通中产生误解和混淆。下面具体分析文化错位的几种类型。

#### 1. 指称错位

指称错位指在不同文化环境下，对同一事物或现象的语言表达存在着显著差异。这种现象通常源于不同文化的历史、地理、社会习俗等因素的差异，导致即使在表面上相似的词汇或概念，在不同文化中所承载的实际意义和指称对象也可能截然不同。例如，一个简单的词汇或短语，在一种文化中可能用来指称某一特定的事物或概念，而在另一种文化中却可能根本不存在相应的表达方式，或者即使存在相似的表达形式，其含义和使用语境也完全不同。这种差异在跨文化交流中尤为明显，往往需要通过更加深入的了解和学习来克服。

例如，汉语中的“面子”概念，在英语中并没有一个直接对等的词汇。虽然可以用“face”实现近似含义的翻译，但是，“面子”在汉语中含有更加丰富和复杂的社会文化意义，涵盖了个人的尊严、社会地位、人际关系的和谐等多个层面。在英语中，虽然“face”可以在一定程度上表达类似的概念，但往往缺乏那种深刻的社会和文化背景。因此，在跨文化交流中，对“面子”这一概念的理解和使用往往需要更深入的文化背景知识。

#### 2. 情感错位

所谓情感错位，即在不同的文化背景下，人们对同一事物、同一现象所赋予的情感会存在错位现象。不同民族，其情感倾向可能是不同的，这有可能造成情感错位。一般来说，情感错位包含以下两点：

（1）宏观情感错位。宏观情感错位这一概念指不同文化背景下，人们在对相同或类似情景的情感反应和价值判断上存在的显著差异。这种差异源于各文化的历史、哲学、社会结构和传统价值观的不同。在全球化日益加深的当今社会，理解并尊重这种情感错位对于跨文化交流尤为重要。

在西方文化中，个人主义的价值观念占据主导地位。这一文化倾向强调个人的独立性、自主性和个性表达。因此，在日常交往中，西方人倾向于直接表达情感，无论是对家人、朋友还是同事，都习惯于明确表达感谢和其他情感。这种表达被视为礼貌和尊重他人的方式，同时反映了平等和个体自尊的价值观。相比之下，东方文化，尤其是中国文化，更加强调集体主义和社会和谐。在这种文化背景下，人们倾向于内敛表达情感，特别是在家庭和亲密关系中。例如，在中国文化中，家庭成员间的帮助和支持被视为理所当然，因此表达感谢可能被认为是疏远和非自然的。同样，下属对上司的帮助也被视为职责的一部分，而非需要特别感谢的行为。这种文化习俗反映了对社会秩序和角色预期的尊重。

（2）微观情感错位。微观情感错位指在具体事物或概念上，不同文化背景的人们所表现出的情感倾向和价值判断的差异。这种错位通常源于历史、宗教、传统习俗和语言等因素的影响。通过理解这些微观层面的情感错位，可以更深入地洞察和理解不同文化之间的细微差别。

以数字在不同文化中的意义为例，我们可以看到明显的微观情感错位。在中国文化中，数字具有深厚的文化和哲学意义。例如，“五”不仅代表了五行思想，也象征着宇宙的平衡和和谐。五行相生相克的观念体现了中华文化中的辩证思维和对自然规律的深刻理解。同样，数字“七”在中国文化中与死亡和追思相关，因而在某些场合被视为不吉利的数字。相反，在西方文化中，数字的象征意义和情感色彩通常与中国文化大相径庭。例如，“五”在西方文化中并没有特别的文化或哲学意义，而仅仅被视为一个普通数字。这种情感上的差异反映了不同文化在世界观和价值观上的根本差异。

了解微观情感错位的重要性在于，它能帮助我们更好地理解和尊重不同文化中的特定习俗和信仰。例如，在跨文化交流中，了解对方文化中数字的特殊意义可以避免不必要的误解和冲突。这种理解不仅能促进更有效地沟通，还能增进跨文化理解和尊重。

## 三、高校英语词汇教学的创新方法

### (一)词汇记忆法

要想有效掌握和运用词汇，首先要记忆词汇，记忆对于词汇学习是至关重要的，因此在高校英语词汇教学中，教师有必要向学生介绍几种记忆词汇的方法。

#### 1. 归类记忆法

归类记忆法是一种有效的语言学习策略，尤其适用于词汇的记忆和扩充。该方法的核心是将新学习的词汇按照相关的主题或类别进行组织和记忆，从而加强学习者对这些词汇的理解和记忆。在实践中，教师可以利用日常生活中的各种话题作为词汇学习的出发点。例如，在探讨食物和饮食习惯时，可以将相关的英语词汇进行分类。例如，食物名称可以包括“fruits”(水果)、“vegetables”(蔬菜)、“meat”(肉类)、“seafood”(海鲜)和“dairy”(乳制品)。烹饪方法则涵盖“boil”(煮)、“fry”(炒)、“bake”(烤)、“grill”(烧烤)和“steam”(蒸)。此外，餐具类词汇如“fork”(叉子)、“knife”(刀)、“spoon”(勺子)、“plate”(盘子)和“bowl”(碗)也是重要的组成部分。通过这种分类，学生可以更加系统地记忆和理解这些词汇，比如在学习烹饪方法时，可以结合实际的例子，如“boil vegetables”(煮蔬菜)和“fry meat”(炒肉)，从而加强对这些动词的记忆和应用。

通过这种方式，学生不仅能够学习到新词汇，还能在具体语境中理解和使用这些词汇，从而加深记忆。归类记忆法还有助于提高学生的逻辑思维能力和语言组织能力。在归类过程中，学生需要思考每个词汇与主题间的关联，这种分析和组织过程有助于锻炼他们的思维能力。同时，通过将词汇归入不同的类别，学生可以更有效地组织和回忆这些词汇，从而提高语言学习的效率。

#### 2. 联想记忆法

联想记忆法是一种通过建立词汇之间的联系来提高记忆效率的方法。这种方法的核心思想是，人们更容易记住那些与他们已有知识或经验相联系的信息。在英语词汇学习中，利用联想记忆法可以帮助学生以更自然、更系统的方式记忆和理解新词汇。具体操作时，可以从一个已知的词汇出发，引导学生探索与之相关的其他词汇。例如，以“water”（水）为中心词汇，学生可以联想到与之相关的词汇，如“ocean”（海洋）、“river”（河流）、“drink”（饮用）、“rain”（雨）等。通过这种方法，学生不仅学习了新词汇，还加深了对这些词汇间关系的理解。

联想记忆法的一个优点是，它能够激发学生的创造性思维。在进行词汇联想时，学生需要运用想象力和创造力，探索不同词汇间可能的联系。这种思维过程不仅增强了词汇记忆，还促进了学生的思维灵活性和创新能力。此外，联想记忆法还可以结合故事法使用。教师可以引导学生用联想到的词汇编造一个故事，这样可以使词汇在特定语境中得到应用，加深学生对词汇的理解和记忆。比如，围绕“water”编一个关于海洋冒险的故事，其中可以使用到“ship”（船）、“fish”（鱼）、“storm”（风暴）等与水相关的词汇。

3. 阅读记忆法

阅读记忆法是一种将词汇学习与阅读技能结合的有效方法。这种方法通过精读和泛读两种方式，帮助学习者在不同的阅读情景中掌握和应用新词汇，从而提高词汇记忆的效率和深度。

精读指对文本进行深入、细致的阅读。在这个过程中，学生可以专注于理解文本中的每个词汇、短语和句子。通过这种方式，学生不仅能够学习到新的词汇，还能理解这些词汇在具体语境中的使用方式和含义。例如，阅读一篇关于环保的文章，学生可能会遇到像“sustainability”（可持续性）、“conservation”（保护）和“biodiversity”（生物多样性）这样的专业术语。通过在上下文中分析这些词汇，学生可以更准确地掌握它们的含义和用法。精读还允许学生通过不断回顾和参考文本，加强对这些新词汇的记忆。

泛读则更注重于阅读的广度和速度，是一种更为自然和轻松的阅读方式。在泛读中，学生可以通过大量阅读来接触更多的词汇，并在不断的阅读实践中加深对这些词汇的理解和记忆。例如，通过阅读各种类型的英语小说、报刊，学生能够在更宽泛的语境中遇到和复习已经学习过的词汇，从而加深对这些词汇的印象。泛读还能够帮助学生发现和理解词汇在不同语境中的不同用法，提高他们的语言适应能力。

### （二）文化教学法

1. 讲授文化知识法

在英语词汇教学中，将文化知识与语言学习相结合是一种非常有效的教学方法。这种方法强调语言学习不仅仅是对单词的记忆和语法的理解，更重要的是理解和掌握语言背后的文化背景。通过文化教学，学生可以更深刻地理解词汇的含义和使用场景，从而更有效地应用于实际交流。

具体来说，教师可以通过直接讲授的方式，向学生展示和讲解英语词汇中所承载的文化意义和内涵。这种教学方法可以通过使用图像、声音和其他多媒体材料来辅助讲解，使得学生不仅能听到和看到词汇，还能通过直观的方式理解词汇背后的文化内涵。例如，介绍“tea”（茶）这个词时，教师可以展示英国下午茶的图片和视频，讲解下午茶的历史和文化背景，让学生理解“tea”在英国文化中的重要性。通过这样的教学方式，学生不仅学习到词汇本身，还能了解词汇在特定文化背景下的使用和意义。

此外，文化教学还应包括对不同文化中相同词汇的不同理解和使用。这种教学方法有助于学生理解语言和文化之间的密切联系，以及同一词汇在不同文化背景下可能产生的不同含义。例如，讲授“eagle”（鹰）这个词时，教师可以介绍它在美国文化中作为国徽和自由的象征的意义，同时比较它在其他文化中的不同象征意义。通过这样的比较，学生可以更深入地了解和尊重不同文化，以及学习如何在跨文化交流中更有效地运用词汇。

2. 文化对比法

在英语词汇教学中，文化对比法是一种强调通过比较不同文化背景下词汇的使用和意义，以增强学生理解和记忆的方法。这种方法基于心理学原理，即人们对不同事物产生的兴趣和记忆更为深刻。通过英汉文化对比，学生不仅能够明白词汇的表面意义，还能深入了解词汇背后的文化内涵，从而更加有效地学习和使用英语。

在具体教学实践中，教师可以选择一些在中英文化背景下含义或使用方式有明显差异的词汇进行比较。例如，“dragon”在英语中通常是神秘、危险的象征，而在汉语中，龙是吉祥、权力的象征。教师可以通过展示不同文化中的符号、艺术作品或传统故事来揭示这些差异，帮助学生理解同一词汇在不同文化中可能有截然不同的象征意义。此外，文化对比法还可以应用于揭示不同文化中日常用语的差异。例如，在英语中，“please”和“thank you”的使用是非常普遍和基础的礼貌形式。例如，在请求帮助时，英语使用者通常会在句子中加入“please”，如“Could you please help me? ”。在收到帮助后，说“thank you”则是表达感激的基本礼节。这种直接的礼貌表达方式使得交流更加清晰和直接，反映了西方文化中对效率和明确性的重视。相比之下，汉语中的礼貌表达往往更为委婉和间接。例如，汉语使用者在请求帮助时，可能会使用更加间接的方式，如“能麻烦您帮个忙吗？”或者“如果方便的话，可以帮我一下吗？”这种表达方式不仅传达了请求，还体现了谦逊和对他人的尊重。

# 第二节　高校英语语法教学的创新实践

## 一、高校英语语法教学概述

### （一）什么是语法

语法是语言学中的一个基本概念，它涉及一套规则和原则，用于组织词汇成句子和短语，使之能够有效地传达意义。语法不仅包括单词的形态变化，如时态、数、性的变化，也包括词与词之间的关系和句子结构的规则。语法规则定义了单词如何组合成短语和句子，使得语言使用者能够构建出逻辑性强、结构清晰的语句。每种语言都有其独特的语法体系，这些规则反映了特定语言的特色和使用习惯。

在语言学习中，语法是构建准确表达的基石。它不仅帮助学习者理解句子的意义，还能使他们能够创造出符合语言习惯的表达。语法学习的核心是理解和运用这些规则，以确保语言的正确性和清晰性。虽然语法规则有时看起来复杂和枯燥，但它们对于掌握一门语言是必不可少的。

### （二）高校英语语法教学的概念和意义

#### 1. 高校英语语法教学的概念

在我国的高等院校中，英语语法教学是一个渐进和分层的过程，旨在系统地提升学生的语法水平，从基础知识到高级应用，逐步深入。这种教学方法不仅涵盖了语法的基本规则和应用，还包括了使用语法进行有效沟通的高级技巧。

在初级阶段，重点是让学生掌握语法的基础知识。这包括词类的识别，理解名词的可数性和不可数性，掌握名词的单数和复数形式。同时，学生也需要学习代词、基数词、序数词、常用介词和连词的用法。此外，形容词和副词的句法功能、比较级和最高级的构成，以及冠词的使用也是初级阶段的学习内容。对于动词，学生应该了解其主要种类、时态、语态以及不定式和分词的基本用法。进入中级阶段，语法教学的重点转向更复杂的句型和结构。学生需要掌握主谓一致关系，理解和使用不同类型的从句，如表语从句、宾语从句、定语从句和状语从句。此外，直接引语和间接引语的转换，动词不定式和分词的进阶用法，各种时态以及主动和被动语态的使用也是中级阶段的关键内容。高级阶段的语法教学更侧重于复杂句型的运用和语篇的连贯性。学生应该熟练掌握主语从句、同位语从句、倒装句和各种条件句的使用。此外，句子间和段落间的衔接手段，如照应、省略和替代，也是高级语法教学的重要组成部分。在这一阶段，学生不仅需要掌握语法规则，还需要学会如何运用这些规则来有效地表达思想，确保语篇的流畅性和连贯性。

2. 高校英语语法教学的意义

英语语法教学对于英语学习者来说至关重要。掌握英语语法不仅有助于提高语言的准确性，还能增强表达的清晰性和逻辑性。良好的语法基础使学习者能够正确地构建句子，有效地传达思想和信息，这对于口语交流和书面表达都至关重要。在全球化的背景下，英语作为国际通用语言，在学术、商务和国际交流中占有重要地位，因此，掌握正确的英语语法对于学习者在这些领域取得成功至关重要。

除了提高语言技能，英语语法教学还对培养逻辑思维能力具有重要作用。通过学习如何有效地组织句子和段落，学习者可以提高自己的思维清晰度和论述能力。此外，英语语法教学还帮助学习者理解英语文化，因为语法结构和使用习惯往往反映了语言背后的文化特征。因此，英语语法教学不仅是语言学习的重要组成部分，还是跨文化交流和全球参与的关键。

## 二、高校英语语法教学的挑战

当前高校英语语法教学面临的挑战主要包括以下几个方面：

### （一）学生基础不一

在高等学府的英语语法教学中，学生基础水平的差异构成了一个显著的挑战。这些差异可能源于学生的教育背景、之前的学习经验、个人的学习能力，以及对英语学习的兴趣和态度的不同。有些学生可能已经掌握了较为复杂的语法结构，而另一些学生可能仍然在基础语法的理解和应用上遇到困难。这种基础水平的差异使得教师在制订教学计划和进行课堂教学时面临挑战，难以同时满足所有学生的学习需求。

（二）教学资源和方法的局限性

当前的英语语法教学还面临着教学资源和方法的局限性。传统的教学方法往往过于依赖于规则的直接讲授和书面练习，这可能导致学习过程缺乏足够的互动性和实际应用。这种单一的教学模式可能难以激发学生的学习兴趣，也不利于学生将语法知识应用于实际的语言使用场景中。此外，这种方法可能无法充分利用现代教育技术提供的资源，导致教学内容和方式与学生的实际需求和当代教育趋势脱节。因此，这种传统的教学模式可能不足以全面提升学生的语法能力和综合语言运用水平。

（三）技术和创新的融入

随着教育技术的迅速发展，将这些新兴技术有效融入英语语法教学成为了一个重要挑战。一方面，教育技术，如在线学习平台、交互式软件和移动应用，为语法教学提供了丰富多样的新资源和方法。这些技术有潜力使语法学习更有互动性、有趣和个性化。然而，另一方面，如何有效地将这些技术集成到传统的教学框架中，以及如何确保它们真正提高学生的学习效果，仍然是一个未解决的问题。教师需要具备相应的技术知识和技能，才能有效地利用这些工具。同时，学校和教育机构也面临着如何平衡传统教学方法和现代技术之间的挑战。

教育技术的迅速变化也给教师和学生带来了适应上的挑战。不断更新的软件和平台需要教师不断学习和更新教学方法，这对于一些不太熟悉新技术的教师来说可能是一个难题。同样，学生们也需要适应在不同的技术环境下学习，这可能影响他们对语法学习的集中度和效果。

（四）语言实际使用与语法规则的脱节

在现实生活中，语言的实际使用往往比课堂上学习的语法规则要复杂得多。这种现实语言使用与课堂语法规则之间的脱节，构成了英语语法教学的一个主要挑战。学生在课堂上可能学习了标准的语法结构和规则，但在日常交流和实际语境中，他们可能会遇到与这些规则不完全一致的语言用法。例如，口语交流中常见的非正式表达、俚语和习惯用法可能与学校教授的标准语法有所差异。这可能导致学生在实际交流中感到困惑，不确定何时应遵循严格的语法规则，何时可以使用更自然、更灵活的语言表达。

语法教学往往侧重于书面语的规范和结构，而忽视了口语中的自然流畅性和灵活性。这可能导致学生在书面语和口语表达上出现不平衡，能够准确地运用书面语法规则，却在口语交流中显得生硬和不自然。因此，如何在教学中平衡标准语法规则和实际语言使用的差异，是英语语法教学面临的一个重要挑战。

## 三、高校英语语法教学的创新方法

### （一）语境法

语境法在高校英语语法教学中起着至关重要的作用。这种方法通过将语法知识置于具体的语言使用场景中，使得语法学习更加直观和实际。相比于传统的抽象讲授方式，语境法更加注重语言的实际应用，帮助学生在真实或模拟的情景中理解和掌握语法规则。这种教学方法不仅提高了学生的学习兴趣，还增强了他们将语法知识应用于实际语言使用中的能力。

例如，教师可以通过设计一个与日常生活紧密相关的情景来教授动词时态。设想一个周末活动的规划，让学生用不同的时态来描述即将发生的、正在发生的和已经发生的活动。学生可以通过小组讨论或角色扮演的方式参与进来，如规划一次朋友聚会或讨论过去的一次旅行经历。通过这样的情景创设，学生不仅能够在具体语境中学习动词时态的使用，还能理解不同时态表达的时间概念和用法。

语境法还可以结合多媒体教学资源，如视频、音频和图片等，使语法学习更加生动和有趣。比如，在描述关于天气的语法时，教师可以展示不同天气情况的图片或视频，引导学生使用正确的语法结构描述这些场景。这不仅使得语法学习更加贴近实际生活，还增强了学生对语法在真实语境中应用的理解。

### （二）竞技法

竞技法在高校英语语法教学中是一种激发学生学习积极性的有效方法。通过将语法学习转化为一种竞赛活动，能够有效地调动学生的好奇心和求胜心，从而提高他们对语法知识的学习兴趣。竞技法不仅使语法学习变得更加有趣和参与度更高，而且能够增强课堂的互动性和活跃气氛。

在实际教学中，教师可以通过多种方式实施竞技法。例如，可以设计语法知识问答比赛。在这种活动中，学生首先需要分组，然后教师提出与刚刚讲授的语法内容相关的问题。问题可以设置为个人回答或小组合作回答，形式可以是必答题或抢答题。通过这种方式，学生不仅能够复习和巩固所学的语法知识，而且能够在竞赛的过程中提高对语法的理解和运用能力。

竞技法还可以采用更为创新的形式，如角色扮演竞赛或创意演讲比赛。例如，教师可以要求学生用英语进行一场辩论，辩论的主题和内容需要使用特定的语法结构，如被动语态或虚拟语气。这种活动不仅能够让学生在实际语境中使用语法知识，还能够提高他们的英语口语表达能力和逻辑思维能力。

### （三）四步教学法

四步教学法是一种高效的英语语法教学方法，其基本框架为"展示—解释—练习—评估"。这种方法的核心是通过分步骤的教学活动，使学生能够系统地理解、练习并评估所学的语法知识。

#### 1. 展示阶段

在这一阶段，教师首先需要展示即将教授的语法项目。展示可以采用多种形式，如教材中的例句、创造的对话或情景，甚至通过视频或音频材料展示语法的实际应用。这一阶段的目的是吸引学生的注意力，并让他们初步感知和认识新的语法结构。例如，在教授现在完成时时，教师可以通过一个关于某人日常生活的小故事来展示这个时态的使用，使学生能够在具体语境中初步感知现在完成时的形式和用法。

#### 2. 解释阶段

在展示之后，教师需要对新的语法结构进行详细的解释。这包括对语法规则的说明、句型结构的分析和使用场景的讲解。解释应尽量清晰、准确，避免不必要的复杂性，以便于学生理解。在这一过程中，教师可以采用比较法、对比法或其他发现性学习策略，鼓励学生主动探索和总结语法规则。例如，在解释现在完成时时，教师可以比较现在完成时和一般过去时的不同用法，帮助学生理解这两种时态的区别。

#### 3. 练习阶段

一旦学生对语法规则有了基本的理解，接下来可通过各种练习来巩固所学知识。练习应覆盖从控制到自由的不同类型，从而使学生在不同程度的指导下逐步掌握语法结构。练习可以是填空、改错、造句等形式，也可以是小组讨论、角色扮演等更加互动的活动。练习不仅应关注语法形式的正确性，还应注重语法的交际功能，让学生在实际交际中运用所学的语法知识。

4. 评估阶段

评估阶段是对学生掌握语法知识的程度进行评估。这可以通过课堂测验、口头测试或者作业的形式进行。评估的目的是帮助教师和学生了解学习效果，发现并解决学习过程中的问题。评估结果还可以用于调整教学方法和内容，以更好地满足学生的学习需求。

（四）任务 + 语篇动态教学法

任务 + 语篇动态教学法是一种结合了任务驱动和语篇分析的现代英语语法教学方法。这种方法旨在通过各种实际任务和语篇的分析，提升学生的语篇意识和对语法形式的理解。在这种教学模式下，语法不再是孤立的、被动的规则学习，而是通过真实语境中的语言使用来积极探索和理解。

1. 产出型任务

在这个环节中，教学重点放在让学生通过实际的交际活动来使用目标语言。例如，教师可以设计一项任务，要求学生制作一个关于某个话题的英语演讲或视频。在这个过程中，学生不仅要关注内容的表达，也需要注意使用正确的语法结构。这种任务型学习活动迫使学生在实际交际中主动使用目标语言，从而提高他们对语法形式的自然掌握能力。

2. 理解型任务

在理解型任务中，学生需要专注于理解特定的语法形式，并对其进行分析和响应。举例来说，教师可以提供一篇文章或对话，里面包含了特定的语法结构，学生的任务是识别这些结构并理解其在文中的作用。这种类型的任务强调学生对语法形式的注意和理解，帮助他们在语境中识别并应用这些结构。

3. 增强语法意识的任务

此类任务更加直接地关注语法结构的教学。在这个阶段，学生首先会被介绍特定的语法结构，然后通过各种活动来加深对这些结构的理解和应用。例如，教师可以先展示一些包含特定语法结构的例句，然后让学生通过改写句子、创作短文或进行角色扮演来练习这些结构。这种任务旨在加强学生对语法规则的显性理解，并鼓励他们在实际语境中应用这些规则。

# 第七章　高校英语技能类教学内容与创新实践

## 第一节　高校英语听力教学的创新实践

### 一、高校英语听力教学概述

#### （一）高校英语听力教学概念内容

在高等教育中，英语听力教学扮演着重要角色，它对学生的语言技能提升及其综合素质的发展具有重大影响。高校英语听力教学通常涵盖三个主要方面：听力知识教学、听力技能教学和听力理解教学。三个方面共同构成了听力教学的完整框架，旨在帮助学生提高听力理解能力和语言运用水平。

1. 听力知识教学

这一部分的教学重点在于向学生传授基本的听力知识，包括语音、语调、重音和连读等方面的知识。这些知识是学生理解英语口语的基础，对于提高听力理解的准确性至关重要。在实际教学中，教师可以通过播放不同口音的英语材料，帮助学生熟悉各种发音，并引导他们理解和区分不同的语音特征。例如，可以通过播放英式英语和美式英语的录音，让学生比较和理解两种口音之间的差异。

2. 听力技能教学

听力技能的培养是听力教学的核心部分，旨在提高学生的听力理解能力和信息处理能力。其中包括教授学生如何预测内容、理解主旨、捕捉细节信息、做笔记和总结信息等技能。在这个过程中，教师可以采用多样化的教学方法，如通过新闻、访谈、讲座等不同类型的听力材料训练学生的听力技能。通过这些活动，学生能够在不断的练习中提高对不同类型和难度材料的理解能力。

3. 听力理解教学

这一部分专注于提高学生对具体内容的理解和分析能力，包括对对话、文章或演讲中隐含意义的理解。听力理解教学需要学生不仅仅停留在字面意义的理解上，而要能够洞察说话者的意图、情感和态度。例如，教师可以通过播放具有文化背景、情感色彩或复杂情景的材料，让学生练习分析和解读更深层次的信息。通过这种教学，学生的听力理解能力将得到进一步提升，有助于他们更好地适应真实的语言环境和交际场合。

（二）高校英语听力教学意义

1. 提升语言综合能力

在高校英语教学中，听力作为基本的语言技能之一，对于提升学生的综合英语水平起着决定性作用。良好的听力技能不仅是理解英语口语的基础，而且对提高学生的阅读、写作和口语表达能力有直接影响。通过系统的听力训练，学生能够更加准确地捕捉和理解英语中的语调、节奏和重音，这对于提高语言的自然流畅性至关重要。

（1）听力训练能够帮助学生更好地理解英语口语中的隐含意义和情感色彩，这对于有效地口语交际至关重要。通过频繁接触各种英语口语材料，学生能够提高对不同口音、语速和语音变化的适应能力，从而在实际交流中更加得心应手。

（2）听力技能的提升有助于增强学生对英语文本的理解能力。例如，学生在听力练习中接触的各种信息和背景知识，能够丰富他们的词汇和句型结构，这些知识在阅读和写作时能够被有效运用，从而提高这两项技能的水平。

（3）听力训练能够促进学生对英语语法结构的理解，因为他们需要在听力材料中分辨并理解复杂的语法形式。

2. 增强实际交际能力

在全球化的背景下，英语作为一种国际通用语言，在各种国际交流和合作中扮演着至关重要的角色。因此，提升学生的英语听力能力对于增强他们的实际交际能力具有重要意义。具备良好的听力技能的学生能够在真实的交际环境中更有效地理解信息，参与对话和讨论，从而在多元文化的国际环境中更好地沟通和合作。

良好的听力能力使学生能够在不同的社交场合中准确理解对方的言语，从而做出恰当的反应。这不仅涉及对言辞内容的理解，也包括对说话者的情感、态度和文化背景的感知。例如，学生在国际会议、研讨会或跨文化交流活动中，通过精准的听力理解能够更好地参与讨论，理解不同文化背景下人们的观点和态度，从而做出更合适的回应和决策。良好的听力技能对于学生日后的职业发展同样重要。在全球化日益加深的今天，许多职业领域都需要与国际同行进行交流合作。掌握良好的英语听力技能可使学生在未来的工作中更有效地与国际伙伴进行沟通，理解不同文化背景下的工作方式和思维模式，从而在职场上取得成功。

## 二、高校英语听力教学挑战

### （一）教育模式的滞后与教学方法的局限性

在当前的高校英语听力教学中，教育模式的滞后和教学方法的局限性是显著的挑战之一。虽然教学设施和资源得到了改善，但许多教师的教学理念未能与时俱进。他们仍然坚持传统的、以教师为中心的教学模式，重点在于传授专业知识和技能，忽视了学生作为学习主体的重要性。这种教学方式未能充分激发学生的主动学习能力，也未能有效地培养学生的语言实际运用能力。

此外，许多教师在利用现代信息技术进行教学方面存在困难。一方面，部分教师尚未掌握如何有效地运用多媒体等现代教学工具；另一方面，一些教师对使用这些技术持有保守态度。这导致了网络和多媒体等先进教学资源的潜力未得到充分发挥，从而影响了教学效果和学生的学习体验。因此，教育模式的更新和教学方法的革新是当前高校英语听力教学亟须解决的问题。

### （二）学生听力学习动机的缺失

在高校英语听力教学中，学生听力学习动机的缺失是一个重要挑战。许多学生上听力课主要是为了应对各种英语考试，而非出于对语言交际能力的提升或对获取有效信息的需求。这种以考试为导向的学习态度导致学生忽视了听力训练在语言学习中的重要作用，未能意识到听力课程对培养实际语言交际能力的重要性。

同时，一些学生在英语学习中仍然沿用传统的死记硬背方法，没有转变为更加注重能力培养和实际应用的学习方式。他们期望通过简单的学习方法迅速提高听说能力，但这种方法往往难以达到预期效果。因此，改变学生的学习动机和方法，使其更加注重听力的实际运用和交际技巧的培养，是提升高校英语听力教学效果的关键。

（三）高校新生听力基础薄弱

高校新生普遍存在听力基础较弱的问题，这是英语听力教学面临的一个重要挑战。由于长期受应试教育的影响，很多学生对听力能力的重视程度不够，对于听力技能的培养持有消极态度。同时，由于师资、视听资源和教学设备的限制，英语教学中往往过分强调语法知识和做题技巧，忽视了听力和口语能力的培养。这种偏重书面语言而忽视口头语言的教学倾向导致许多学生在进入高校时，其听力水平无法满足高等教育的需求。他们在理解英语口语、跟随快的语速和准确把握听力材料的主旨大意时面临困难。因此，高校英语教育需要重视听力教学，为学生提供更多的听力练习机会，帮助他们适应大学英语学习的需求，提高他们的听力水平和语言运用能力。

（四）学生听力习惯的不足

高校英语听力教学中一个显著的挑战是学生听力习惯的不足。很多学生在进行英语听力练习时，习惯于努力捕捉每一个词和每一个句子，这种逐字逐句的听力方法往往导致对整体内容的理解不足。当学生遇到难以理解的单词或句子时，他们可能会陷入反复思考，从而打断听力的连贯性，导致信息的丢失。这种听力习惯不利于把握语篇的主旨和大意，以及理解说话者的意图和情感。还有许多学生在听力部分依赖于对英语内容的中文翻译，这种“英汉双翻译”的思维模式不仅增加了听力的难度，还降低了听力效率。这种依赖于母语的听力习惯会导致学生在听英语时无法快速反应，进而产生对听力材料跟不上、理解不足的恐惧和焦虑。因此，改善学生的听力习惯，培养他们直接理解英语的能力，是提升听力教学效果的关键。

## 三、高校英语听力教学创新方法

（一）文化教学法

在高校英语听力教学中，结合文化知识与词汇学习是一种有效的教学策略。通过在听力材料中融入不同文化背景下的词汇，教师不仅可以增强学生的文化意识，还能丰富他们的词汇量，从而为提升听力打下坚实的基础。例如，在听力材料中引入某个特定文化中的象征物或习俗，可以帮助学生理解不同文化中相同词汇可能带有的不同含义或情感色彩。

这种教学方法要求教师深入了解不同文化背景，并能够在听力材料中巧妙地引入这些文化元素。通过这种方式，学生不仅学习到新的词汇，还能够在实际语境中理解词汇的多样性和复杂性。此外，这种方法有助于激发学生对不同文化的好奇心和兴趣，进而提高他们的学习动力和听力。

### （二）游戏教学法

游戏教学法作为高校英语听力教学的一种创新方法，有效地解决了学生“说不出，听不懂”的常见问题。通过将教学内容融入游戏环境中，寓教于乐，能够显著提高学生的学习积极性和参与度，促使他们在轻松愉快的氛围中实现知识能力的自我构建。

#### 1. 游戏教学环境的设计与学生参与度提升

在游戏教学法中，创建一个互动性强、吸引学生参与的游戏环境至关重要。这要求教师根据学生的兴趣和需求设计教学游戏，以确保学生能够积极主动地参与进来。例如，可以设计一些基于实际英语听力场景的角色扮演游戏，让学生在模拟的真实环境中练习听力技能。通过这样的互动游戏，学生不仅能提升听力水平，还能在游戏中体验英语交际的乐趣，从而增强学习动机。

#### 2. 教学对象分析与个性化教学

在实施游戏教学之前，对学生的学习需求和兴趣进行深入分析是必要的。这一步骤有助于教师更好地理解学生的特点和偏好，从而设计更符合学生需求的教学游戏。了解学生的需求后，教师可以根据学生的不同学习风格和水平设计游戏内容，确保游戏教学能够覆盖不同学生群体，实现因材施教。

#### 3. 游戏教学的设计与网络游戏的应用

利用网络游戏进行英语听力教学是一种高效的方法。网络游戏因其趣味性和互动性而深受学生喜爱，教师可以利用这一点，将听力教学内容融入网络游戏中。例如，教师可以设计一些需要学生通过英语交流来解决问题或完成任务的网络游戏。在这些游戏中，学生不仅能练习英语听力技能，还能在游戏的合作和竞争过程中提升交际能力。

### （三）影片教学法

英语电影能够营造真实、生动的听力环境，帮助学生更好地了解西方文化，从中体会中西方文化差异，进而提高跨文化交际能力。因此将英语电影运用于英语听力教学，可有效激发学生的学习兴趣，提高教学的效率和学生的听力水平。具体而言，可采用以下步骤开展教学。

1. 观赏影片前

在观赏影片之前，教师和学生需要做一些准备工作。这些准备工作指，在选定影片之后，教师要为学生布置好与电影主题相关的作业，鼓励学生在课下通过网络收集一些与电影背景相关的信息，通过此方式加深学生对影片的了解。在临近观看前，教师要对影片的相关内容进行介绍，并提出相关的拓展学生思维的问题，如影片中有哪些俚语以及主角爱好等，这样能够引导学生带着问题和好奇心去观看影片。在准备工作完成之后，学生在了解影片的基础上，边观看影片边解决问题，以期达到更好的学习效果。

2. 观赏影片中

教师可以通过播放电影的经典片段进行精听练习。精听要求学生集中注意力听清每一个词、短语和句子，理解每个情节的细节。这种方法有助于学生深入理解影片中的语言和文化内容。同时，教师还可以结合泛听策略，引导学生把握影片的总体框架和故事梗概。在播放过程中，教师可以适时暂停影片，对影片中的关键对话、俗语、委婉语等进行解释，分析其中的文化差异，从而帮助学生更好地理解和学习影片中的语言元素。

3. 观赏影片后

影片结束后，教师可以组织一系列扩展活动，如角色扮演、讨论影片主题、撰写影评等。这些活动能够巩固学生通过影片学到的知识，同时提升他们的语言表达和听力理解能力。例如，通过组织学生进行影片中角色扮演，不仅能加深学生对影片语言的理解，还能锻炼他们的发音准确性和语感。通过讨论影片的主题和写影评，学生能够练习运用所学的词汇和语法知识，进一步提高听力水平。

## 第二节　高校英语口语教学的创新实践

### 一、高校英语口语教学概述

#### （一）高校英语口语教学概念内容

高校英语口语教学是针对大学生提升英语口头表达能力的教学活动，涵盖了发音、语调、流利度、口语交际技能以及跨文化交际能力等方面。这种教学旨在帮助学生在真实或模拟的交际场景中有效地使用英语进行口头沟通。

1. 发音与语调

在英语口语教学中，正确的发音和自然的语调是学生有效沟通的基础。发音教学不仅包括标准的单词发音，还涉及语音连读、重音和语调模式等方面。正确的发音可以帮助学生更好地被听众理解，而合适的语调能传达更丰富的情感和语境信息。

2. 流利度与口语表达

流利度是英语口语教学中的一个核心要素。高校英语口语教学强调学生能够流畅自然地表达思想，这不仅涉及语言的流畅输出，也包括思维的连贯性和语言的组织能力。提高流利度意味着学生在口语表达时能够顺畅地组织语言，准确地选择词汇，并有效地处理语言中的自然停顿或中断。

3. 口语交际技能

口语交际技能教学的核心在于培养学生在不同交际场合中正确、恰当地使用语言的能力，以及理解并遵循交际准则，有效地进行信息交换。这包括教授学生根据不同的社交环境调整语言风格和表达方式，如在正式场合采用正式礼貌的语言，而在非正式场合可以更加随意。同时，强调学生对英语交际准则的理解和实践，使他们能够在多元文化背景下展示出尊重和同理心。此外，教学还涵盖了如何高效地交换信息，包括清晰准确地表达观点和有效理解他人意图的能力。非语言交际元素，如肢体语言、面部表情和语音强调，在口语交际技能的培养中也占有重要位置，学生需要学习如何在交流中恰当地运用这些元素。

（二）高校英语口语教学意义

1. 符合语言学习的自然规律

语言作为人类交际的基本工具，其自然属性是口头交流。有效的口语交际不仅需要准确的发音和语调，还需要流畅和自然的表达。听、说、读、写这四项基本技能是语言学习的基石，它们相互依赖，共同促进语言能力的发展。历史上，虽然“语法翻译法”曾被广泛应用，但其忽视口语训练的弊端逐渐显现。相比之下，现代外语教学法如“直接法”“听说法”和“交际法”等，都强调了口语训练的重要性。这表明，口语训练是外语学习不可或缺的部分，是语言能力全面发展的关键。

2. 促进理论知识与实际应用的结合

语言学习的目的不仅是理解语法规则和积累词汇，更重要的是将这些理论知识应用于实际的语言使用中。长期以来，英语教学常常过分强调语法分析和词汇记忆，而忽视了语言实践，特别是口语实践的重要性。现代教学法提倡将语言的形式与功能结合起来，强调通过大量的语言实践，尤其是口语实践，来深化对语言结构和词汇的理解，并形成稳固的语言习惯。因此，强化口语训练不仅有助于改善学生的语言运用能力，也是连接理论知识和实际应用的桥梁。

3. 有助于培养语感，形成外语思维

语感，即对语言的直觉理解和运用能力，是外语学习中不可或缺的部分。它使学生能够在不经意间正确地理解和使用外语，而无须刻意思考语法规则或词性变化。具备良好的语感的学生能够根据具体语境灵活运用语言，这在口语交流中尤为关键。语感的形成并不是单纯依靠理论知识学习即可实现的，它需要通过大量的语言实践培养。虽然理性分析和记忆语法规则、词汇等知识对语感形成有所帮助，但真正的语感只有在频繁的语言使用中才能逐渐形成。

高校英语口语教学在促进学生形成外语思维方面发挥着重要作用。外语思维指使用非母语进行思考和理解的能力，它对于外语学习者来说是一个关键的技能。由于英语和汉语在语音、语法、习惯用法以及词义的内涵和外延方面存在显著差异，因此，用英语思维与用汉语思维在内容和形式上会有很大区别。在高校英语口语教学中，通过各种口语实践活动，学生有机会在真实或模拟的交际场景中使用英语，逐步适应用英语进行思考和表达。

形成外语思维的过程是学生从依赖母语思维向直接用外语思维过渡的过程。这一过程不仅涉及语言知识的积累和运用，更重要的是改变了思维方式和表达习惯。在这个过程中，学生需要学会用英语直接组织思想、表达感受和观点。随着外语思维能力的提升，学生在理解和使用英语时将更加自然和流畅。

## 二、高校英语口语教学挑战

### （一）文化意识挑战

在高校英语口语教学中，学生的跨文化意识薄弱是一个重要挑战。口语交流不仅是语言的交流，更是文化的交流。由于中西文化的差异，学生在口语交流过程中可能无法充分理解对方的文化背景和观点，这可能导致误解、歧义甚至冲突。例如，某些在一种文化中被视为礼貌的表达，在另一种文化中可能被认为是不礼貌或冒犯的。因此，教师在教学过程中需要重视对学生进行跨文化教育，帮助他们理解不同文化背景下的交际习惯和价值观念，从而提升学生的跨文化交流能力。

### （二）非智力因素挑战

高校英语口语教学还面临学生的非智力因素的挑战。很多非英语专业的学生在口语课上由于基础薄弱、害怕犯错、害羞或是担心面子问题而不愿意开口。这种心理障碍阻碍了学生的口语练习和进步。学生可能因为担心在同学和老师面前犯错误，尤其是低级错误，而避免在课堂上积极参与。这种"沉默"的选择不仅限制了他们的口语实践机会，也影响了他们的口语能力的提升。

### （三）资源配置与重视程度的挑战

在高校英语教学中，面临的一个显著挑战是对口语教学的不重视及资源配置不充分。许多大学受到学时限制和师资力量不足的影响，导致非英语专业学生能够接触到的口语课程极为有限。通常，口语教学被融合在听说课中进行，但这些课程的比重在整个英语教学体系中相对较小，远不能满足学生口语能力提升的需求。此外，由于英语教学的重点往往放在了读写能力的培养上，口语教学在很多大学的英语课程中常被边缘化。这种教学重点的偏差导致学生在英语听说能力上得不到充分的锻炼，难以在实际交际中有效使用英语。再加上英语课程考试体系中对口语能力的考核通常不够严谨和全面，缺乏一套正规和细致的测试方式和评分标准，导致即使是英语专业的学生也可能对口语训练不够重视，从而影响了整体的语言运用能力。

## 三、高校英语口语教学创新方法

### （一）"听导说"创新方法

在高校英语口语教学中，采用"听导说"作为一种创新教学方法，能够有效提升学生的口语能力。这种方法基于认识，认为有效的语言学习来源于对语言输入的深入理解和积极构建，其中"听"作为语言输入的主要途径，是这一过程的关键。在"听导说"方法中，听力训练不仅是被动的接收过程，更是一个积极的构建和领悟过程。它包含三个阶段：感觉、识别和领悟构建阶段。在感觉阶段，学生初步接触语言材料，接收基本的语言信息；在识别阶段，学生开始积极地分析和联系所接收的信息；在领悟和构建阶段，学生对所学材料进行深入理解，并将其存储于记忆中，为语言的输出做准备。

“听导说”方法要求学生在听力练习中不仅模仿所听材料，更重要的是学会运用。这一过程涉及准确、有情感地表达，包括模仿语速、发音、语调以及非语言元素如面部表情和肢体语言。初期，学生应重视发音的准确性，然后逐渐提高语速，以适应自然的交际速度。此外，学生还需要练习用情感和流利性表达内容，以达到像使用母语一样自然的交流水平。

在“听导说”教学法的实践中，教师的角色至关重要。教师需要选择适合学生水平的听力材料，并引导学生深入理解每个词、句的意思和语气差异。同时，教师应通过提问和复述练习激发学生的主动性，让他们积极参与口语练习。对于害怕犯错的学生，教师应给予鼓励和支持，创造一个宽容错误、鼓励尝试的学习环境，以此提高学生的口语能力。通过这种方式，学生不仅能够模仿所听内容，更能学会如何在实际交际中运用所学语言，从而在“听导说”的过程中有效提升口语能力。

#### （二）关注学生情感和心理因素

在高校英语口语教学中，关注学生的情感和心理因素是一种创新教学法。这种方法认识到情感因素对学生语言学习的影响，特别是在口语练习中，学生的情感状态直接影响他们的学习效果。紧张和焦虑感在外语学习者中尤为常见，这些负面情绪会阻碍学生的语言输入和习得过程。

教师在口语教学中应努力营造一种轻松和谐的课堂氛围，以减轻学生的紧张感和焦虑感。这包括创造一个鼓励开口、宽容错误的环境，使学生感到安全和自信。对于取得进步的学生，教师应给予及时的表扬和正面反馈，而对于犯错误的学生，则需要采取温和、鼓励的纠正方式。教师的肯定和鼓励对于学生克服害怕犯错的心理至关重要。此外，教师应采用各种策略激发学生的学习兴趣和积极情感。这可以通过丰富的教学活动，如游戏、角色扮演、小组讨论等实现。通过这些活动，学生可以在轻松愉快的环境中练习口语，同时提高其口语能力。在此过程中，教师的幽默感和积极的互动也非常重要，这有助于创造一种积极和愉悦的学习氛围，进而提高学生的学习动力和口语表达能力。

（三）设计激发学生兴趣的教学内容

在高校英语口语教学中，设计能够激发学生学习兴趣的教学内容是一种有效的创新策略。学习兴趣是提高学习效果的关键因素之一，因此，教师在课堂教学中应选择与学生的生活经验和兴趣密切相关的话题。例如，围绕校园生活、幸福感、兼职经历、时尚趋势等话题进行讨论，不仅能让学生在熟悉和感兴趣的领域中自信地表达自己的观点，还能促进他们的英语思维能力和口语表达能力的发展。当然，选择贴近学生实际生活的话题对于激发学生的口语表达兴趣至关重要。这些话题更容易引起学生的共鸣，使他们愿意分享自己的看法和经验，从而在实际的语言使用中提高口语能力。此外，这种教学策略有助于扩大学生的知识视野，增加语言材料的丰富性，使口语学习不仅限于课本内容，而是与真实世界紧密相连。

（四）组织大型英文活动

一个创新教学方法是组织大型英文活动，如英语演讲比赛、辩论赛、角色扮演等。这些活动提供了一个真实的语言使用环境，使学生能够在实际交流中练习和提升自己的口语能力。通过参与这些活动，学生不仅能够“输入”相关信息，还能在实际应用中进行“输出”，从而加深对所学语言知识的理解和应用。

这些活动能够提供一个平台，让学生在较为正式的场合中使用英语进行公开演讲、表达观点和辩护。通过这种方式，学生可以克服公众场合的紧张感，增强自信心，并在实践中提高自己的口语表达能力。同时，这些活动也是学生展示自己英语能力、增进同学间交流和互动的好机会。为了使这些活动更有效，教师可以在活动前提供必要的指导和支持，帮助学生准备材料和演讲稿，确保活动的顺利进行。

## 第三节　高校英语阅读教学的创新实践

### 一、高校英语阅读教学概述

（一）高校英语阅读教学概念内容

高校英语阅读教学的核心在于向学生提供一个内容丰富、形式多样的阅读情景，以促进他们语言能力的全面发展。在现代大学英语教材中，所涵盖的阅读材料展现了显著的多样性和现代性。这种多样性主要体现在三个方面：领域的多样性、体裁的多样性和语域的多样性。

1. 领域的多样性

在高校英语阅读教学中，领域的多样性是一项重要特征。教材中包含的材料涵盖了从语言学、文学到政治、经济、科技，乃至宗教等多个不同领域。这种广泛的领域覆盖不仅丰富了学生的知识储备，而且激发了他们对不同主题的兴趣。例如，通过阅读关于不同国家的政治体系或经济发展的文章，学生不仅能提升语言技能，还能增加对国际事务的了解。同样，文学作品的阅读有助于学生理解不同文化和历史背景，培养他们的人文素养。这种多元化的阅读内容有助于学生在语言学习的同时，获得更广泛的知识和全面的世界观。

2. 体裁的多样性

教材中体裁的多样性是高校英语阅读教学的一大特点。包括说明文、记叙文、议论文在内的各类文本，使学生能够接触并掌握不同文体的阅读策略。例如，说明文通常以事实和数据为主，要求学生注重逻辑性和条理性；记叙文侧重于故事情节和人物描绘，需要学生关注细节和情感表达；议论文更强调作者的观点和论证方法，培养学生的批判性思维。这样的多样性不仅让学生在阅读过程中学习如何根据不同文体采取不同的理解和分析方法，还能提升他们的语言分析能力和批判性思维能力。

3. 语域的多样性

语域的多样性是高校英语阅读教学的重要特征。教材中不仅包含了正式的书面体文章，还涵盖了口语化甚至俚语化的文本。这使学生能够接触和理解英语在不同语境下的应用，如正式报告与日常会话之间的差异。口语化的文本帮助学生了解日常交流中的语言风格和习惯用法，而俚语化的文本则进一步加深了他们对语言多样性的理解。这种多样化的语言风格不仅提升了学生的语言适应能力，还增强了他们对不同社会和文化背景下语言使用的认识，从而提高了他们的跨文化交际能力。

### （二）高校英语阅读教学意义

1. 培养学生获取信息能力和综合语言能力

高校英语阅读教学在培养学生获取信息和综合语言能力方面具有战略

性的重要地位。在当今信息时代，英语成为获取国际科学和文化信息的主要途径之一。对于绝大多数学生而言，阅读成为其主要的信息获取渠道，尤其在学术研究和专业领域。因此，高校英语教学应着重于提升学生的阅读能力，使其能够高效地从英文文献中获取、分析和理解复杂、精确的信息。

阅读教学的核心地位也源于其在语言学习过程中的独特功能。与母语习得不同，外语学习中阅读能力的培养往往先于口头交流能力。通过阅读，学生不仅能够接触到丰富的语言材料，还能够学习和模仿不同的表达方式和句式结构，从而为提高听、说、写能力奠定坚实的基础。广泛的英语阅读能够增强学生的语感，提升其语言行为和能力，为撰写地道的英文作文和流利的口头表达提供必要的语言输入。

2. 语言知识的积累过程和文化知识的导入过程

高校英语阅读教学不仅是语言知识积累的过程，更是文化知识导入的重要途径。在外语教学中，阅读教学承担着向学生传授深层次文化知识的任务，这一点是其他教学手段难以完全替代的。相比于听说课的瞬时性和网络教学的辅助性质，阅读教学能够提供更为深入和持久的文化学习体验。通过对课文中的文化元素进行深入分析和讲解，学生能够逐渐加深对不同文化背景和社会习俗的深刻理解。

在阅读过程中，学生不仅接触到语言表达本身，还能够了解到文化背景、历史情景和社会规范等信息。例如，通过阅读英美文学作品，学生可以对西方文化有更深刻的认识，理解其价值观念和思维方式。此外，阅读教学还可以通过比较分析不同文化中的相似和差异点，帮助学生形成跨文化交际的能力。这种教学方式不仅丰富了学生的文化知识，还促进了他们的批判性思维和综合素质的提升。

## 二、高校英语阅读教学挑战

### （一）高校英语阅读教学中的方法论挑战

在高校英语阅读教学中，存在一些方法论上的挑战，这些挑战源于对阅读教学观念的误解和教学实践的偏差。

（1）对阅读速度和阅读能力关系的误解。一些教师错误地将阅读速度的提高等同于阅读能力的提高，忽视了阅读理解和分析的重要性。阅读速度的快慢并不直接决定阅读能力的高低。快速阅读可能适合获取材料的大意，而精读更适合理解细节和深层含义。因此，教师在教学中应该引导学生根据阅读材料的性质和要求，灵活运用不同的阅读策略。

（2）将阅读教学与词汇、语法教学混同也是一大挑战。在许多教学场景中，阅读课变成了词汇或语法的讲解课，教师过分注重对单词和语法点的讲授，而忽视了培养学生的整体阅读理解能力和信息提取能力。这种做法限制了学生通过阅读提升综合语言运用能力的机会，也降低了他们对阅读材料深度理解和分析的能力。

### （二）高校英语阅读教学的教学理念更新挑战

高校英语阅读教学的一个挑战是更新教师的教学理念。教师对阅读教学目标的认识模糊，导致阅读课程的重点偏离。教师需要明确，阅读教学的核心目标是提升学生的阅读理解能力、批判性思维和信息提炼能力，而非仅仅是词汇和语法知识的传授。为此，教学方法应更加注重激发学生的阅读兴趣，提高他们的主动学习能力，以及培养他们对不同类型文本的理解和分析能力。

### （三）现代高校英语阅读教学中的实践方法挑战

高校英语阅读教学当前面临的一个主要挑战是传统且僵化的教学方法。普遍的做法是教师布置阅读作业，然后提供标准答案并进行讲解。这种以教师为中心的方法不仅突出了应试教育的特点，而且忽视了学生主体性的培养。这种模式下，学生的主动探索和批判性思维能力得不到有效培养，学生往往成为被动接受者而非主动学习者。这导致学生的阅读习惯和阅读能力难以得到实质性提升。在这种教学模式下，阅读教学的效果往往达不到预期目标，学生对阅读材料的深入理解和分析能力也难以得到提高。

### （四）高校英语阅读教学的课程设置和资源配置挑战

高校英语阅读教学的课程设置和资源配置不合理。在一些高校中，阅读教学常被视为英语教学的附属部分，缺乏明确的教学目标和合理的教学计划。这种情况下，教学时间、课程设计和师资配备往往不足以满足有效阅读教学的需要。此外，教学内容的分配也存在问题，如过分强调精读训练而忽视泛读训练。过度侧重精读导致学生的阅读范围和视野受限，难以通过广泛阅读提升语言理解和应用能力。这种不平衡的教学安排加剧了对阅读教学的误解，使得学生错误地将阅读教学等同于词汇和语法教学，导致真正的阅读能力未得到有效提升。

## 三、高校英语阅读教学创新方法

### （一）多样化阅读活动法

高校英语阅读教学中，引入多样化的阅读活动可以显著提升课堂的活力和学生的学习兴趣。传统的阅读教学方式往往局限于文字的理解，忽略了学生的主动参与和实际应用。为了克服这一局限性，教师可以在课堂上采用更加生动和互动的教学方法，如让学生进行讲课、复述故事、小剧场表演等活动。

1. 学生讲课

“学生讲课”的方法能够激发学生的积极性和自主性。当学生扮演教师角色，进行课文讲解时，他们不仅需要深入理解课文内容，还需要掌握如何有效地传递信息。这种方法可以促进学生对阅读材料的深入理解，提高他们的分析能力和表达能力。

2. 复述故事

“复述故事”的活动旨在加强学生对阅读内容的记忆和理解。通过复述学过的文章，学生能够练习重点词汇和表达方式，同时提升他们的语言组织能力和发音准确性。这种活动不仅检验了学生的阅读学习效果，还提高了他们的口头表达能力。

3. 小剧场表演

“小剧场表演”是一种创新的教学方法，它让学生将阅读材料转化为剧本并进行表演。这不仅是对学生阅读理解的反馈，还培养了他们的创作能力、口语表达能力和团队合作能力。通过这种活动，学生能够在实践中提高自己的英语交际能力，实现语言技能的全面发展。

### （二）多元化拓展方法

在高校英语阅读教学中，实现阅读能力的全面提升需要超越课堂限制，引导学生进行广泛的课外阅读活动。由于课内阅读材料的有限性，仅凭几篇文章难以满足学生语言能力的提高和视野的拓展需求。因此，教师应该鼓励学生在课外主动拓宽英语阅读领域，包括推荐适合的英文书籍、报纸、杂志和网络资源。

为了促进学生进行更广泛的语言知识积累和文化背景了解，教师可以引导学生阅读多种类型的材料。这样做不仅能够帮助学生积累新词汇和表达方式，还能够提高他们对不同文化和社会现象的认识。除传统的阅读材料外，学生可以通过观看英文剧集、收听英文广播、学唱英文歌曲等多样化途径进行语言学习。这些活动不仅丰富了学生的学习方法，还使他们能够在轻松愉快的氛围中提升语言能力。此外，定期组织阅读交流活动是提高学生课外阅读积极性的有效方式。通过设置班级内的阅读交流会，学生可以分享自己的阅读经历、感受及所学到的知识，从而在学生间形成积极的学习氛围。这种交流不仅增加了学生的阅读量，还有助于培养他们的阅读习惯，同时加强了同学间的交流和关系。

### （三）文化图式法

在高校英语阅读教学中，文化图式法是一种重要的教学策略，它强调利用学生的先验知识（图式）与新的阅读材料之间的相互作用来提高阅读理解能力和文化认知。这种方法分为三个阶段：读前、读中和读后。每个阶段都有其独特的教学策略和目标。

#### 1. 读前阶段：激发先验知识和预测

在读前阶段，重点在于激发学生的先验知识，帮助他们建立对即将阅读材料的预期和理解框架。教师可以通过讨论、预测和头脑风暴等活动，激发学生对即将阅读内容的兴趣和好奇心。这种策略利用学生的背景知识和经验来预测阅读材料的内容，为接下来的阅读做好准备。

#### 2. 读中阶段：文化知识渗透和理解建构

读中阶段是阅读教学中的核心部分，主要目标是帮助学生通过阅读过程不断构建和调整自己的理解。在这个阶段，教师应引导学生根据文章的整体结构和内容来构建新的文化图式。学生应运用略读和细读等策略来深入理解文本内容，并将新的信息与自己的先验知识相结合，从而实现对文章深层次意义的理解。

#### 3. 读后阶段：文化知识的巩固和拓展

读后阶段的目的是巩固和拓展学生通过阅读所获得的新知识和图式。在这一阶段，教师可以组织辩论、角色扮演、小组讨论等活动，使学生能够在实际语境中应用他们新学到的知识。这些活动不仅巩固学生的新图式，还增强了他们的预测能力和文化理解力。此外，课外阅读在这一阶段也非常重要，它能够让学生在课堂外继续拓宽视野和积累知识，实现阅读能力和文化素养的全面提升。

# 第四节　高校英语写作教学的创新实践

## 一、高校英语写作教学概述

### （一）高校英语写作教学概念内容

高校英语写作教学的核心内容包括词汇选择的重要性、句式运用的多样性和拼写与标点符号的准确性。这些内容的有效教学对于提高学生的英语写作能力至关重要。

1. 词汇选择的重要性

在高校英语写作教学中，词汇选择是一个关键的教学内容。学生需要理解不同文化背景下词汇的不同含义以及词汇的基本义与引申义。正确的词汇选择能够显著提升写作的质量，使表达更准确、生动和符合文化语境。词汇选择不仅影响信息的准确传达，也反映了作者的写作风格和个人喜好。因此，教学中应强调词汇的多样性和适当性，包括正式与非正式用词、概括词与具体词，以及褒义词与贬义词的使用。

2. 句式运用的多样性

句式是英语写作中构建语篇的基础。高校英语写作教学中应强调英语句法结构的多样性和灵活性。学生应学会如何有效地运用各种句式来增强写作的表现力和吸引力。掌握丰富的句式结构对于提升语篇的可读性和表达效果至关重要。句式的多样运用可以使写作更加生动、流畅，有助于表达更复杂和深层次的思想。

3. 拼写与标点符号的准确性

高校英语写作教学中，拼写和标点符号的准确性是基础性的内容。正确的拼写和符号使用对于确保写作的专业性和可读性极为重要。错误的拼写和符号使用可能导致对意思的误解或阅读的困难。因此，教学中需要强调拼写的规范性和标点符号的正确使用，以确保学生的写作在形式上准确无误。

### （二）高校英语写作教学意义

1. 巩固英语语言知识

在高校英语写作教学中，一个核心作用是帮助学生巩固和深化对英语知识的理解和运用。对于中国学生而言，英语是一门第二语言，学习过程中难免会遇到各种问题和犯一些错误。通过写作教学，学生能够在实践中遇到并解决这些问题，从而更好地掌握英语。写作不仅是语言知识运用的实践，也是一种检验学习效果的方式。英语写作遵循其独特的规律，如书信格式等，与汉语存在显著差异。因此，写作教学对于学生理解这些文化和语言差异，避免交际误解至关重要。

2. 提升学习和记忆能力

英语写作对于提升学生的学习能力和记忆力也发挥着重要作用。记忆是语言学习的关键，学生需要记住大量的单词和短语才能有效地进行写作。从心理学角度来看，写作是一种动觉型活动，能够帮助学生更深刻地记忆单词，加强对语言材料的掌握。在写作过程中，学生不仅重复使用新学的单词和短语，还能通过上下文加深对这些词汇的理解。因此，写作教学不仅是一种语言技能的训练，更是一种记忆和学习能力提升的有效手段。

3. 发展阅读理解能力

英语写作教学在高校中扮演着重要的角色，特别是在提升学生的阅读理解能力方面。写作过程中对遣词造句的严格要求有助于学生深化对英语语法结构和句式的理解。与口头表达相比，书面写作需要更加精确和严谨的逻辑组织，这种练习过程使学生在选择词汇和构建句子时更加细致和周到。此外，写作训练中的自主时间控制和深入思考让学生有机会仔细推敲自己的表达，从而更好地理解句子和篇章的结构。通过这种方式，写作教学不仅提高了学生的表达能力，还增强了他们对文本内容、上下文关系的理解，进而促进了阅读技能的发展。

4. 培养有效交际能力

在全球化的背景下，英语写作成为交际活动中重要的一环。写作不仅仅是信息传递和思想表达的工具，更是确保有效交际的关键。高校英语写作教学强调学生通过写作进行有效的信息沟通和思想交流，这对于他们未来在工作和跨文化交流中的写作能力的发展极为重要。通过写作，学生能够学习如何清晰、准确、有逻辑地表达自己的观点和想法。在写作教学中，学生练习如何将复杂的思想转化为易于理解的文字，这种能力在他们未来的职业生涯中尤为宝贵。此外，写作作为一种反映个人思维和表达风格的方式，有助于学生建立自信，并在跨文化交际中更有效地传达自己的观点。

## 二、高校英语写作教学挑战

### （一）学生学习动机的缺乏

高校英语写作教学面临的一个主要挑战是学生在写作学习上动机不足。许多学生对英语写作缺乏兴趣，一部分原因在于写作本身具有一定的难度，并且提高写作水平通常需要一个漫长的学习过程。由于写作能力的提高往往不是立竿见影的，学生可能会有挫败感，从而逐渐失去学习动力。这种缺乏动机的情况不仅影响学生写作能力的提升，也可能影响他们对英语学习整体的兴趣和积极性。

### （二）词汇和写作技能的不足

学生在写作过程中面临的一个挑战是词汇知识和写作技巧的不足。许多学生在写作时遇到词汇量不足和语法错误的问题，这限制了他们表达思想的能力。此外，缺乏必要的写作技巧和广阔的知识视野也是影响学生写作水平的关键因素。学生的知识面狭窄可能导致他们难以写出内容丰富、有深度的文章。因此，在英语写作教学中，教师需要重视词汇量的扩充、语法知识的加强以及写作技巧的培养，同时鼓励学生拓宽知识面，以提高其写作能力。

### （三）师生对学英语写作投入不够

对师生在写作方面投入时间的调查表明，41.7% 的大学英语教师每学期用于英语写作教学的时间不超过 3 课时，65% 的大学英语教师每学期布置 4 ~ 6 篇作文，让学生进行写作训练；80% 的学生为提高写作水平每学期课外花的时间不到 6 个课时。这些数据表明，不论是教师还是学生，英语写作方面投入的时间和精力都十分有限。然而，尽管教师与学生平时投入的时间和精力有限，但在英语四、六级考试，雅思、托福考试前，大部分教师会对学生进行应试化写作训练，91% 的学生也会在考前参加辅导班或者自己花费更多时间进行考试冲刺。因此，英语写作的学习带有很强的应试性、功利性。

### （四）作文讲评方式低效

大部分教师喜欢课后批阅学生作文，一部分教师选择在课堂上与学生共同批阅，很少一部分教师选择在讲明评阅细则后让学生相互批改。从学生的角度来看，大部分学生喜欢老师在课上讲评作文，尤其喜欢与教师一起修改包括自己的作文在内的同学的作文。这种批阅方式，既能促进师生间的互动，又能使学生得到最直观深刻的反馈。学生的写作水平得不到提高与教师在教学过程中的教学互动欠缺很有关系。

## 三、高校英语写作教学创新方法

### （一）任务驱动法

#### 1. 激发内在学习动机

在高校英语写作教学中，任务驱动法的核心在于激发学生的内在学习动机。内在学习动机源自学生对学习活动本身的兴趣，这种兴趣是拥有持久学习动机的关键。当学生对写作任务感兴趣时，他们更倾向于主动学习和积极探索，从而在写作过程中开启深刻的思维过程并体验到学习的乐趣。因此，任务驱动法在写作教学中应注重创造有趣和吸引人的学习环境，以提高学生的学习积极性和自主性。

#### 2. 任务设计与学生兴趣的结合

任务驱动法的一个关键要素是将任务设计与学生兴趣结合。如果写作任务或话题能够引起学生的兴趣，学生就更可能投入到写作中，展现出更高的创造性和参与度。在设计写作任务时，教师需要考虑学生的兴趣和需求，选择或创造那些能够激发学生好奇心和探索欲的主题。通过这种方式，学生在完成写作任务的同时，能够在写作中表达自己的观点和想法，从而激发他们对英语写作的热情。

#### 3. 互动式学习环境的建立

任务驱动法强调在教学中建立互动式学习环境。在这种环境中，学生不仅与教师进行交流，还可以与同伴协作和分享想法。通过小组讨论、同伴评审或课堂讨论，学生可以在互动中学习和提升自己的写作技巧。这种互动不仅促进了学生之间的思想交流，还提供了反馈和建议，有助于学生提高写作水平。

### （二）搭建支架法

在高校英语写作教学中，采用支架教学法可以显著提升学生的写作能力。支架教学的目标是帮助学生建立起自主学习的意识，并通过教师的引导和支持使他们能够顺利完成写作任务。在这种教学方法中，教师的角色转变为辅导者和促进者，他们提供必要的指导和支持，帮助学生利用已有知识与新学的知识相结合，从而实现学生在学习上的自主发展。支架教学还包括对学习任务的解释、激活学生以往的学习经验，并提供解决问题的示范，从而促进学生的主动参与和创造性思考。

1. 写作前的互动热身

在互动式英语写作教学中，写作前的热身活动是至关重要的。这种热身活动旨在激活学生的已有语言知识，为写作创造良好的起点。通过写作前的互动讨论、头脑风暴等活动，教师可以引导学生回顾和整合他们已经学习的语言材料，为写作提供语言上的准备。这样的热身活动不仅能增强学生对写作任务的兴趣，还有助于减少写作过程中的语言障碍。

2. 提供写作框架和语言支持

在写作的初稿阶段，学生往往面临表达困难，特别是在语言能力有限时。在这个阶段，教师可通过提供写作框架、关键句型和词汇列表等方式帮助学生搭建写作的基础结构。当学生遇到表达难题或词汇拼写困难时，教师应及时给予指导和帮助。此外，应鼓励学生勇敢地尝试使用新学的语言材料进行写作，即使有错误，也要鼓励他们表达更多的想法，以量促质。

3. 促进同伴间的互助合作

在写作教学中，同伴间的互助合作对于优化语言输出具有重要作用。通过互动和反馈，学生可以在实践中检验自己的语言假设，并根据反馈进行必要的调整。同伴间的交流和讨论不仅有助于提升写作质量，还能够增强学生间的社交关系，创造一种积极的学习氛围。在这个过程中，学生不仅学习如何改进自己的写作，还能学会如何给予他人建设性的反馈。

（三）互联网辅助法

1. 建立个性化的英语资源库

在“互联网 +”时代背景下，高校应积极建立个性化的英语资源库，为学生提供丰富和优质的学习材料。这种资源库可以包括各类英语写作素材、模板、样例文章及最新的英语使用趋势等。通过校内网络平台，学生可以轻松访问这些资源，从而节省寻找合适材料的时间和成本。个性化资源库的建立有助于教师针对不同学生的需求和水平提供定制化的教学内容，进一步提高英语写作教学的效率和质量。同时，教师需要定期更新资源库内容，确保学生能够接触到最新的英语写作资料和知识。

2. 利用微课教学模式

微课作为一种新兴的在线教学模式，在英语写作教学中发挥着重要作用。微课通过短小精悍的视频内容，展示写作技巧、语法点、词汇用法等，使学生能够在任何时间和地点进行学习。微课的内容需由教师精心设计，确保其既客观又具有吸引力，能够激发学生的学习兴趣。在微课中，教师可以介绍写作策略、分析优秀写作样本，或者提供针对性的写作练习。这种教学方式不仅增加了师生互动的机会，而且通过视频的形式，让学生能够反复观看和学习，有助于提高他们的写作能力。

3. 利用互联网工具优化教学

在互联网辅助的英语写作教学中，教师可以利用各种在线工具和平台来提升教学效果。例如，通过在线论坛和讨论组，学生可以分享自己的写作作品，获取同伴和教师的反馈；利用在线词典和语法检查工具，学生可以自主学习和纠正自己的错误。此外，教师可以利用网络平台布置和收集作业，实时跟踪学生的学习进度和成效。

## 第五节　高校英语翻译教学的创新实践

### 一、高校英语翻译教学概述

#### （一）高校英语翻译教学概念内容

英语翻译教学指在教育环境中对学生进行英语翻译技能和知识的教授及培养。这一教学领域旨在提高学生将一种语言（英语）的文本准确、有效地转换成另一种语言（通常是学生的母语，如汉语）的能力。英语翻译教学不仅涵盖语言学知识，如词汇、语法和句法等，还包括对比语言学、文化背景知识以及翻译理论和技巧的学习。通过这种教学，学生能够理解和掌握两种语言间的差异，提高他们在实际翻译工作中的准确性和文化敏感性。

1. 掌握翻译基础理论

高校英语翻译教学首先强调翻译基础理论的学习。这些理论包括翻译活动的本质，翻译的定义、标准、分类、过程，以及译者的要求和工具书的使用等。这些理论知识对学生来说至关重要，因为它们提供了翻译活动的宏观视角，并帮助学生形成正确的翻译思路。通过理论学习，学生能够在翻译实践中避免常见错误，理解翻译的复杂性，并形成有效的翻译策略。

2. 学习英汉翻译技巧

英汉翻译技巧的学习是英语翻译教学的一个关键方面。这些技巧包括直译、意译、音译、增译、省译、正译、反译和套译等。学习这些翻译技巧能够帮助学生在保持原文内容准确性的同时，使译文流畅自然。掌握不同的翻译技巧有助于学生更好地处理原文的表达方式，并在必要时对原文进行适当的转换或调整，以提高翻译质量。

3. 进行英汉语言对比

英汉语言对比是英语翻译教学的重要内容。它主要包括两个方面：语言层面的对比和思维文化层面的对比。在语言层面，对比涉及词法、语义、句法、篇章结构等方面，帮助学生理解英汉两种语言的相似之处和差异。在思维文化层面，通过比较两种语言背后的文化和思维模式，学生能够更准确地理解和传达原文的意图与信息。这种对比学习有助于学生在实际翻译中准确地把握语言的细微差别，从而提高翻译的准确性和文化适应性。

（二）高校英语翻译教学意义

1. 增强跨文化交流能力

高校英语翻译教学在培养学生跨文化交流能力方面具有重要意义。翻译不仅是语言的转换过程，更是一种文化沟通的桥梁。通过翻译教学，学生不仅学习语言的直接转换，还学习如何在不同文化背景下传达原文的意图、情感和风格。这种教学使学生能够理解不同文化的思维方式和表达习惯，从而在全球化背景下更有效地进行国际交流和合作。

2. 提升语言运用和理解能力

翻译教学对提升学生的语言运用和理解能力至关重要。翻译过程要求学生不仅要精准掌握源语言的词汇和语法结构，还需要深入理解文本的含义和语境。通过翻译练习，学生能够更加深入地理解英语语言的细微差别和复杂性，同时能够提高自己使用英语进行有效表达和创造性写作的能力。这种对语言深层次的挖掘和应用，有助于学生在其他学术领域和职业生涯中更加灵活和精准地使用英语。

3. 培养分析和批判性思维

英语翻译教学有助于培养学生的分析和批判性思维能力。翻译不是简单的字面转换，它需要译者对文本进行深入分析，理解其深层含义，并做出合理的译文选择。这一过程要求学生不断地在不同语言和文化间进行比较和权衡，锻炼他们的思维灵活性和判断能力。此外，通过评估不同翻译策略的效果，学生可以培养批判性思维，这对于他们的个人成长和专业发展都是极其宝贵的技能。

## 二、高校英语翻译教学挑战

### （一）认识误区与教学重视程度

高校英语翻译教学面临的一个重要挑战是对翻译教学普遍存在的认识误区。许多教师和学生错误地将翻译视为一种自然而然的技能，认为掌握基础的语言技能就足以进行有效翻译。这种观点导致翻译教学在许多教育环境中被边缘化，认为没有必要专门开设翻译课程。此外，对“翻译教学”和“教学翻译”概念的混淆进一步加剧了这种情况，使得翻译教学被错误地简化为语言练习手段，而非作为一门独立的学术学科进行系统的教学和研究。

### （二）传统教学模式与现代需求的脱节

当前，许多高校在英语翻译教学中仍采用传统的、以教师为中心的教学模式。这种模式通常以教师讲解和学生练习为主，缺乏真实的交际语境和现代化的教学资源。这种教学方式使学生难以将课堂所学应用于实际翻译场景，影响了他们的举一反三能力。同时，一些教师的教学观念仍然停留在传统阶段，过分依赖纸质词典，而没有充分利用互联网和计算机辅助翻译工具，这与学生未来可能面对的现代化工作环境存在较大差异。

### （三）教师对现代翻译工具的接受度

高校英语翻译教学还面临着教师对现代翻译工具使用的接受度问题。尽管互联网和计算机辅助翻译工具在现代翻译行业中已成为标配，但在教学中，这些工具的应用仍然不被普遍接受。许多教师在教学过程中不鼓励学生使用这些现代工具，甚至持反对态度。这种保守的教学观念不利于学生适应当前和未来翻译行业的发展趋势，限制了他们利用现代技术提高翻译效率和质量的能力。

### （四）师资力量的不足

高校英语翻译教学面临的一个显著挑战是师资队伍的不足。尽管近年来师资力量有所增强，但多数教师依旧缺乏专业的翻译训练和学术背景。这导致他们在讲解翻译理论、技巧等方面的能力受限，无法深入、系统地指导学生。同时，由于课时减少和对阅读、视听说能力的过分强调，教师在提升学生翻译技能方面受到限制，难以改变现有的教学现状。

### （五）文化输入的缺失

高校英语翻译教学中，文化输入的缺失也是一个关键挑战。学生在中学阶段普遍缺乏对中国文化知识的深入了解和兴趣，导致他们到大学阶段时汉语文化修养不足。同时，由于课程安排和教学理念的局限，学生很少有机会在课堂上深入学习英美文化，这对于翻译教学尤为重要。学生缺乏必要的文化背景知识，不仅影响了他们的翻译能力，也限制了他们在翻译过程中正确理解和传递文化内涵的能力。

## 三、高校英语翻译教学创新方法

### （一）流程图教学法

流程图法是在翻译教学中利用流程图进行教学。这种方法强调在翻译教学中，教师应指导学生在翻译实践中将宏观方面的翻译目的与文本中的词、句以及语篇相结合，这种教学方法可以使学生在短时间内迅速了解专门用途英语文本的重点。流程图翻译教学方法主要分为以下几个步骤：

1. 目的分析：确立翻译目标

在流程图法中，首先进行的是目的分析。这一步骤基于弗米尔的目的论，强调翻译行为应遵循“目的准则”。教师指导学生分析原文，确定翻译目的，并考虑如何使原文内容符合目的语文化和语言习惯。这一阶段的重点是让学生理解翻译不仅是语言的转换，还包括文化和情景的考虑。

2. 功能分析：识别文本主要功能

功能分析侧重于识别文本的主要功能。纽马克将语言功能分为六类，包括表情、信息、感染、美学、寒暄和元语言功能。教师引导学生通过深入分析文本的多重功能，确定哪种功能占主导，确保翻译过程中译文与原文功能的对等。这一步骤强化了学生对文本内容深层次理解的能力。

3. 语域分析：适应特定交际场合

语域分析关注的是语篇在特定交际场合的表现形式，它受话语范围、意旨和模式的影响。教师在这一环节应强调语域分析的重要性，帮助学生理解原文的语境，并在翻译时做出恰当的调整。这不仅有助于提高译文的准确性，也有助于学生更好地适应不同语言环境。

4. 文化分析：跨文化交际意识

翻译是文化间的交流，因此，文化分析成为了一个关键环节。教师应培养学生的跨文化交际意识，加强对原文和译文文化背景的理解。通过对比不同文化的差异，学生能更准确地进行文化转换，使翻译更具文化适应性。

5. 策略选择：适用恰当的翻译方法

在策略选择阶段，学生在分析了文本的目的、功能和语域后，需要选择适当的翻译方法，如直译、增译、减译、音译等。这一步骤的关键是使学生了解不同翻译策略的适用性和限制，从而在实际翻译中做出恰当选择。

6. 语言分析：深入理解原文

语言分析环节要求学生在教师的指导下，对原文进行全面的语言学分析，包括语义、句法、符号和语用方面。这一步骤的目的是帮助学生更深刻地理解原文内容，确保译文最大限度地反映原文的意图和文化内容。

7. 翻译实践：从初译到终稿

在完成上述分析后，教师指导学生进行翻译实践。通常这一过程包括小组合作翻译，从初译、修改、润色到提交终稿。小组合作有助于减轻学生的焦虑感，并允许他们结合不同的建议，以达到最佳的翻译效果。在整个翻译过程中，小组成员之间的互动和反馈对提高翻译质量至关重要。

### （二）文化图式法

1. 构建双语文化图式

翻译虽然是两种语言间的交流，但对于成功的翻译而言，掌握文化远比语言更加重要。相同的词语在不同的文化背景中具有不同的含义，只了解其单一的含义内容无法在翻译中做到准确得体。因此，教师在翻译教学中应帮助学生建立双语文化图式，以便于学生了解译入语与源语文化。例如：

Break a leg in your interview tomorrow.

在英语中，这句话实际上是一种鼓励或祝福的说法，意为“祝你好运”。这一表达源于西方戏剧圈的迷信，认为直接祝人“好运”会招来厄运，因此采用反语作为替代。在翻译教学中，教师应首先解释这句话在英美文化中的真实意义，即表达对他人的正面祝愿。这有助于学生理解为何在特定文化背景下，字面意义与实际意义可能有很大的不同。随后，教师可引导学生通过讨论这一表达方式在不同文化中的对应情况，以帮助学生理解这种表达方式。例如，探讨中文中是否存在类似的用法或表达方式，这有助于学生更好地理解和接受这种看似矛盾的表达。

由此可见，教师在翻译教学中为学生建立相关的文化图式，可以帮助学习理解不同文化下的图式内涵。教师在翻译教学中应注重为学生导入一些文化背景知识，并为学生推荐一些有关于西方文化的书籍资料等，使学生利用课余时间学习西方文化，自主建构相关文化图式。

2. 对比文化图式冲突

历史背景、风俗习惯以及社会制度等方面的不同使得中西方的语言以及思维方式等存在较大差异。这些差异导致了中西文化中对于同一种事物具有截然不同的联想，这必然导致文化图式冲突。文化图式冲突是翻译中的一个难点，其会为翻译活动的开展带来阻力。因此，在翻译教学中，教师应该教会学生将不同的文化图式进行对比，尽量减少其对翻译活动的负面影响。例如，在翻译“红茶”时学生一般会根据茶的字面意思将其直译为 red tea，但这种翻译不符合英语的表达习惯，在英语中，茶的命名是以其原料为依据的，红茶的茶叶颜色较为浓重，因此在英语中称“红茶”为 black tea。

### （三）信息化翻译教学法

1. 丰富和更新翻译课程体系

在信息化时代，高校英语翻译教学需要创新和更新课程体系以适应时代的需求。初始阶段，即大一和大二，应着重于教授基础翻译知识和理论，使学生掌握翻译工作的基本原则。随后，大三和大四的课程应包括更多高级和专业的选修课，如文化对比、翻译实践等，以深化学生对翻译理论的理解。此外，教师应利用网络平台，如学习网站或博客，与学生进行互动，提供在线指导和资源，使学生能够更加灵活和主动地学习翻译。借助多媒体技术，教师可以引导学生翻译英美报刊，提高其翻译的速度和准确性。

2. 创建以学生为中心的多媒体教学模式

传统教学模式中，教师通常是课堂的主导者，而学生处于被动学习状态。为了改变这种情况，教师需要更新翻译教学理念，利用信息技术构建以学生为中心的多媒体英语教学模式。这种模式下，教师应鼓励学生使用翻译工具和论坛，促进他们主动参与学习和翻译训练。例如，教师可以引导学生使用如 Google 翻译等工具，并在课堂上扮演辅导者的角色。此外，通过建立在线学习社区和组织，教师可以激发学生的翻译学习兴趣，鼓励他们积极使用英语进行交流和学习，从而提高翻译教学的互动性和效果。

# 第八章　高校英语教学评价与创新融入

## 第一节　高校英语教学评价的多维度分析

### 一、英语教学评价的内涵

（一）英语教学评价的多维性质

英语教学评价不应仅被视为教学研究的一个分支或与教学测验等同。相反，它是一个多维过程，涉及对教学活动各个方面的系统性评估。这包括对教学效果的测量和评估，但超越了单纯的成果评价，涵盖教学过程、方法、内容和教师的教学策略。评价的目的不仅是判定教学的好坏，而是寻求改善和优化教学过程的方法，以促进学生的全面发展。

（二）英语教学评价的目标导向和过程性

英语教学评价应与教学目标紧密相连，通过将教学实际表现与既定目标进行比较，评估教学活动的有效性。这种比较不仅是量化的，也应包括对教学质量的定性评价。此外，英语教学评价应视为一个持续的过程，而非单一的事件。这意味着评价应贯穿于教学活动的整个过程中，从而为教学的连续改进提供依据。

（三）英语教学评价的专业性和主观性

英语教学评价既是一种专业的判断过程，也包含主观性因素。评价者（教师、同行或外部评估者）需要具备相应的专业知识和技能，以便对教学进行全面和客观的评估。同时，评价者的主观判断也在评价过程中起着重要作用，尤其是在评估教学方法的适宜性和教学内容的相关性时。

（四）英语教学评价与教学测验的区别

尽管英语教学评价可能包括某些形式的测验，但两者在本质上是不同的。

教学评价关注教学活动的全面性，包括学生学习的进步、教师的教学方法、课程内容的适宜性等方面。相比之下，教学测验通常更集中于学生学习成果的量化衡量。因此，教学评价的范围更广，目的更为深远，不仅仅局限于成绩的量化。

### （五）英语教学评价的综合性定义

综合上述各方面，英语教学评价可以定义为一个综合性的过程，涉及对教学目标、教学内容、教学方法和学生学习成效的全面评估。这个过程旨在提供对教学有效性的价值判断，同时寻找提高教学质量的途径，以便更好地满足学生的学习需求和教学目标。教学评价应是动态的、持续的，并且既有量化的成分也有定性的评价，旨在促进教育过程的持续改进和学生的全面发展。

## 二、英语教学评价的类型

根据不同的分类标准，英语教学评价可以分为不同的类型。例如，按照评价功能进行分类，英语教学评价可以分为形成性评价、诊断性评价、终结性评价；按照评价标准进行分类，英语教学评价可以分为相对评价和绝对评价；按照评价表达进行分类，英语教学评价可以分为定性评价和定量评价。

### （一）按照评价功能进行分类

#### 1. 形成性评价

形成性评价在教学过程中扮演着至关重要的角色，其主要目标在于实时监测学习进程，提供及时反馈，以促进学生的学习和教师的教学改进。这种评价方式关注于学习过程的各个阶段，包括教学方法、学生的参与度、理解程度等方面。形成性评价的实施有助于教师识别和解决教学过程中的问题，调整教学策略，优化课堂活动。通过这种评价，教师可以更好地理解学生的学习需求，及时提供必要的支持和引导，从而提高学习的有效性。

#### 2. 诊断性评价

诊断性评价更多地发生在教学活动开始之前，其目的在于评估学生的初始学习条件，包括他们的知识水平、技能掌握情况、学习动机和可能遇到的学习障碍。这种评价方式为教师提供了重要的信息，帮助他们设计更加个性化和适应学生需求的教学计划。通过诊断性评价，教师能够更加精确地了解学生的学习起点，从而在课程设计和教学方法上做出适当调整。这种评价有助于提前识别学生的特殊需求，从而确保所有学生都能在接下来的教学活动中获得最大限度的支持和发展。

3. 终结性评价

终结性评价在教学过程中扮演着综合评估的角色，主要用于评定学生在一定学习阶段的总体表现。它的核心功能包括：一是对学生在特定学习阶段（如学期末）的整体学习成绩进行评估；二是判断学生在知识掌握、技能运用和能力发展方面的成就大小；三是提供关于学生当前学术表现的反馈，助力学生认识自己的学习效果；四是预测学生在未来学习中取得成功的可能性，为他们后续学习的起点做出准确判断。这种评价方法通过总结性的反馈，帮助学生和教师全面了解学习成效，为下一阶段的学习规划和调整提供依据。

终结性评价具有三大显著特点：其一，从评价目标的角度看，它旨在对整个教程或关键教学阶段的成果进行总结性评估，并以此作为学生成绩的依据，为未来学习的规划提供参考。其二，就测试内容而言，终结性评价着重于全面考查学生对整个课程内容的掌握情况。因此，其测试内容通常较为全面和深入，评价频率较低，但重要性高。其三，就测试题目而言，终结性评价的题目设计旨在覆盖学生所学的所有重点内容，以全面检验学生的知识、技能和综合能力。这类评价通常在学习阶段的末尾进行，以确保学生对整个课程内容有一个全面的理解和掌握。

（二）按照评价标准进行分类

1. 相对评价

相对评价法基于将评价对象与一个或多个基准个体进行比较的原则。在教学环境中，这通常意味着学生的表现会与班级或群体中其他学生的表现相比较。例如，教师可能会以班级平均成绩作为基准，以此判断学生的表现是高于还是低于平均水平。这种评价方法的一个显著特点是它能够快速地显示出学生在群体中的相对位置，有助于识别出表现突出或需要额外支持的学生。然而，相对评价也有其局限性，主要在于评价标准可能因群体水平的不同而变化。这意味着，如果整个群体的水平提高或降低，学生的相对位置可能会发生变化，而这并不一定反映了他们实际的学习进步或退步。因此，虽然相对评价有助于理解学生在特定群体中的表现，但它可能无法提供足够的信息来引导教学的改进或满足所有学生的学习需要。

2. 绝对评价

绝对评价法依赖于预先设定的客观标准，这些标准通常源自教学大纲或特定的评价准则。这种评价方法的核心在于将评价对象的表现与这些客观标准进行对比，而不是与其他学生或群体进行比较。绝对评价的一个主要优点是提供了一个清晰、明确的评价基准，使得每位学生都能明确自己与这些标准之间的差距，并据此设定学习目标。这种评价方式的客观性和普遍性使其成为教学和学习进展的重要参考。然而，绝对评价也有其局限性，尤其在确立客观标准的过程中可能受到评价者自身经验和主观意愿的影响。此外，这种评价方法可能不够灵活，无法充分考虑到每个学生独特的学习路径和个人差异，有时可能导致对学生实际能力的误判。因此，虽然绝对评价在确定学生学习成就方面起着关键作用，但也需要谨慎应用，以确保公正和有效的评价。

（三）按照评价表达进行分类

1. 定性评价

定性评价是一种侧重于深度分析和理解的评价方式。它主要关注评价对象的质的方面，如行为的本质、现象的内在特征、过程的动态变化等。在教学评价中，定性评价通常运用分析和综合、比较和分类、归纳和推理等逻辑方法。此类评价的强项在于它能够提供对教学过程中复杂因素的深入理解，如学生的学习态度、教学方法的适用性、课堂互动的质量等。定性评价的数据来源广泛，包括课堂观察、访谈、案例研究等。其结果往往呈现为描述性的文字，能够揭示背后的原因、过程和情景。这种评价方式适合于探索新的教学方法的效果、理解学生的学习难点、评估教师的教学策略等方面。然而，定性评价也有其局限性，主要体现在其主观性较强，结果解释可能受到评价者个人经验和偏见的影响。

2. 定量评价

定量评价侧重于通过数学和统计方法对教学效果进行量化分析。这种评价方式以数据和数字为基础，通过统计分析、多元分析等方法从数量上对教学效果进行评估。定量评价的优势在于其客观性和可比性，可以通过数字直观地展现学生的学习成果、教学方法的效果等。在教学评价中，定量评价常用于成绩评定、标准化测试、学习进步的量化测量等方面。此外，定量评价有助于从宏观角度掌握教学效果的整体趋势和规律，为教育决策提供有力的数据支持。但是，定量评价也存在限制，它可能忽视教学过程的复杂性和个体差异，有时无法完全反映学生的全面能力和教学的深层影响。因此，为了全面评估教学效果，定性评价和定量评价应相互补充，共同构成一个综合的评价体系。

## 三、英语教学评价的功能

英语教学评价的功能如图 8-1 所示。

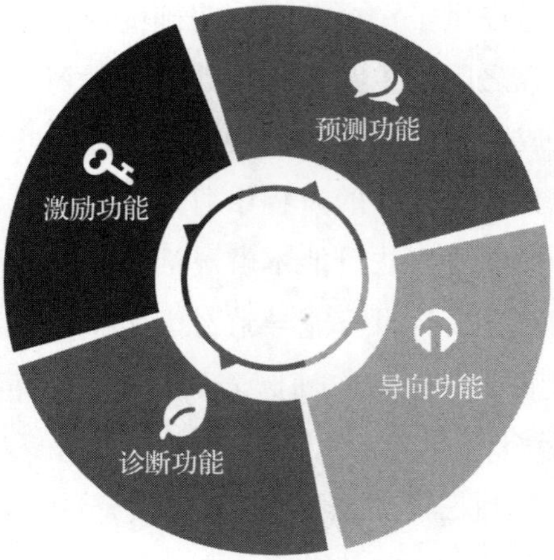


图 8-1　英语教学评价的功能

### （一）预测功能

英语教学评价的预测功能是其核心功能之一，它涉及对学生的学习发展趋势和潜力进行科学预测。这种预测不仅基于学生当前的学业表现，还涵盖对学习动机、兴趣、个性等多方面因素的综合考量。预测性评价要求教师和评价者收集广泛的教学数据，利用这些信息分析学生未来可能的学习路径。它不单是对学生目前知识和技能的评估，更是对其未来学习潜能的探索和预测。通过这种预测，教师可以更有效地制定个性化的教学策略，帮助学生明确目标和改进方向。同时，预测性评价也能激励学生对自身学习过程进行深入的反思，促进其自主学习能力的提升，从而在长期的教育过程中实现更全面和有目的的成长。

### （二）导向功能

英语教学评价的导向功能是其关键特点之一，其作用主要体现在两个方面。

（1）评价能够确保教学活动的目标和内容符合国家的教育方针和政策。在这个过程中，学校和教师必须遵循国家对于学生全面发展的整体要求，确保教学内容不仅涉及知识技能的传授，而且涵盖道德品质、意志力、社会责任感等方面的培养。这样的导向作用不仅确保了教学活动的合理性和方向性，而且帮助学生形成均衡发展的个性。

（2）教学评价在为教学和学习提供方向上扮演着至关重要的角色。评价结果直接影响教师未来的教学计划和学生的学习规划。在现代的英语教学实践中，这种指导功能尤为关键，但往往未能得到充分重视。因此，建立科学全面的评价体系，使评价能够明确教学和学习的全面发展目标，成为不可或缺的一部分。正确的导向功能不仅指引着教学活动的正确方向，还能防止教学和学习过程中偏离既定目标。通过有效的教学评价，可以确保教学活动始终沿着正确的轨道前进，从而实现教育的长期目标和愿景。

（三）诊断功能

英语教学评价的诊断功能发挥着关键作用，旨在深入了解和改善教学过程。这一功能主要体现在对教师教学效果和学生学习效果的双重诊断。对于教师的教学效果，诊断评价能够帮助判断教师的教学方法、技巧的有效性以及教学内容的适宜性。此外，它还能评估教师与学生间的互动关系及其对学生学习体验的影响。通过对教师教学的全面评价，可以发现教学中的不足，如课程设计的问题、教学方法的局限性，甚至是师生互动的不足，从而为教师提供针对性的反馈和建议，帮助其改进教学策略和提升教学质量。

在学生学习效果的诊断方面，教学评价不仅能判断学生是否达到预定的学习目标，还能帮助识别影响学生学习效果的关键因素，如学习动机、学习方法、学习环境等。这种评价能够揭示学生在学习过程中遇到的困难，识别学习障碍，并提供个性化的指导，帮助学生找到适合自己的学习路径，从而提高学习效果。综上所述，英语教学评价的诊断功能对于优化教学过程、提升学生学习成效具有不可替代的重要性。

（四）激励功能

英语教学评价的激励功能对于提升教学质量和促进学生学习具有显著作用，主要体现在对教师和学生的双向激励上。

1. 教师激励的关键作用

教学评价在教师激励方面的作用主要体现在提供改革与创新的动力。通过自我评价、学生反馈和同行评价，教师能够深入了解自己的教学实践，识别教学中的不足和潜在的改进空间。这些评价信息成为教师改进教学方法、调整教学内容和提高教学效果的重要依据。同时，评价结果还能作为教师教学成效的客观反映，为教师提供正面的鼓励或者必要的改进提示，从而激发教师的教学热情和创新精神。

2. 学生激励的重要性

在学生方面，教学评价通过及时地反馈，帮助学生认清自己的学习状态，包括优势和需要改进的领域。评价结果不仅让学生了解自己在学习过程中的进步和成就，同时指出了他们需要努力的方向。这种反馈机制有助于学生建立自信，提高学习动力，并鼓励他们积极参与学习活动，主动寻求提高。此外，教学评价还能够引导学生发展自我评价能力，促进他们形成自我激励和自我监督的习惯，为终身学习奠定基础。

## 四、英语教学评价的步骤

教学评价作为一项系统而精密的工作，必须遵循既定的流程和步骤而进行。首先，是评价思想的确立，它决定了评价活动的方向和目标。其次，是评价指标体系的设立，这一步骤涉及评价的具体维度和指标的选择，确保评价的全面性和有效性。再次，选择合适的评价技术和方法是关键，因为这直接影响评价的准确性和操作性。最后，评价活动的开展需要细致规划和周密组织，以确保评价结果的可靠性和教学改进的可行性。

### （一）确立评价指导思想

教学评价指导思想的确立是整个教学评价活动展开的基础，它直接影响着评价的方向和质量。在确立教学评价指导思想时，教师需要深入考虑几个核心问题。

#### 1. 深化教学评价的经济学模式超越

在构建教学评价的理念时，重要的是超越传统的经济学“投入产出”模型。教育的成果远非短期可见，需要从更长远和多元的角度评价。教学投入不应仅限于物质和时间的量化考量，同样重要的是教育过程中无形的投入，如教师的创新性教学方法、学生的参与态度和思维方式的培养。教学成果的评价需要从单一的知识掌握扩展到包括情感发展、创造力激发、批判性思维能力的提升等方面。这种全面的评价模型将促进对教学活动真实价值的深入理解，从而更加有效地指导教学过程和方法的改善。

#### 2. 平衡量化与质性评价的重要性

教学评价中的量化与质性评价需达成平衡。虽然量化数据便于对学习成果进行客观分析和比较，但它忽略了教学过程中的个体体验、情感发展以及社会互动等重要元素。教育的本质不应被简化为成绩和分数的统计，而应深入理解每位学生的学习体验。质性评价通过观察、访谈、学习日志等方式，能够捕捉学生的情感变化、学习动机和个性化的学习路径。这种深入的理解有助于教师更加精准地调整教学策略，满足不同学生的需求，促进他们的全面发展。

3. 整合教学过程与成果的关键性

教学评价应将重点放在教学过程的有效性和最终结果的结合上。过程的有效性关注学生在学习过程中的参与程度、交流互动、思维的拓展以及情感态度的变化，这些都是教学成果的重要组成部分。在评价过程中，应当考虑学生在完成学习任务中所表现出的创新性、团队合作能力、问题解决能力等软技能的发展。同时，教学结果的评价应包含学生知识技能的掌握程度、逻辑思维能力的提高等方面。通过整合对过程和结果的评价，可以更全面地把握学生的学习成效，为教学活动的调整和改进提供全方位的反馈。

（二）设立评价指标体系

1. 定制全面的教学评价指标

在制定教学评价指标体系时，关键在于确保该体系能全面反映教学活动的多个方面。这包括教学内容的深度与广度、所使用的教学资源、采纳的教学方法及其对学生学习成效的影响。每个指标都应与教育目标和教学大纲紧密相连，同时充分考虑学生的具体需求和特性。有效的指标体系不仅仅是评价的工具，更是指导教学活动和促进学生学习的重要手段。

2. 确保评价指标的适应性和灵活性

在构建评价指标体系的过程中，保持其适应性和灵活性是至关重要的。随着教学目标和内容的变化，评价指标应能够适时调整，以确保其持续有效。例如，随着教育技术的发展和学生需求的变化，教学资源和方法的评价指标可能需要更新，以反映最新的教学实践和理念。同时，评价指标的设计应确保其可操作性，让实施者能够准确、高效地进行评价。

3. 评估评价指标体系的有效性

评价指标体系的有效性评估涉及多个方面的内容。

（1）高效度和信度的保证。评价指标体系的有效性首先体现在其高效度和信度上。这意味着评价结果必须真实、准确地反映出教学情况，无论在哪种教学环境下都应保持一致性。为了实现这一目标，指标体系需要通过科学的方法制定，确保其能够全面、客观地评估教师的教学方法、教学内容以及学生的学习成效。这样，无论是在常规课堂环境，还是在特殊教学场景下，评价结果都能可靠地指示教学的实际效果，为教学改进提供稳定而可信的依据。

（2）与教学目标的一致性。评价指标体系的一个关键要素是其与教学目标的一致性。有效的评价指标应与学校的教学大纲和具体的教学目标紧密相连，确保评价内容能够全面覆盖教学目标所期望的学习成果。这种一致性不仅帮助教师聚焦于关键的教学点，而且指导学生明确学习的方向和重点。此外，这也有助于确保教学活动不偏离预定的轨道，同时促进学生朝着既定目标有效学习。

（3）评价方案的可接受性。评价指标体系的有效性还取决于评价方案的可接受性。这包括确保所有涉及教学评价的实施者（如教师、学校管理人员）和被评价者（如学生）都能理解并接受这套评价体系。为此，评价体系的设计应考虑到各方的需求和预期，提供清晰、易于理解的评价标准和流程。这种共识不仅有助于减少误解和抵触，还能促进评价结果的公正性和透明度。

（4）提供明确的教学和学习指导。有效的评价体系应能够为教师和学生提供明确的教学和学习指导。这意味着评价结果应能够清楚地指出教学方法的优势和不足，指导教师如何改进教学策略，以更好地满足学生的学习需求。同样，评价结果应帮助学生了解自己在学习过程中的强项和弱项，指导他们如何有效地利用学习资源，提高学习效率。通过这种方式说明，评价不仅是一种结果的反馈，更是教学和学习改进的动力来源。

4. 加强评价实施者的培训

制定评价指标体系后，对评价实施者进行专业培训是保证评价质量的关键。培训应包括评价方法、工具的使用，以及如何根据评价结果进行教学调整和改进。这种培训旨在提升评价者对评价工具的理解和操作技能，确保评价过程的专业性和有效性。

（三）选择评价技术和方法

选择适当的评价技术和方法对于实现有效的教学评价至关重要。这一步骤要求教师或评价者充分认识到不同评价方法的优势、局限性以及适用场景，从而在教学评价中灵活运用，确保评价结果的全面性和准确性。

1. 融合定量与定性评价

在选择评价技术和方法时，教师应该综合考虑定量评价和定性评价的方法。定量评价依靠教育测量和统计方法来量化评价对象的特性，提供了一种客观、科学的评价方式。它特别适用于评估学生在知识掌握和技能水平方面的成就。然而，定量评价往往无法全面反映教育的复杂性和深层次的教育成果，因此，必须与定性评价相结合，后者强调对学生的思维过程、情感态度以及教学互动的深入分析，能够提供更加丰富和细腻的评价视角。

2. 采用多样化的评价方法

在教学评价中，除传统的考试和测试外，教师应探索并运用多种评价方法，如表现测验和个人档案等。这些方法能够在更加真实和自然的环境中对学生的思维、技能、情感和态度进行综合评价，特别适用于评估学生的独立决策能力、批判性思维以及价值观和个性态度。通过这些方法，教师可以在不干预学生自我表现的情况下观察其行为和心理特征，从而获得更加真实和准确的评价结果。

3. 实现评价的动态性和全面性

教师在选择评价方法时，还应考虑到评价的动态性和全面性。动态评价意味着评价方法能够跟踪和记录学生的学习进展，捕捉学生学习过程中的变化和发展。全面评价则强调对学生学习的各个方面进行评估，不仅包括知识和技能的掌握，还包括学生的情感态度、创新能力、合作精神等非认知因素。这样的评价方法有助于教师全方位地了解学生的学习状况，为教学提供更加科学和全面的反馈。

（四）开展具体评价活动

在实施英语教学评价时，开展具体评价活动是关键步骤，涉及多个环节。

1. 制订评价实施计划

教师应基于既定的评价指标体系，制订详细的评价实施计划。这包括向被评价者明确传达评价的目标、意义、步骤及方法，确保他们对评价过程有充分的了解，从而消除任何疑虑或抵触情绪，为评价活动的顺利进行打下坚实基础。

2. 收集数据信息

在英语教学评价过程中，收集数据信息是至关重要的，通过多元化的方法如调查问卷、面对面访谈、课堂观察等，教师可以从不同角度和维度收集关于学生学习的全面信息。例如，调查问卷可以收集到学生对教学方法、课堂内容的反馈和建议，面对面访谈可以更深入地了解学生的个体学习体验和感受，课堂观察可以直观地捕捉到学生在课堂上的互动、参与度和注意力集中情况。这些信息不仅涉及学生的学习成绩，还包括他们的课堂行为、学习态度和参与程度，这对于全面评估教学效果和学生学习效果至关重要。

3. 筛选与分析数据

对收集到的丰富数据进行细致的筛选和深入的分析是不可或缺的。这一过程中，教师需要展现出优秀的数据处理能力和分析能力，确保所得结论的准确和可靠。例如，在数据筛选阶段，教师需要从海量信息中提取出最关键的数据点，剔除与评价目标无关或偏离的信息；在数据分析阶段，教师应运用合适的分析方法（如定量分析、定性分析或混合方法），从而深入理解数据背后的教学和学习动态。这一过程不仅能够帮助教师发现学生学习中的难点和问题，还可以为今后的教学改进提供依据，从而促进教学方法的创新和优化。

4. 反馈评价结果

这一环节至关重要，它不仅帮助被评价者了解自己的学习成果和存在的问题，还为他们提供了改进的方向。有效的反馈应包括对被评价者行为的具体描述，明确指出他们的优势和不足，以及提出建设性的改进建议。在反馈过程中，使用描述性而非评价性语言，以及选择恰当的沟通方式（如面谈、书信、电话等），都是提高反馈效果的关键。

## 第二节　高校英语教学评价改革创新的必要性

### 一、传统教学评价方式滞后于现代教学理念

传统的教学评价方式在多方面落后于当今的先进教学理念，主要表现在以下几个方面：其一，传统评价方式过分强调学习结果，如考试成绩，而忽视了学习过程的重要性。这种方法未能充分考虑学生在学习过程中的参与度、创造力和解决问题的能力。其二，传统评价方法倾向于定量分析，如分数和排名，而忽略了定性评价，如学生的思维方式，导致了对学生个性化和全面发展的忽视。其三，传统评价模式过分依赖于教师的主观判断，而学生的自我评价和同伴评价往往被边缘化。这种做法不利于培养学生的自主学习能力和批判性思维，限制了他们对学习过程的反思和深入理解。

#### （一）强调学习结果，忽视学习过程

1. 强调学习结果

传统英语教学评价通常侧重于总结性评价，如单元测试、期中和期末考试，这种方法很大程度上反映了对学习结果的强调。这种评价方式关注的焦

点主要是学生在特定时间点的学习成果，如考试成绩或者成绩排名。由于这种评价体系主要基于量化的分数和标准化的测试，因此往往无法全面评估学生的语言运用能力、交际技巧和实际应用能力。此外，这种以结果为导向的评价体系忽视了学习过程中的关键要素，如学生的参与态度、学习策略的运用和创新思维的发展。

2. 忽视学习过程

在传统的英语教学评价中，学习过程的忽视是一个显著问题。由于重视考试成绩和标准化评价，教师往往会将更多的精力投入到教授考试内容上，忽略了学生的个性化学习需求和过程中的成长。这种情况下，学生可能会采用应试教育的学习方法，比如死记硬背，而非真正理解和吸收知识。因此，学习过程中的互动、探索和错误纠正等关键环节得不到足够重视。更重要的是，这种评价方式没有为学生提供足够的机会去体验语言学习的实际应用，如通过角色扮演、小组讨论等活动。这导致学生可能在考试中表现出色，但在真实交际场景中却无法有效使用英语。因此，为了提升英语教学的有效性，教师和教育工作者需要重新思考评价体系，使其更加注重学习过程和学生的全面发展。

### （二）依赖定量评价，轻视定性评价

1. 依赖定量评价

依赖定量评价是一个普遍现象。这意味着评价过程中过度强调可度量的成绩和排名，如分数和百分比，从而忽视了对学生学习行为、态度、情感和思维方式的定性分析。虽然定量评价因其可比较性和客观性而被广泛采用，但它往往无法全面反映学生的学习深度和真实理解程度。例如，在阅读理解和写作技能的评估中，仅仅依赖分数是不足够的，因为这些技能需要更深层次的理解和分析。

2. 轻视定性评价

定性评价能够揭示学生在学习过程中的独特见解、创新思维和问题解决能力。通过定性评价，教师可以更好地理解学生的个人需求、兴趣和动机，从而提供更加个性化的指导和支持。例如，教师可以通过观察学生的课堂参与情况、小组互动和项目工作来评估他们的协作能力和领导潜质。这种定性的洞察有助于教师设计更符合学生兴趣和能力的教学活动，从而提高学生的参与度和学习效果。

因此，在英语教学评价中，应该平衡定量评价和定性评价的应用。这不仅能更全面地反映学生的学习成果和过程，而且能够促进学生的全面发展和深层学习。教师应该培养多维度的评价视角，综合运用各种评价方法，以更真实地把握和反映学生的学习状态和发展潜力。

### （三）注重教师评价的地位，忽略学生评价的作用

#### 1. 注重教师评价的地位

在传统的英语教学评价体系中，教师的评价往往占据核心地位。教师不仅是知识的传授者，也是学生学习过程和成果的主要评判者。这种以教师为中心的评价模式强调教师的权威和专业性，但却容易忽视学生的主体性和自我评价的重要性。在这种模式下，学生往往被动地接受评价，缺乏参与和反馈的机会，可能导致学生对学习的兴趣和动力的降低，以及自我评价能力的不足。

#### 2. 忽略学生评价的作用

学生的自我评价和互评不仅能增强他们对学习的主动参与，还有助于培养批判性思维、自我反思和合作能力。例如，在小组合作学习中，学生不仅要完成任务，还要对自己和小组成员的表现进行评价，这种评价过程有助于学生更好地理解和消化所学知识，同时促进了团队合作和沟通能力的提升。但传统的教学评价方式往往忽略了学生评价的重要影响和作用，因而不利于教学活动的开展和学生语言水平的提升。

## 二、传统教学评价难以适应时代发展

在全球化的背景下，我国的英语教育面临着前所未有的挑战和机遇。长期以来，我国英语教学遵循应试教育的模式，将考试成绩作为评价学生学习成效和教师教学水平的主要标准。这种模式在选拔人才方面或许有一定的效用，但它在培养学生综合语言能力方面显示出明显的不足。尤其是在全球化的今天，英语不再仅仅是一门学科，而是一种沟通工具，一座全球互联的桥梁。

传统的应试教育方式过分强调知识的记忆和理解，忽视了英语学习的实际应用。在这种教学评价体系下，学生往往只关注于分数的获取，而非语言能力的实际运用。例如，学生可能在语法和词汇考试中取得高分，但在真实的语言使用环境中却无法流畅地表达自己的想法。这种分离的教学评价方式造成了“高分低能”的现象，即学生虽然考试成绩优异，但缺乏实际交际能力。

此外，这种教学评价模式忽视了非智力因素对英语学习的影响。例如，学生的兴趣、学习态度和习惯对英语学习的长期效果有着决定性影响。如果学生对英语学习缺乏兴趣，即使他们能够在考试中取得好成绩，他们的学习也可能是短暂和表面的。长期以来，这种以考试为中心的教学评价体系抑制了学生创造性思维和批判性思维的发展，限制了他们探索英语语言和文化的深度和广度。

因此，高校迫切需要改革传统的英语教学评价体系，以适应全球化时代的需求。这种改革应更加注重学生英语能力的综合培养，包括听、说、读、写和翻译等方面的能力。同时，应该将学生的兴趣、态度和习惯纳入教学评价的范围，鼓励和引导学生发展自主学习能力和跨文化交际能力。只有这样，学生才能在全球化的舞台上更好地使用英语，成为具有国际视野的人才。

## 第三节　高校英语教学评价的创新设计与实施

### 一、评价内容多元化

英语教学评价的创新设计需要聚焦于内容的多元化，以更好地适应当前教育的国际化和信息化趋势。这涉及对教学目标、教学内容的全面审视，确保它们既符合学科发展的最新趋势，又能激发学生的学习兴趣和实践能力。除了对教学目标和教学内容进行全面审视外，还应该考虑教学环节、教学模式、教师与学生的能力素质等多方面的评价。这些方面的评价有助于全面反映和提升教学质量，同时促进教师和学生的全面发展。

#### （一）评价教学目标

在全球化背景下，英语教学目标的评价应重点考虑是否培养了学生的国际视野和跨文化交际能力。这包括通过现代信息技术，如在线课程和互联网资源，让学生接触多元文化，理解全球视角下的问题和解决方案。与此同时，英语教学的目标应与专业学科知识的最新发展相结合。教师应时刻关注学科知识的更新，通过引入国际化课程和素材，使学生能够接触到最前沿的学术和行业动态，从而为成为国际化人才打下坚实基础。

（二）评价教学内容

对教学内容的评价主要看英语教学内容的设计是否科学合理。英语教学内容主要来源于根据教学大纲编制的教材，英语教材是课程教学内容的重点。英语教材本身有自己的学科知识体系，其体系结构完整、构建科学。然而，知识源于生活，英语作为一门语言，更是与人们的日常生活息息相关。因此，英语教师要保证教学内容的完整性和多样性。评价教学内容要看英语教学设计的内容是否与学生的生活实践息息相关，是否能引起学生学习的兴趣、培养学生的综合语言应用能力。

（三）评价教学环节

教学环节的评价设计是现代高校英语教学中不可或缺的一部分，关键在于确保教学流程的规范性和有效性。这包括教学计划的明确性、课堂管理的合理性，以及教学活动的创新性和互动性。

在教学过程设计上，重要的是教师对每堂课的目标、重点、难点的明确规划。这意味着教师需要有清晰的教学目标，明确课程的知识点和技能点，同时考虑如何有效地将这些目标融入教学活动中。此外，教学思路的清晰性和环节间的自然衔接也是评价的重要内容。课堂上的每个环节，从导入、讲解、实践到总结，都应该是有机连接的，每个环节都应该为学生的学习提供有效的支持。

课外活动和作业的设计也是教学环节评价的一部分。教师需要设计出既有趣又有教育意义的课外活动，这些活动应与课堂教学相衔接，能够进一步加深学生对课堂知识的理解和应用。此外，课外作业的设计和批改应规范化，能够有效地检验学生的学习成果，并为他们提供必要的反馈和指导。教案的规范书写和作业批改的规范性也是教学环节评价的重要方面。教案不仅要内容全面，而且形式要规范，反映出教师对课程内容的精心准备和深入理解。作业批改不仅是对学生学习成效的检验，更是对他们学习过程的指导和反馈。

（四）评价教学模式

评价教学模式的创新设计在高校英语教学评价中占有重要地位，它关乎教学活动的整体效率和效果。随着教育改革的深入，教学模式的多样化和创新成为了提升教学质量的关键。因此，在评价教学模式时，关注的焦点应该是教师在理论指导下的教学模式设计和实施情况，以及这些模式对促进学生学习的实际效果。

（1）评价的核心是教师能否基于认识论、本体论以及其他语言学习理论和教育学理论，实现以学生为中心的教学模式。这包括创建开放的学习环境，采用自主式、合作式等多元化的教学方法，这些都是现代教学模式改革的关键所在。在这样的环境下，学生能够更加主动地参与学习，更好地发展自己的思维和创新能力。

（2）评价的重点在于教师能否随着时代的发展和专业理论的进步，不断借鉴和融入其他学科的先进设计理念。这不仅包括社会学、语言学、教育学、心理学等一级学科，也包括教育心理学、认知心理学、跨文化交际学等跨学科理论。这些理论和知识的融入能够使英语教学模式更加丰富多样，更能适应多变的教学需求和学生的学习需求。

（3）评价应关注教学模式的实际运行效果。这涉及模式的可操作性、实效性以及对学生学习成效的实际影响。教师应该根据学生的反馈和学习成果，不断调整和优化教学模式，确保教学活动能够真正促进学生的全面发展。

### （五）评价教师能力素质

在英语教学评价的创新设计中，对教师能力素质的评价占有重要地位。这种评价需要从教师的教学认知能力、教学设计能力、教学实施能力和教学反思能力四个维度进行全面考量。

#### 1. 评价教学认知能力

教师的教学认知能力是其理解教学内容、掌握教学规律、了解学生学习需求的基础。这包括对英语教学目标、教材内容和学生学习特点的深入认知。教师在这方面的能力直接影响到他们制订教学计划的准确性和有效性。评价时，重点在于教师能否准确把握教学大纲要求、能否理解学科发展的最新趋势，以及能否洞察学生的学习需求。

#### 2. 评价教学设计能力

教学设计能力涉及教师对教学活动的整体规划和具体环节的设计。这包括课程设置、教学方法选择、教学资源运用等。在这方面，教师需要展现出创新性和适应性，能够根据学科特点和学生特性设计出符合实际需求的教学活动。评价的重点在于教师能否设计出既有趣又有效的教学活动，能否合理利用多媒体和其他教学资源。

#### 3. 评价教学实施能力

教学实施能力关注的是教师在课堂上实际操作的技巧和效果。这不仅包括授课技巧，还包括课堂管理、学生互动引导等方面。有效的教学实施能力能够确保教学设计得以顺利执行，促进学生的积极参与和深入理解。评价时，应关注教师能否灵活运用各种教学方法、能否有效管理课堂秩序，以及能否激发学生的学习兴趣。

4. 评价教学反思能力

教学反思能力是教师对自己教学行为进行回顾、分析和改进的能力。这种能力是教师专业成长的重要标志，它涉及对教学效果的评估和对教学策略的调整。在评价中，要注意教师是否经常反思自己的教学实践，能否从教学经验中吸取教训，并在此基础上不断改进自己的教学方法和策略。

（六）评价学生能力素质

在英语教学评价的创新设计中，对学生能力素质的评价需要涵盖智力因素和非智力因素的全面评估，这可以从英语知识掌握、综合应用能力、跨文化交际能力以及学习策略、意志品格和情感态度等多个维度进行。

1. 评价英语知识掌握情况

对于学生英语知识掌握情况的评价，英语教学评价设计应该不仅限于语音、词汇和语法的传统知识点，还应包括学生如何将这些知识应用于实际语境中的理解。这意味着评价不仅是检测学生记忆的能力，更要考察他们如何将知识融入实际应用的能力，如在交流和写作中的应用。

2. 评价英语综合应用能力

英语综合应用能力的评价应涵盖听、说、读、写、译等全方位技能。重点在于学生能否在不同的语境中灵活运用英语，而不仅仅是在考试中展示这些技能。例如，评价学生的口语能力时，可以考虑他们在模拟实际对话或讨论中的表现，而不仅是传统的朗读或背诵。

3. 评价跨文化交际能力

评价跨文化交际能力应注重学生如何在不同文化背景下有效沟通。这包括对文化差异的理解、适应不同文化背景的交流方式以及展现出的文化敏感性和尊重。例如，可以通过模拟国际场合的交流，评价学生的文化适应能力和交际策略。

4. 评价非智力因素

非智力因素的评价包括学习策略、意志品格和情感态度。学习策略评价重点在于学生是否掌握了有效的学习方法，如认知策略、元认知策略等；意志品格评价关注学生在面对学习挑战时的坚韧和毅力；情感态度评价涉及学生对英语学习和跨文化交际的积极参与和正面态度。这些评价维度有助于全面了解学生的学习动力和心理状态，进而促进其更有效的语言学习和个人成长。

## 二、评价形式多样化

为应对英语教学中多样化的学习需求和评价目标，教学评价的形式应呈现出多样性。这种多样化的评价形式能够更全面地捕捉学生的学习进展，同时激发和维持学生的学习动力。

（1）针对学生英语基础知识和技能的评价，形成性评价方法显得尤为重要。这包括通过随堂测验、单元测试、计算机辅助的听力测试、口语测试等方式，定期收集学生的学习成绩数据。这些数据不仅反映了学生在特定时间点的学习成果，更能够帮助教师及时发现学生学习上的问题和不足，从而及时调整教学策略。

（2）对于学生的非智力因素，如学习态度、情感态度等的评价，可以采用电子档案式评价方法。这种方法通过收集教师的书面评语、同学间的相互评价以及教师对学生的阶段性建议，形成对学生非智力因素的全面评估。此外，定性评价方法是不可或缺的，可以将一些难以量化的评价内容纳入量化的范畴中，从而形成更全面的评价结果。

（3）为了综合评价学生的英语基础知识和语言综合应用能力，终结性评价必不可少。这种评价通常通过期中和期末考试进行，能够客观反映学生在一个学期或学年内的学习成果。这种评价方式虽然传统，但在总结学生学期或学年的学习成效方面仍然具有重要价值。

## 三、评价主体多元化

在英语教学评价的创新设计中，重视评价主体的多元化是关键一环。这不仅涉及教师对学生的评价，还包括学生对教师的评价、学生的自我评价以及教师的自我评价等内容，形成一个全面、多维的评价体系。

### （一）教师对学生的评价

教师对学生的评价不仅包括对学生在学习表现上的评价，还涉及对学生学习态度和策略的评价。具体来说，这种评价可以分为两大类：

1. 量化评价

量化评价包括课堂表现、第二课堂活动、随堂和单元测试等。这些评价可以为教师提供客观的数据，帮助了解学生在特定学习内容和技能上的掌握程度。例如，通过定期的小测验可以监控学生对新知识点的掌握情况；通过课堂参与度的记录可以了解学生的积极性和对课堂内容的吸收情况。这些量化的评价有助于教师精准地识别学生的学习短板，进而提供针对性的指导和帮助。

2. 激励性评价

例如，口头评价和书面评语，主要关注学生的情感态度、学习策略等。这种评价可以鼓励学生克服学习中的困难，激发他们的学习兴趣和自信心。再如，对学习态度积极、勇于尝试的学生给予正面的反馈，可以增强其学习动力；对学习中遇到困难的学生，教师可以提供建设性的建议，帮助他们找到解决问题的方法。

（二）学生的自我评价

学生的自我评价是学生对自己学习过程的反思和总结。这种评价形式可以帮助学生发展自我监控和自我调整的能力，提高学习的自主性。

1. 自我监控

学生通过记录和反思自己的学习过程，可以更好地理解自己的学习习惯和偏好，识别学习中的问题，并寻找改进的方法。例如，通过电子日志记录学习过程中的心理状态、学习挑战和应对策略，学生可以逐渐培养出面对困难时解决策略的能力，提升学习效率。

2. 自我反思

通过对学习成果的总结和反思，学生可以更深入地理解自己的学习成效和不足之处。例如，学生可以在每个学习阶段结束时，总结自己在此阶段的学习收获和未来需要改进的地方，这有助于他们在未来的学习中做出更加有效的计划和调整。

（三）学生之间的相互评价

学生之间的相互评价有助于培养学生的批判性思维和合作能力。但这种评价方式必须建立在科学且公正的标准之上，以保证评价的公正性和有效性。

1. 制定科学的评价标准

教师在实施学生间的相互评价前，需要制定出明确且易于理解的评价标准。这些标准不仅涉及学术性能力，如语言运用的准确性和流畅性，也包括情感态度和团队合作等非学术性能力。通过这种方法，学生可以在评价中学会如何客观地分析和评价他人的表现，同时能从他人的评价中学习和成长。

2. 培养学生的评价能力和接受能力

教师应该指导学生学会正确认识和接受同伴的评价，无论是正面的还是需要改进的。通过这种评价，学生不仅能够了解自己的优势和劣势，还能学会如何以建设性的方式提供反馈。这有助于学生在学习过程中建立起合作和相互尊重的文化。

（四）网络教学系统对学生的评价

网络教学系统为学生的评价提供了一个客观、高效和持续的评价渠道。

1. 网络系统的客观性和高效性

网络教学系统可以根据学生在平台上的学习活动，如在线练习、测试、讨论等，自动生成评价结果。这些结果通常基于学生的表现数据，如正确率、完成时间等，从而提供了客观的评价依据。这种评价方式减少了人为因素的干扰，能够更加公平和准确地反映学生的学习状况。

2. 教师对网络系统评价的管理和调整

教师需要熟练掌握网络教学管理平台的操作，以便对评价的内容和规则进行适时调整。这不仅包括设置合理的评价标准和反馈机制，也涉及对评价结果的解读和应用。例如，教师可以根据网络系统提供的数据分析学生的学习进度和难点，进而调整教学策略，提供个性化的学习建议和辅导。

# 第九章　高校英语教学的发展趋势与未来展望

## 第一节　高校英语教学的发展趋势

### 一、教学目标国际化

高校英语教学正日益朝向国际化的教学目标发展，这一趋势强调教学内容不仅要涵盖传统的语言知识和技能，还要扩展到培养学生的国际理解能力。这包括四个核心方面：国际理解知识、技能、态度和视野。在这个框架下，大学英语教育的使命已经超越了个人发展和民族视角的限制，而更加注重将个人发展与国家利益、全人类的共同命运相结合。

#### （一）传授国际理解知识

在传授国际理解知识方面，英语教学应超越传统的语法和词汇教学，拓展至全球视野下的多元文化、国际关系、经济政治以及国际法规等领域。例如，通过引入国际新闻、多元文化背景下的文学作品、国际组织的报告等材料，教师可以引导学生深入理解不同国家和地区的历史背景、文化特色和社会习俗。此外，通过案例研究和项目式学习，学生不仅能学习到实际的英语应用，还能培养对国际问题的敏感度和深入理解的能力。这种教学方式有助于学生从宏观的角度理解国际社会的复杂性，培养他们的全球公民意识。

#### （二）培养国际理解技能

在培养国际理解技能方面，英语教学的重点应放在提高学生的实际交际能力和跨文化理解能力上。除传统的听说读写技能外，教师还应重视教授如何在多元文化环境中进行有效沟通的技巧，如同理心、文化敏感度、适应不同文化环境的能力等。例如，可以通过模拟联合国会议、国际商务谈判等活动，让学生在真实或模拟的国际交流场景中实践和提高他们的语言应用能力。

同时，应注重培养学生的批判性思维和创新能力，鼓励他们在学习英语的过程中，主动探索和解决跨文化交际中的问题，从而提高他们在国际舞台上的竞争力和适应力。

### （三）培养国际理解态度

在培养国际理解态度方面，高校英语教育应重视激发学生对不同文化的好奇心和尊重精神，鼓励他们以开放和包容的心态去接触和理解世界各地的文化差异。例如，通过组织跨文化研讨会、国际交流项目，学生可以直接与不同文化背景的人交流，从而获得更深入的文化理解和人际互动体验。同时，教学中可以引入国际文化节、外国节日庆典等活动，帮助学生在轻松愉快的氛围中感受并欣赏多元文化的魅力。此外，教师应在课堂上积极倡导尊重差异、理解多元的教育理念，引导学生认识到文化多样性的价值，并培养他们在国际交往中展现出的适应性和敏感性。

### （四）拓宽国际理解视野

拓宽国际理解视野意味着教育不仅仅局限于教授语言技能，更重要的是通过语言学习帮助学生建立全球视角，了解和参与国际事务。例如，可以通过举办模拟国际组织会议、参与国际学术交流、实施国际合作项目等，使学生在实践中体验国际合作的过程，理解国际关系的复杂性和动态性。此外，鼓励学生通过英语媒体了解国际新闻和事件，培养他们分析和评价国际事务的能力。高校还可以与国际学校、机构合作，提供海外学习和实习机会，让学生直接参与到国际化的环境中来，从而更全面地理解和适应全球化时代的要求。通过这些活动，学生可以从中获得宝贵的跨文化经验，为他们未来在国际舞台上的发展奠定坚实基础。

## 二、教学内容国际化

### （一）全面系统地介绍异民族文化知识

为了更好地实现教学内容的国际化，高校英语教学应全面而系统地介绍各国民族的文化知识，不仅包括英语国家的地理、历史、科技，还应涵盖其社会习俗、文学艺术、教育政治等多方面内容。这种全面性的介绍旨在帮助学生准确理解和深入了解不同文化背景下的国际视角，从而培养他们的全球意识和国际理解能力。同时，课程内容设计应避免零散和表层的知识传授，而应构建系统性的学习体系，以确保学生能够从宏观和微观层面全面理解和掌握异民族文化的精髓。

（二）促进跨文化沟通和认知能力的培养

高校英语教学的内容国际化还应着重培养学生的跨文化沟通和认知能力。通过分析国际交往的典型案例，结合实际的跨文化交流活动，教师应引导学生积极参与、体验并学习如何在不同文化背景下进行有效的沟通和交流。此外，英语教学应帮助学生形成理性和客观的国际理解态度，指导他们在文化差异面前做出合理的比较、选择和传播。这种能力的培养不仅涉及语言技能的提高，更重要的是，提升了学生的文化敏感性和适应性，使他们能够在全球化的背景下更好地理解和尊重多元文化。

（三）挖掘教材的审美内涵，进行国际理解教育

英语教材的国际化不仅仅是知识层面的传授，更应包括对学生进行国际理解教育，特别是通过教材中的文学作品和艺术作品培养学生的国际审美情操。这要求教师在教学中挖掘教材的深层文化和审美内涵，引导学生理解和欣赏来自世界各国的多元文化和艺术。通过这种教育，学生不仅学习到语言知识，更能够培养出对不同文化的理解和欣赏能力，形成基于世界各国多元文化的国际视野和审美情操。

## 三、教学方向专业化

（一）培养行业特定英语人才

随着社会和经济的发展，各行各业对专业化英语人才的需求不断增长。为应对这一挑战，高校英语教育正在逐渐转型，重点培养学生在特定行业（如商务、法律、医学等）中的英语应用能力。这种专业化教学不仅涵盖了行业特定的词汇和表达方式，还包括对相关专业知识的理解和运用。例如，商务英语课程不仅教授商务交流所需的语言技能，还涉及商业环境中的实际操作和案例分析。这样的教学模式旨在培养既具备英语能力又了解行业知识的复合型人才。

（二）加强高校与企业的合作

为了使英语教学更贴近实际应用和社会需求，高校正积极与企业和行业紧密合作。这种合作不仅帮助学校更好地了解行业需求，优化教学内容，也为学生提供了实际工作经验的机会。通过校企合作项目，学生能够在真实的工作环境中运用所学知识，提高自己的职业技能和就业竞争力。同时，教师

通过与企业的互动获得行业最新发展的信息，反馈到教学实践中，提升教学水平。这种合作模式有助于桥接学术界和产业界的差距，培养出更符合市场需求的专业化英语人才。

（三）专业化教学在未来的重要性

展望未来，专业化英语教学将成为中国高校英语教育的重要组成部分。这种教学趋势不仅反映了市场需求的变化，也标志着英语教育逐步从传统的语言技能训练转向更加注重实际应用和专业发展的方向。在这一背景下，高校应不断优化英语课程设置，使其更加符合行业需求，同时不断更新教学方法和手段，以培养出更多具有国际视野和专业技能的英语人才，从而提高他们的社会适应性和就业竞争力。

## 四、教学技术现代化

（一）智能化教学体系的构建

现代信息技术的发展使得高校英语教学正朝着智能化方向发展。利用大数据和人工智能技术，教师能够精准分析学生的学习数据，如学习习惯、弱点和进步情况，从而设计出更为个性化和高效的教学方案。这种技术的应用不仅提高了教学的针对性，还增强了教学的互动性和趣味性。例如，通过智能教学系统，教师可以为每个学生提供定制化的学习资源和路径，使他们能够在适合自己的节奏和环境中学习，从而提高学习效果。

（二）多媒体和虚拟现实技术的应用

多媒体和虚拟现实技术的应用为英语学习提供了全新的方式和体验。这些技术能够创造出更加生动、真实的学习环境，使学生能够在模拟的实际语境中进行听说读写练习，大幅提升了学习的互动性和实践性。例如，虚拟现实技术可以模拟真实的英语使用环境，如在外国街头对话、在国际会议中演讲等，让学生在仿真环境中锻炼语言应用能力。同时，多媒体教学资源的丰富性和可访问性，为学生提供了广泛的学习材料和灵活的学习方式，有效地提升了学习的趣味性和有效性。

（三）网络平台的深度整合

网络教学平台的发展正在深度改变传统的英语教学模式。这些平台为学生提供了丰富的在线学习资源和工具，使学习不再局限于课堂，而是能够穿越时空界限，随时随地进行。学生可以通过网络平台进行自主学习，参与在线讨论，甚至与全球的学习者进行交流。这种学习方式不仅增强了学生的自主学习能力，还拓宽了他们的国际视野。未来，网络平台将继续发挥其在教学资源共享、交流合作、远程教学等方面的作用，进一步推动高校英语教学的现代化进程。

## 第二节　高校英语教学的未来展望

### 一、构建中国特色英语教学理论体系

构建具有中国特色的英语教学理论体系是高校英语教学未来的发展方向。这一理论体系的建立需要深入研究和融合国际先进理论，并结合中国独特的语言教学环境和教育体制。

（一）深化本体论研究

本体论研究的深化需要聚焦于英语作为第二语言的学习本质和特点。这一研究要明确英语语言本身的特性，如语言结构、语法规则、词汇使用等，并探讨这些特性如何影响中国学习者的语言习得过程。该研究需重点关注中国英语学习者的独特性，包括文化背景如何影响英语学习，学习者的动机和认知方式如何影响语言习得。例如，中国学生在学习英语时可能会受到母语思维模式的影响，对某些语言现象的理解和运用可能与英语母语者有所不同。

深化本体论研究必须考察先天和后天因素在语言学习中的相对重要性。这包括对学习者先天的语言天赋和后天学习环境（如教育背景、社会文化环境）的影响进行分析。此外，语言习得机制的研究，尤其是在中国英语教学背景下的应用，对于理解学习过程、识别学习障碍和制定有效教学策略至关重要。通过这些研究，可以为中国英语教学提供更加深入和具体的理论支持。

（二）推进实践论研究

实践论研究在中国高校英语教学中的推进需要多维度的探索和实验。尤其在需求分析这一维度，应详细调查学生的学习需求，如学生对英语学习的目标、期望和兴趣点。这不仅涉及语言技能方面的需求，还包括对文化、职业技能等方面的需求。基于这些需求进行课程设计时，教师应采取灵活多样的方法，结合学生的实际情况和课程目标，设计出既符合学术标准又能激发学生兴趣的课程。

在教材开发维度，实践论的研究重点在于如何融入最新的语言学习理论和实践，创新教学材料，使其不仅涵盖基础语言知识，还包括实用的语言应用场景。课堂教学部分的研究需聚焦于如何提升互动性和参与度，创造出更加沉浸和动态的学习环境。例如，可以利用科技工具和教育软件，引入角色扮演、模拟情景等教学方法，增强学生的实际应用能力。

（三）深化方法论研究

方法论研究的深化需要关注教学方法与教学目标之间的密切关系，同时考虑到学生的个体差异和教学环境的多样性。在高校英语教学中，不应单纯追求传统的教学模式，而应积极探索和融入创新的教学方法。例如，项目式学习可以促使学生在解决实际问题的过程中主动学习英语，而任务驱动教学通过设定具体的学习任务来激发学生的学习动力和实践能力。此外，诸如翻转课堂、在线互动学习等现代教学方法，也应被积极探索和应用于英语教学中，以提高教学的互动性和学生的参与感。

同时，方法论研究应注重跨学科的交流和融合，吸收心理学、认知科学、信息技术等领域的最新研究成果，以丰富和完善英语教学方法。例如，认知科学的研究成果可以帮助理解学生的学习过程和障碍，而信息技术的应用可以提供更多样化的教学资源和平台。但在引入新方法时，应注意避免盲目照搬国外教学模式，而应结合中国学生的实际需求和学习特点，开发适合本土的教学策略。

（四）加强教师教育研究

教师素质的提高是推动高校英语教学质量提升的关键。因此，加强教师教育研究尤为重要，特别是针对师范院校和职业学校教师的培训和发展。教师教育研究应关注英语教师的全面能力培养，包括语言技能的提升、教学方法的创新、教育理念的更新等方面。例如，教师不仅要掌握扎实的语言基础，还需要了解最新的教学技术，如多媒体教学工具的应用、在线课程的设计等。

教师的持续专业发展同样重要。除了正规的师资培训，还应鼓励教师参与研讨会、研究项目和国际交流，以获取新的知识和灵感。同时，教育研究应着眼于如何提升教师的教育研究能力，使其能够参与或主导教学改革和课程开发等项目。通过这些方式，可以确保教师队伍能够适应新时代的教学需求，为提升教学质量和效果打下坚实基础。

通过上述方向的深入研究和实践，可以有效推动构建一套适应中国国情、反映中国特色、具有广泛适用性的高校英语教学理论体系。

## 二、构建中国特色英语教学实践体系

为了适应时代发展和社会需求，我国高校英语教学需要构建一个具有中国特色的实践体系，以有效应对教育改革中出现的挑战和问题。这一体系应基于本土性原则、多元性原则和发展性原则而建构，以确保其既适应我国国情，又能满足教育改革的需要。

### （一）本土性原则

本土性原则在构建中国特色的英语教育体系中发挥着关键作用。这一原则要求英语教育的各个方面都应紧密结合中国的实际情况，包括文化背景、教育环境和学生的特点。例如，在课程设计方面，应根据中国学生的认知特征和学习风格调整教学内容和方法，使之更加符合学生的实际需求。此外，教材编写应考虑到中国的文化特点和社会现实，以便学生能更好地理解和吸收英语知识。例如，教材中可以包含中国的历史、文化和社会现实的相关内容，从而增强学生的学习兴趣和文化认同感。同时，教师在教学过程中应该使用适合中国学生的教学方法，如结合讲授法和互动法，让学生在熟悉的文化背景中更有效地学习英语。

师资培养和人才培养模式的设计应考虑中国特有的教育环境和社会需求。师资培养计划应重视教师对中国文化和社会现实的深入理解，以及如何将这些知识融入英语教学中。而在人才培养方面，除了强调英语语言技能的提升，还应培养学生的跨文化交际能力，使他们能在全球化背景下更有效地运用英语。

### （二）多元性原则

多元性原则是英语教育体系构建的重要方面，这一原则强调教育内容和形式的多样性和灵活性。在教师教育方面，这意味着应提供不同的培训和发展路径，以适应不同教师的需求和背景。例如，对于初级教师，可以提供更多关于教学方法和课堂管理的培训，而对于经验丰富的教师，可以提供更多关于课程设计和教育研究的高级培训。此外，教师培训应涵盖线上和线下的学习方式，以便教师可以根据自己的时间和资源灵活选择学习路径。

在英语人才培养方面，多元性原则要求教育体系提供多样化的学习模式和课程，以满足不同学生的学习需求和兴趣。例如，学生可以选择不同的英语课程，如商务英语、科技英语或文化交流英语，以便根据他们的兴趣和职业目标选择最适合的学习路径。同时，教育体系应提供各种学习资源和活动，如线上课程、交流项目、实习机会等，以增加学生的实践经验和提升职业技能。

### （三）发展性原则

发展性原则的实施在高校英语教育中具有重要的作用。这一原则强调教育体系不应僵化于传统模式，而应不断适应和引领时代的发展。具体而言，高校英语教育应定期更新教学大纲和课程内容，确保所教授的知识和技能符合当前社会和职业市场的需求。例如，随着科技的进步和全球化的加深，英语教育应更多地涵盖科技英语、跨文化交际等领域，以提升学生的跨领域竞争力。

同时，发展性原则还意味着英语教育应采用更开放、更灵活的教学方法和评价体系。这包括利用在线教育资源，提供混合式学习的机会，以及鼓励学生参与实践项目和国际交流，以增强他们的实际应用能力和拓展全球视野。此外，评价方式应从单一的书面考试转变为综合评价学生的知识掌握、技能应用、创新思维和团队合作能力。发展性原则还强调终身学习的重要性。英语教育应提供持续学习的机会和资源，鼓励学生在毕业后继续更新知识和技能。例如，高校可以提供校友网络资源、继续教育课程和专业发展讲座等，帮助毕业生适应快速变化的职业环境和社会需求。

在这样的英语教育实践体系中，理论研究、教师教育和人才培养相互衔接，共同推动英语教育的全面发展。理论研究提供了教学改革的理论基础，教师教育确保了教师具备实施这些改革的能力，人才培养关注于在实践中培养学生的创新能力和实际应用能力。通过这样的体系，可以有效地监测和反馈教学实践中的成果，从而不断完善和发展中国的英语教育。

# 参考文献


［1］毛佳玳．信息化背景下高校英语教学创新研究［M］．杭州：浙江工商大学出版社，2022.

［2］孙婕．高校英语教学理论及实务研究［M］．长春：吉林人民出版社，2022.

［3］鲁静．思维创新在高校英语教学中的应用［M］．长春：吉林人民出版社，2020.

［4］刘亚娜．高校英语教学理论与实践探究［M］．长春：吉林人民出版社，2020.

［5］夏珺．高校英语教学设计优化与模式创新研究［M］．长春：吉林人民出版社，2022.

［6］杨雪静．高校英语教学模式创新研究［M］．长春：吉林人民出版社，2019.

［7］王磊．高校英语教学转型发展研究［M］．长春：吉林人民出版社，2019.

［8］徐道平，王凤娇，赵卫红．互联网时代下高校英语教学研究［M］．长春：吉林人民出版社，2019.

［9］赵艳芳．基于课堂生态视角下的高校英语教学［M］．长春：吉林人民出版社，2020.

［10］张金焕．高校英语教学设计优化与模式改革研究［M］．长春：吉林人民出版社，2020.

［11］张娥，张学丽．新媒体环境下创新高校英语教学的路径分析［J］．海外英语，2023（20）：157–159.

［12］朱燕．互联网背景下高校英语教学模式创新策略分析［J］．海外英语，2023（20）：163–165.

［13］邓炎炎．翻译理论与高校英语教学创新策略［J］．大学，2023（26）：89–92.

[14] 韩捷敏 . 基于智慧课堂的高校英语教学模式创新研究——以多通道融合交互模式为例 [J]. 山西青年职业学院学报，2023，36（3）：102–104，108.

[15] 林芸 . 高校英语翻译教学改革与创新探索——评《基于翻译能力培养的高校英语教学改革研究》[J]. 中国教育学刊，2023（9）：113.

[16] 周静，宋楠 . 互联网背景下高校英语教学改革创新探究 [J]. 湖北开放职业学院学报，2023，36（14）：17–18，27.

[17] 宁亦珍 . 融媒体背景下高校英语教学策略的创新研究 [J]. 江西电力职业技术学院学报，2023，36（7）：31–33.

[18] 米海敏 ."互联网 +"服务高校英语教学的理念与实践——评《"互联网 +"时代高校英语教学优化与创新实践研究》[J]. 中国高校科技，2023（7）：110.

[19] 张娣 ."大思政课"导向下的高校英语教学创新研究 [J]. 品位·经典，2023（14）：165–168.

[20] 周瑞雪 . 跨文化交流视域下高校英语教学的创新思考 [J]. 湖北开放职业学院学报，2023，36（13）：9–10，13.

[21] 陈煊 . 大学英语教学与信息技术的整合发展探究——评《信息化背景下高校英语教学创新研究》[J]. 外语电化教学，2023（3）：111.

[22] 程佳雪 . 跨文化交际在高校英语教学里的渗透与融合——评《跨文化视域下高校英语教学转型与创新》[J]. 科技管理研究，2023，43（10）：251.

[23] 徐海江 . 互联网时代机遇与挑战并存条件下的高职大学英语教学——评《"互联网 +"背景下高校英语教学创新研究》[J]. 中国科技论文，2023，18（5）：585.

[24] 马社林，刘洁 . 跨文化视域下高校英语教学的新发展——评《跨文化视域下高校英语教学转型与创新》[J]. 中国教育学刊，2023（5）：151.

[25] 柳福玲 . 新媒体视域下高校英语教学创新改革分析 [J]. 海外英语，2023（8）：105–107.

[26] 舒展 . 大数据背景下民办高校英语教学模式创新刍议 [J]. 信息系统工程，2023（4）：155–157.

[27] 赵芳 . 大数据视域下高校英语教学模式创新研究 [J]. 现代英语，2023（8）：5–8.

［28］朱学敏．跨文化交际与高校英语教学方法创新见解——评《跨文化交际研究与高校英语教学创新探索》［J］．应用化工，2023，52（4）：1309.
［29］闫文婷．基于需求分析理论的高校英语教学改革研究——评《跨文化视域下高校英语教学转型与创新》［J］．中国高校科技，2023（3）：105.
［30］陈秩忻，谷远洁．线上信息传播时代大学英语移动教学平台改革策略——评《高校英语教学模式创新与发展研究》［J］．新闻爱好者，2023（3）：118.
［31］周伟然．多媒体网络环境下高校英语教学法创新研究［J］．湖南邮电职业技术学院学报，2023，22（1）：91–94.
［32］林虹．基于“双创”视域的高校英语教学反思与重构［J］．哈尔滨职业技术学院学报，2023（2）：141–144.
［33］马明，马亮．“大思政课”导向下的高校英语教学创新研究［J］．佳木斯职业学院学报，2023，39（3）：70–72.
［34］李睿．新媒体时代高校英语教学改革创新与实践——评《计算机网络视角下的英语教学探究》［J］．中国教育学刊，2023（2）：128.
［35］杨桦．基于网络环境下的高校英语教学资源融合与创新发展［J］．信息系统工程，2023（1）：155–157.
［36］孙川，王素雅．信息技术支持下的高校英语教学模式创新［J］．食品研究与开发，2022，43（24）：246.
［37］崔艳杰．“双创”背景下的高校英语教学模式创新研究［J］．食品研究与开发，2022，43（24）：239–240.
［38］张哲．跨文化传播视域下高校英语网络教学策略研究——评《跨文化交际研究与高校英语教学创新探索》［J］．科技管理研究，2022，42（22）：225.
［39］谢莹莹．跨文化交际视域下的高校英语教学机制创新［J］．湖北开放职业学院学报，2022，35（20）：16–18.
［40］郑红樱．三农文化视野下高校英语教学创新实践——评《现代农林英语》［J］．中国农业气象，2022，43（10）：864.
［41］白阳明．高校英语翻译教学模式的改革和创新路径探索——评《高校英语教学模式创新与发展研究》［J］．科技管理研究，2022，42（19）：256.

[42] 石砾．互联网时代高校英语教学创新研究［J］．吕梁教育学院学报，2022，39（3）：161–163.

[43] 刘蕊．中西饮食文化比较视域下的高校英语教学创新探索——评《中西饮食文化比较》［J］．食品安全质量检测学报，2022，13（16）：5433–5434.

[44] 谷珊，宋星潞，高镜．课程思政视角下高校英语教学创新发展的新思路和实践路径［J］．柳州职业技术学院学报，2022，22（4）：109–113.

[45] 王华丽．新媒体时代高校英语教学信息化模式创新研究［J］．情报科学，2022，40（8）：50–55.

[46] 庞莹．信息化背景下高校英语教学创新研究［J］．湖北开放职业学院学报，2022，35（13）：27–28.

[47] 许岚．信息化技术助力高校英语教学模式的变革创新——评《新媒体时代英语多模态教学模式架构》［J］．中国科技论文，2022，17（7）：839–840.

[48] 庞夏雯．“新文科”背景下高校英语教学模式创新［J］．海外英语，2022（13）：128–129，145.

[49] 李静，容蕾蕾．基于信息技术发展的高校英语教学现状和创新——评《信息时代大学英语教育现状与教学模式探究》［J］．中国科技论文，2022，17（5）：600.

[50] 张璐．基于跨文化交际的高校英语教学变革探究——评《跨文化交际研究与高校英语教学创新探索》［J］．中国高校科技，2022（4）：104.

[51] 肖潇．基于支架理论的高校英语教学创新思考［J］．海外英语，2022（8）：143–144.

[52] 刘璇，刘亮．新媒体视角下高校英语教学创新路径探究［J］．大学，2022（11）：185–188.

[53] 余建军．互联网时代高校英语教学的创新发展——评《互联网时代下高校英语教学研究》［J］．中国科技论文，2022，17（3）：355.

[54] 陈莉．新媒体时代高校英语教学创新研究与改革路径［J］．海外英语，2022（5）：116–117.

[55] 郭亚培．融媒体背景下高校英语教学策略创新研究［J］．昭通学院学报，2022，44（1）：115–120.

[56] 冉苒."互联网 +"时代高校英语教学创新的思考与对策[J].现代英语，2022(4)：41–44.

[57] 任艳芳，曹红.基于认知语言学的高校英语教学模式创新[J].佳木斯大学社会科学学报，2022，40(1)：218–220.

[58] 徐丽丽.跨文化视角下高校英语教学创新改革探索[J].现代英语，2022(3)：41–44.

[59] 李俊杰.创新教育与高校英语教学融合的路径探寻[J].英语广场，2022(4)：79–82.

[60] 王洪宁.互联网时代机遇与挑战并存条件下的高校英语教学——评《"互联网 +"背景下高校英语教学创新研究》[J].中国科技论文，2022，17(2)：247.

[61] 邓涵允.新媒体环境下高校英语教学的改革与创新研究[J].产业与科技论坛，2022，21(3)：170–171.

[62] 姜麟，王亚光.现代高校英语教育教学创新与实践[J].食品研究与开发，2022，43(2)：234.

[63] 秦彩凤."互联网 +"背景下高校英语教师专业发展的创新路径——评《"互联网 +"背景下高校英语教学创新研究》[J].热带作物学报，2021，42(12)：3745.

[64] 姜瑞红.应用语言学视域下英语语法教学与文化导入教学的创新研究——评《应用语言学理论视阈下高校英语教学实践研究》[J].外语电化教学，2021(5)：119.

[65] 任竞竞.互联网视域下高校英语教学资源的创新拓展研究[J].湖北开放职业学院学报，2021，34(19)：23–24.

[66] 王霞.基于"双创教育"背景下的高校英语教学有效性策略[J].湖北开放职业学院学报，2021，34(19)：17–18.

[67] 王春霞.大数据视域下高校英语教学模式创新研究[J].海外英语，2021(18)：173–174.

[68] 黄晓梅.高校英语专业教学模式创新研究——评《当代高校英语教学与混合式学习模式探究》[J].社会科学家，2021(9)：165.

[69] 王丽芳.以就业为导向的高校英语教学创新对策分析[J].湖北开放职业学院学报，2021，34(15)：12–13，16.

[70] 许悦. 新媒体环境下的高校英语教学创新研究［J］. 英语广场，2021（23）：89–91.

[71] 张富庄. 高校英语“高效课堂”教学模式创新探讨——评《英语教学与课堂实践》［J］. 热带作物学报，2021，42（7）：2223–2224.

[72] 马洁婷. 茶文化视域下高校英语教学的创新思路探索［J］. 福建茶叶，2021，43（7）：147–148.

[73] 李丽萍. “互联网 +”时代的农业院校英语教学特征——评《“互联网 +”时代高校英语教学优化与创新实践研究》［J］. 中国农业资源与区划，2021，42（6）：135，154.

[74] 帕提曼·吐尔逊. 新时期高校英语教学创新模式探索——评《新形势下高校英语教学与发展探讨》［J］. 中国高校科技，2021（6）：102.

[75] 李玲. 互联网背景下高校英语教学模式创新研究［J］. 食品研究与开发，2021，42（12）：248.

[76] 周利娟. 基于 SPOC 的高校英语教学创新模式探究［J］. 产业与科技论坛，2021，20（12）：198–199.

[77] 李娅. 信息技术在高校英语教学创新中的运用探讨［J］. 英语广场，2021（17）：117–120.

[78] 刘晓宇. 基于微课模式的高校英语教学方法创新探究［J］. 英语广场，2021（14）：125–127.

[79] 崔林. 新时期高校英语教育生态模式构建——评《跨文化交际研究与高校英语教学创新探索》［J］. 中国教育学刊，2021（5）：130.

[80] 于晨凌. 新媒体时代下的高校英语教学改革与创新研究［J］. 海外英语，2021（8）：172–173.